Kay Kirchmann

Blicke aus dem Bunker

Paul Virilios Zeit- und Medientheorie aus der Sicht einer Philosophie des Unbewußten

Verlag Internationale Psychoanalyse
Stuttgart

Verlag Internationale Psychoanalyse

Printed in Germany
Schutzumschlag. Philippa Walz, Böblingen
Gesetzt aus der 9,5 Punkt Bembo
Auf holz- und säurefreiem Werkdruckpapier gedruckt
und gebunden von
Druckhaus Beltz, Hemsbach
Einbandstoff: Werreleinen

Die Deutsche Bibliothek – CIP-Einheitsaufnahme
Kirchmann, Kay:
Blicke aus dem Bunker :
Paul Virilios Zeit- und Medientheorie aus der Sicht
einer Philosophie des Unbewußten / Kay Kirchmann. –
Stuttgart: Verl. Internat. Psychoanalyse, 1998
ISBN 3-608-91940-6

Inhalt

Einleitung

Gewidmet all denjenigen, die meinem Blick entzogen wurden, allen voran meinem Vater und David.

Die vorliegende Untersuchung versteht sich als eine dezidiert *kritische* Monographie über den französischen Gegenwartsphilosophen Paul Virilio, der in den letzten gut 15 Jahren als Theoretiker der Beschleunigung, des Krieges und der Medien große Popularität erringen konnte. Kraft ihrer kritischen Perspektivierung wird diese Abhandlung unter Virilios Anhängern mutmaßlich Befremden und Widerspruch auslösen, doch versteht sie sich in erster Linie ohnehin als Orientierungshilfe für ganz andere Leserkreise. Denjenigen nämlich, die bislang keinen oder wenig Kontakt mit Virilios Schriften hatten, versucht dieses Buch Virilios zentrale Thesen und Gedanken in komprimierter Gestalt vorzustellen *und* diese dabei zu werten und zu kommentieren. Ohne hier schon der genaueren Begründung meiner Methodik im einzelnen vorgreifen zu wollen, sei aber vermerkt, daß just diese Darstellungsform und -intention bei Virilios Œuvre an letztlich unüberschreitbare Grenzen stoßen wird und muß: an Grenzen, die durch Struktur, Form und Gehalt der zu untersuchenden Philosophie selbst gezogen sind.

Nichtsdestotrotz darf die vorliegende Analyse für sich wohl in Anspruch nehmen, einen umfassenden und gültigen Überblick über alle wesentlichen Theoreme dieses höchst eigenwilligen Denkgebäudes zu bieten. Zudem werde ich versuchen, die Relevanz und Stichhaltigkeit dieser Theoreme entlang historischer, epistemologischer und methodenkritischer Maßstäbe zu überprüfen bzw. zu konterkarieren – ein Aspekt, dem dann im wesentlichen das Schlußkapitel »Kritik einer Geschichtsphilosophie als Beschleunigungstheorie« verschrieben sein wird.

Daß sich aber das Erkenntnisinteresse dieser Abhandlung *nicht* in einer solchen Synopsis und Kontextualisierung der Virilioschen Thesen erschöpft, ist in den strukturellen Eigenheiten des zu untersuchenden Œuvres begründet: Denn nur bei recht oberflächlicher Betrachtungsweise erschließt sich dieses Werk überhaupt entlang seiner Thesen und Argumente – ein tiefergehender Blick in Virilios Schriften indes enthüllt eine derart eklatante Menge an Widersprüchen, Unstimmigkeiten und Ungereimtheiten, daß die eben erst destillierten Thesen sich sofort wieder nahezu bis zur Unkenntlichkeit verflüchtigen. Insofern bleibt der Erkenntnisgewinn einer allein *rekonstruierenden* Arbeit an den Texten Virilios äußerst begrenzt bzw. verliert sich im kryptischen Gewirr dieser Textstrukturen. Es ist ein so erstaunliches wie nachdenklich stimmendes Faktum, daß diese Eigenart des Virilioschen Werkes bislang aber kaum erwähnt oder gar analysiert worden ist – eine Lücke in der Debatte um Virilio, die der vorliegende Band nicht nur zu schließen versuchen wird, sondern darüberhinaus zum konstitutiven Ausgangspunkt seines eigenen Erkenntnisinteresses erwählt hat. Hier nämlich soll anhand einer detaillierten *Text*analyse sich Virilios Philosophie nicht nur anhand meta-theoretischer Perspektiven angenähert, sondern durch eine Analyseform, die auf die *Tiefenschichten* dieser Texte selbst abzielt, überhaupt erst einmal Einsicht in die konkrete Textgestalt dieser Philosophie gewonnen werden. Und dabei wird sich erweisen, daß dieses Denkgebäude in ebendieser, seiner Text*gestalt* bereits voll und ganz aufgeht.

Aus diesem Grund ist dann auch der querschnittartigen Darstellung der einzelnen Themenkomplexe Virilios eine umfangreiche Analyse seines Stils vorangestellt: Erst und allein in der Kenntnis der Spezifika und der Intentionalität dieses Stils eröffnet sich eine heuristische Grundlage für die Diskussion der zentralen Themen Virilios. Sich selbst weniger als Anwalt Virilios, sondern als der seiner Leser verstehend, wird diese Untersuchung dabei zu verdeutlichen versuchen, warum Virilios Philosophie ganz entschieden unverständlich bleiben *soll* und *muß* – und dies der (nur scheinbaren) Eingängigkeit seiner populären Thesen über Krieg, Medien und Geschwindigkeit zum Trotz. Insofern liegt das primäre Erkenntnisinteresse dieser Abhandlung also in einer *Dekonstruktion* der vordergründigen Textgestalt von Virilios Œuvre und der Sichtbarmachung einer *dahinter sich verbergenden, aber letztlich konstitutiven, eigentlichen Bedeutungsschicht.* Daß dies kein Selbstzweck, sondern in letzter Konsequenz die einzig überhaupt mögliche Art und Weise ist, sich mit dieser Philosophie auseinanderzusetzen, wird im konkreten Verlauf der Analyse hoffentlich einsichtig werden können.

Dieses Vorgehen bedarf einer hermeneutischen Verfahrensweise, die ihrerseits Anleihen bei psychoanalytischen wie dekonstruktivistischen Methodiken zu nehmen hat, gleichwohl aber nicht überschußlos in den vorgängigen Modellationen aufgeht. Man könnte die hier gewählte Methode kraft ihrer dekonstruierenden Ausrichtung als eine *dekonstruierende* oder eine *Tiefenhermeneutik* bezeichnen, wird sie auf jeden Fall aber in die Traditionslinie einer *Philosophie des Unbewußten* und deren Instrumentarien einzureihen haben. Und in ebendieser methodischen Ausrichtung wendet sich die Abhandlung – über ihren konkreten Gegenstand hinausgehend – auch an all diejenigen Leser, die generell an hermeneutischen Methodologien und deren Weiterentwicklung interessiert sind.

Last but not least versteht sich das vorliegende Buch aber auch als ein Plädoyer für die Wiederbelebung von zwischenzeitlich oft diskreditierten Kategorien wie »diskursive Rationalität« oder gar »Wissenschaftsethik«. Hierbei dient ihm der *Casus Virilioensis* als ein zwar krasses, aber dennoch paradigmatisches Exempel für einen Irrationalismus à la mode, der unter der Flagge poststrukturalistischer Axiome Idiosynkrasie, methodische Willkür und argumentative Verweigerung inzwischen offenbar salonfähig gemacht hat. Den gerade hierzulande in entsprechenden Kreisen gerne gepflegten Immunisierungsstrategien, die derartige Kommunikationssabotage als besonders subtile Spielart eines wahrhaft zeitgenössischen Denkens zu feiern suchen, sei mittels der hier freigelegten eigentlichen Bedeutungsschichten des Virilioschen Denkens die Fragwürdigkeit, wenn nicht die Bedenklichkeit derartiger Apologetik wenigstens zur Kenntnis aufgegeben – diesbezüglich auf Einsicht oder Änderung zu hoffen, wäre aber wohl zu gewagt, wird erfahrungsgemäß die Immunisierungsstrategie eines Autors wie Virilio doch von der seiner Anhänger noch bei weitem übertroffen.

Und sei es, daß man dort, wo die Argumente fehlen oder ausgehen, kritische Gegenstimmen immer noch der geistigen Provinzialität oder des »deutschen Bierernstes« zeihen kann, wie dies exemplarisch im folgenden Plädoyer für die französische Gegenwartsphilosophie unternommen wird: »Denn für die Franzosen ist das Philosophieren immer auch eine Schöne Kunst. Deshalb muß man schon sehr humorlos sein, wenn man alles ganz wörtlich nimmt, was sie schreiben.«[1] Daß aber auch der Humor seine Grenzen hat, auch und gerade bei den Themengebieten, die Virilios Diskurs in Beschlag nimmt – dafür allerdings halte ich und hoffe, daß die Leser sich nach der Lektüre dieses Buches dieser Haltung werden anschließen können. (Daß überdies gerade Virilios Denken zu den humorlosesten Diskursen gehört, die ich kenne, sei hier nur am Rande vermerkt).

Das Zitat verdeutlicht aber auch: Nachdem sich die Programme der Idiosynkrasie unter Etiketten wie »Anything goes«, »subversive Textstrategien« oder »anti-rationalistische Philosophie« nun einmal breitgemacht und längst (auch im akademischen Lager) ihre Pfründe erobert haben, gilt inzwischen fast schon als intellektueller Spießer, als hoffnungsloser Anachronist oder gar als Reaktionär, wer von diskursiven Texten weiterhin Plausibilität, Kohärenz und ein Mindestmaß an Nachvollziehbarkeit einfordert oder erwartet. Daß aber das *wahrhaft* Reaktionäre, stellenweise sogar das Inhumane schlechthin sich *gerade* unter dem Deckmantel solcher gegen jedwede Kritik wohlfeile Programme ganz trefflich entwickeln und ausbreiten kann – dafür versucht diese Untersuchung anhand des *Casus Virilioensis* Belege anzuführen und Einsicht zu wecken. Wünschenswert wäre also, daß diese Abhandlung ihrerseits einen kleinen Beitrag dazu leisten könnte, ambitionierten Lesern wieder etwas von der unverzichtbaren kritischen Distanz und Autonomie auch und gerade gegenüber zeitgenössischen Denkgebäuden zurückzugeben, die ihnen durch den skizzierten Immunisierungsdiskurs mutmaß-

1 Thomas Brandlmeier, Nachruf auf Gilles Deleuze, in: *epd Film*, Heft 1/96, S. 18.

lich genommen worden ist. Könnte die hier vorgestellte Analyse also dazu ermutigen, daß auch künftig eine jede Philosophie – sei sie nun diesseits, jenseits des Rheins oder wo auch immer verfaßt – ungeachtet ihrer womöglich spannend klingenden Thesen und ungeachtet der sie flankierenden Mythisierungsversuche (wieder) etwas kritischer auf ihre tatsächliche Diskursführung, ihren Argumentationsaufbau, ihre ethischen Implikationen und ihren immanenten Rationalitätsgrad hin *überprüft* werden würde, so wäre in der Tat viel gewonnen.

Wie jedes Buch, so ist auch dieses auf die Hilfe und die Ratschläge vieler Menschen angewiesen gewesen, ohne die es nicht in der vorliegenden Form hätte verfaßt werden können. Mein aufrichtiger Dank gilt daher allen, die mich bei meiner Arbeit unterstützt haben: Nobert M. Schmitz hat sich erneut als ein so kompetenter wie aufmerksamer Diskussionspartner, Korrekturleser und Ratgeber erwiesen. Dominique Béot war mir eine unschätzbare Hilfe in Korrespondenz- und Übersetzungsfragen. Das gleiche gilt für Peter Gendolla, der sich zudem als ein unermüdlicher Förderer meiner Person erwiesen hat. Daniela Campana überließ mir freundlicherweise ein Exemplar ihrer Arbeit über Virilio. Bedanken möchte ich mich auch bei Paul Virilio für die Zusendung seines Lebenslaufs. Wertvolle bibliographische Hinweise erhielt ich von Christoph Asendorf, Monika Boll, Marianne Karbe, Karsten Stempel und Johannes Wetzel. Die Verlage Carl Hanser (München/Wien), Merve (Berlin) und Wilhelm Fink (München) haben mit dankenswerterweise Rezensionsexemplare überlassen. Zu Dank verpflichtet bin ich auch den Studentinnen und Studenten meines Seminars über Paul Virilio am Institut für Theater-, Film- und Fernsehwissenschaft der Ruhr-Universität Bochum, die mein Bewußtsein für die didaktischen Probleme bei der Vermittlung der Virilioschen Philosophie nachhaltig geschärft haben. Mein ganz besonderer Dank aber gilt Manfred Frank und vor allem Hans-Martin Lohmann, ohne deren Hilfsbereitschaft und Engagement dieses Buch womöglich nie das Licht der Öffentlichkeit erblickt hätte.

Kay Kirchmann, im Dezember 1997

Paul Virilio.
Eine biographische Skizze

Paul Virilio wurde 1932 in Paris geboren, in eine Epoche hinein, die binnen kürzester Zeit in die Schrecknisse des Zweiten Weltkrieges und der Okkupation Frankreichs durch die Deutschen geriet. So wurde Virilios Jugendzeit, die er überwiegend in Nantes verbrachte, vom Krieg überschattet und beherrscht, und noch heute sieht er seine obsessive Beschäftigung mit dem Krieg durch die Extremerfahrungen dieser Jahre determiniert:

»Meine Grundlage, mein Hauptansatzpunkt ist immer der Krieg gewesen. Ich habe das in allen meinen Büchern geschrieben: Ich bin ein Kind des Krieges, ich habe ihn erlebt, er hat mich traumatisiert und meine ganze Arbeit hat im Krieg ihren Ursprung. Der Krieg ist mein Vater und meine Mutter, meine Universität. ... Nicht ich habe mir den Krieg ausgesucht, sondern der Krieg mich. ... Nicht ich bin gegen den Krieg, der Krieg ist gegen mich, ganz und gar gegen mich, und meine Ideen sind auf gewisse Weise re-aktionär: sie sind eine Reaktion auf eine bestimmte Biographie und eine bestimmte Kindheit.«[1]

In der Tat läßt sich das gesamte Schaffen dieses eigenwilligen Gegenwartsphilosophen als eine Nachwirkung persönlicher Kriegserfahrungen begreifen,[2] eine Tendenz, die Virilio natürlich mit etlichen Denkern seiner Generation teilt. Hierbei wäre zuvorderst wohl an Günther Anders zu denken, und mit Anders verbindet Virilio denn auch die – in seiner Terminologie »episte-

1 Paul Virilio, zit. nach: Paul Virilio/Florian Rötzer, Die Ästhetik des Verschwindens. Fragen an Paul Virilio von Florian Rötzer, in: *Kunstforum International*, Band 84, Juli/August 1986, S. 199.

2 Zu den diesbezüglichen Kindheitserfahrungen kommt bei Virilio noch hinzu, daß er als Wehrpflichtiger am Algerienkrieg teilnahm, worüber er selbst sagt: »Damit brüste ich mich nicht, es ist tragisch. Doch die beiden Kriege haben mir eine tiefe Einsicht ins Phänomen des Militärs verschafft.« Zit. nach: Paul Virilio/Sylvère Lotringer, *Der reine Krieg*, Berlin 1984, S. 28.

motechnische«[3] – Fokussierung auf jenes destruktive Wechselspiel von Technologie und Militarismus, das die Kriege dieses Jahrhunderts so sehr bestimmt hat.[4] Eine gewisse Nähe dieser beiden Denker scheint auch insofern gegeben, als Virilio wie Anders durchaus melancholisch nach der bestenfalls noch rudimentären Rolle des Menschen in einer Ära der Maschinen und Apparate fragen – eine fraglos stark kulturpessimistische Perspektive, deren Genese aber unschwer in der Erschütterung durch die technologisch fundierten und realisierten Genozide unseres Jahrhunderts aufzufinden ist.

Doch wo Anders in erster Linie der spezifischen Relevanz der »prometheischen Gabe« Technik für die moderne Welt nachgeht, ist Virilios Untersuchungsfeld in jeder Hinsicht globaler gefaßt, bleibt auch der Begriff Krieg bei ihm nicht auf sein herkömmliches Definitionsspektrum beschränkt. Er sieht vielmehr die gesamte Menschheitsgeschichte und noch unsere Gegenwart in allumfassendem Maßstab von kriegerischen Strukturen beherrscht. Diese Omnipräsenz einer letztlich militärischen Strukturierung aller menschlichen Handlungsformen auch und gerade in scheinbar sachfremden Feldern wie Ästhetik, Medialität, Architektur, Transportwesen oder sogar dem rationalen Denken aufzuspüren, dies hat Virilio sich als Lebensaufgabe gestellt. Zentraler und wohl auch berühmtester Befund seiner Analysen ist daher die These von einer »Mesalliance« von Militär- und Medien- oder Kommunikationstechnologie, die einer Organisierung und Rationalisierung des menschlichen Sehens in Parametern der Logistik, der Fragmentierung und der Beschleunigung diene:

»Virilio versucht deutlich zu machen, daß es bei der Entwicklung der Kriegstechnologie um die Kontrolle der Wahrnehmungsfelder, von Bewegung und Geschwindigkeit geht. … Die Vernichtung von Raum und Zeit im Sinne von Dauer ist [laut Virilio] der letztendlich destruktive

3 Ebd., S. 26.

4 Vgl. hierzu Günther Anders' Hauptwerk *Die Antiquiertheit des Menschen*, 2 Bde. München 1980. Anders' wichtigste Aufsätze zum Atomkrieg sind versammelt in: ders.: *Hiroshima ist überall*, München 1982.

Kern aller Medien. Und ihre Genealogie entscheidet über ihre Funktion.«[5]

Analog beurteilt Virilio die Evolution der Reise- und Transportmedien vom Pferd und der Erfindung des Rades bis hin zu den heutigen hochtechnisierten Verkehrsmitteln: Auch deren Funktion geht für ihn epochenübergreifend in der Kriegstechnik, in der Zurüstung der Materie und des Raumes für militärische Zwecke und einer dadurch induzierten »Logistik der Wahrnehmung«[6] vollständig auf.

Als das *eigentliche* Wesen des so totalisierend verstandenen Krieges und seiner vielfältigen Manifestationsformen aber begreift Virilio die Geschwindigkeit. Entsprechend hat er sein Denken höchstpersönlich unter einer neu gegründeten Wissenschaftsdisziplin namens »Dromologie« (von gr. *dromos*: Lauf, Läufer) rubriziert:

»Dromologie kommt von *dromos*, Lauf. Es handelt sich also um die Logik des Laufs. Damit bin ich in jene Welt eingetreten, in der Geschwindigkeit und nicht Reichtum zum Maßstab geworden ist.«[7]

Sowenig aber Virilio der erste und einzige ist, der seine Philosophie als Mahnung vor den Schrecken des Krieges versteht, sowenig ist er auch – gegen seine Selbststilisierung zum Diskursbegründer des Nachdenkens über Geschwindigkeit überhaupt – der erste und einzige, der über die Funktionen und Folgen der Beschleunigung philosophiert hat. Wenngleich nicht in vergleichbar monistischer Ausgestaltung, so lassen sich aber Reflexionen über die Geschwindigkeit und ihre Bedeutung für die menschliche Kultur schon bei einer durchaus illustren Reihe vorgängiger Denker nachlesen – einer Reihe, die Namen wie Blaise Pascal, Arnold Gehlen, Elias Canetti oder auch Herbert Marshall McLuhan umfaßt.[8] Demgegenüber liegt das Innovative

5 Daniela Kloock, *Von der Schrift- zur Bild(schirm)kultur. Analyse aktueller Medientheorien*, Berlin 1995, S. 121 f.

6 So lautet der programmatische Untertitel von Virilios wohl bekanntestem und meistgelesenem Buch, *Krieg und Kino* (siehe unten).

7 Virilio/Lotringer, *Der reine Krieg*, S. 45.

8 Virilio selbst bezeichnet Paul Morand und Jack Kerouac als »Literaten der Geschwindigkeit«, von den ästhetischen Theoretikern er-

der Virilioschen Dromologie eben in der Thematisierung einer Analogie, wo nicht gar einer *Identität* von Krieg und Beschleunigung, Technik und Medialität. Dies nun betreibt er mit einer Radikalität und Ausschließlichkeit, die ihm nicht nur weitverbreitete Aufmerksamkeit, sondern zuweilen auch Spott und Ablehnung eingetragen hat. So urteilt etwa der Beschleunigungs-

wähnt er häufiger die italienischen Futuristen um Marinetti. Philosophische Vordenker sieht er offenbar in Marshall McLuhan, dem er attestiert, »einen Schritt in diese Richtung gemacht zu haben«, sowie anteilig in dem von ihm überhaupt nicht geschätzten Ernst Jünger. Von den Militärstrategen der Geschwindigkeit werden von Virilio immer wieder Sun Tze und Clausewitz angeführt. Derartige Nennungen ändern aber grundsätzlich nichts an Virilios (falscher) Selbsteinschätzung, daß es sein Buch *Geschwindigkeit und Politik* gewesen sei, das »zum ersten Mal nach der Geschwindigkeit fragt. Damit führt es in eine völlig neue Welt ein, die noch nie zuvor entdeckt worden ist.« Zit nach: Virilio/Lotringer, *Der reine Krieg*, S. 44. Tatsächlich ist die intellektuelle Auseinandersetzung mit Beschleunigungsphänomenen wenigstens so alt wie die Moderne, ja, für die Herausbildung eines (Selbst-)Bewußtseins von Modernität gerade konstitutiv. (Siehe hierzu im einzelnen das Kapitel »Kritik einer Geschichtsphilosophie als Beschleunigungstheorie« in diesem Band). Eine Synopsis entsprechender geschichtsphilosophischer Modelle des 18. und 19. Jahrhunderts, auch solcher mathetmatisch-positivistischer Natur, findet sich bei Peter Weibel, *Die Beschleunigung der Bilder. In der Chronokratie*, Bern 1987, S. 6-16. Als weitere populäre Denker bzw. Kritiker der Geschwindigkeit wären zu nennen: Elias Canetti, *Masse und Macht*, Frankfurt am Main 1960; Herbert Marshall McLuhan, *Understanding Media. Die magischen Kanäle*, Düsseldorf/Wien 1968; Arnold Gehlen, Das gestörte Zeitbewußtsein, in: *Merkur. Deutsche Zeitschrift für europäisches Denken*, Heft 4/1963 S. 310-318. Erinnert sei auch an entsprechende Passagen schon bei Blaise Pascal, *Pensées (Über die Religion)*, Übertragen von Ewald Wasmuth, Tübingen 1948, S. 80 (Fragment 139). Insofern läßt sich also mit Klaus Beck feststellen: »Die Kritik an der Beschleunigung ist so alt wie ihre Erfahrung bzw. Vorstellung.« (Klaus Beck, *Medien und die soziale Konstruktion von Zeit. Über die Vermittlung von gesellschaftlicher Zeitordnung und sozialem Zeitbewußtsein*, Opladen 1994, S. 335.)

Emphatiker Peter Weibel über Virilios insistierendes Warnen vor den sozialen Folgen von Krieg und Geschwindigkeit:

»Näher dem Kult als der Kritik ist seine dromologische Apokalypse so generalisierend, daß Virilio als eine postmoderne Version von Heraklit (›Krieg ist der Vater aller Dinge‹) gelten könnte: ›Geschwindigkeit ist die Mutter aller Dinge (und aller Kriege)‹.«[9]

Aller vordergündigen Favorisierung des Beschleunigungsparameters zum Trotz aber bleibt – wie noch zu zeigen sein wird – insgesamt doch eher unklar, *was* denn nun von Virilio als jene Letztbegründung des Seins, der seine philosophische Suche gilt, identifiziert worden ist: der Krieg, die Technik, das menschliche Machtstreben, die Geschwindigkeit oder doch noch etwas ganz anderes?

Biographisch zumindest schlug Virilio erst einmal den Weg zur Architektur und Malerei ein. Geprägt von spezifischen Lebenserfahrungen, die uns später noch eingehender beschäftigen werden, eignete er sich autodidaktisch breites Wissen über Praxis und Theorie der Architektur an und arbeitete zunächst als Glasermeister und Gehilfe von Georges Braque und Henri Matisse bei der Herstellung von Kirchenfenstern. Handwerker und Autodidakt gewesen zu sein, ist für Virilio heute noch ein zentrales Moment seiner Selbstdefinition: »Ich bin ein intellektueller Bastler; nicht rational. Und durchaus stolz darauf. Alles, was ich tue, unternehme ich ohne Kompetenz.«[10] Den geeigneten Nährboden für diesen sich betont anti-akademisch gebenden Lebensweg bot ihm Mitte der sechziger Jahre die Mitgliedschaft in der Avantgarde-Gruppe »*Architecture principe*«, in der er dann auch seine erste architektonische Arbeit realisieren konnte: In Nevers baute Virilio nach eigener Aussage »eine Kirche, die einem Bunker gleicht«.[11] Treffender als in dieser zunächst merk-

9 Weibel, *Beschleunigung der Bilder*, S. 24.

10 Virilio, zit. nach Jürg Altwegg, Paul Virilio. Die Geburt der Technik aus dem Geist des Krieges, in: *Frankfurter Allgemeine Magazin*, Heft 859 vom 16. 8. 1996, S. 14.

11 Ebd., S. 13. – Bei dem fraglichen Gebäude handelt es sich um die

würdig anmutenden Formanalogie könnten die Eckpfeiler von Virilios Lebens- und Denkgebäude gar nicht ins Bild gesetzt werden. Hierin sind überaus präzise die Extreme benannt, deren ambivalente Assoziation Virilio dann immer wieder auf *einen* intellektuellen Nenner zu bringen versuchen wird: Kirche und Bunker; die Kirche als ein Bunker; Kriegsschauplatz, Schutzraum und sakraler Bau in einem Haus vereint ... Schon allein der unmittelbar ersichtliche Symbolcharakter dieser Konstruktion für Virilios Vita ist frappierend genug. Schließlich war die sogenannte *Bunkerarchäologie*, die 1975/76 in der Musée des Arts Décoratifs in Paris ausgestellt wurde, seine erste architekturtheoretische Arbeit, der sogleich große Resonanz zuteil wurde: ein in vielen langen Wanderungen seit 1958 erschlossenes, photographiertes und kartographiertes Inventar der Befestigungs- und Verteidigungswälle entlang der Atlantikküste, das zugleich den ersten konkreten Ertrag von Virilios Reflexionen über die Zusammenhänge von Kriegsführung und Architektur darstellte.[12]

Von nicht geringerer Bedeutung für Virilios Biographie ist jedoch auch die Rückbindung an das Christentum, dessen Heilslehre wie auch dessen konkrete Sozialfürsorge:

»Ich hatte, als ich achtzehn war, ein mystisches Erlebnis. Es machte mich nicht zum Kirchgänger, aber zu einem Anarcho-Christen. Das primitive Christentum, das die Nächstenliebe an der Basis lebt, dem es um die Probleme und Bedürfnisse der am meisten Benachteiligten geht, ist für mich eine tägliche Herausforderung.«[13]

Kirche Sainte Bernadette in Nevers. Angesichts der weiter unten noch zu diskutierenden Abneigungen Virilios gegen die Gerade und den rechten Winkel erscheint es erneut als Präfiguration seiner späteren Philosophie, daß die Architektur-Anarchisten der Gruppe »Architecture Principe« sich um die Begründung einer Theorie der »Funktion der Schrägen« bemühten, die auf ein Plädoyer für die »schiefe Ebene« und für die »topologische Überschreitung der Orthogonalität« hinauslief.

12 Paul Virilio, *Bunker Archéologie*, Paris 1975. Deutsch unter dem Titel: *Bunkerarchäologie*, München/Wien 1992.

13 Virilio, zit. nach Altwegg, Die Geburt der Technik, S. 14.

Das Religiöse bleibt bei Virilio aber keinesfalls auf sein anhaltendes Engagement in diversen karitativen Einrichtungen beschränkt, sondern fließt in einem Maße, das diese Untersuchung noch genauer zu bestimmen versuchen wird, in seine philosophische Arbeit ein. Er selbst bekennt sich häufig und gerne zu der Tatsache, daß er Christ ist, daß er die Einbeziehung einer »religiösen Dimension«[14] in die wissenschaftlich-philosophische Kritik für notwendig hält und zuvorderst an die christliche Urtugend der Demut glaubt:

> »Wenn es eine Rettung gibt, dann liegt sie in der Demut des philosophischen, des wissenschaftlichen und des politischen Denkens. ... Wir sind nichts. Die Totalität wird uns immer unzugänglich bleiben. Ein Philosoph, ein Wissenschaftler, der sich zu dieser Demut bekennt, trägt zur Rettung der Menschheit bei.«[15]

Allerdings hätte es dieser *Confessiones* gar nicht bedurft, ist Virilios geistige Provenienz aus der christlichen Ideenlehre seinen Büchern im Grunde doch unverkennbar eingeschrieben.[16] Daß nun jene Institution, der Virilio schließlich als Leiter vorstehen wird und in der zugleich seine Hinwendung von der Praxis zur Theorie und Lehre der Architektur und Urbanistik ihren angemessenen Ort findet, nämlich die Pariser École spéciale d'Architecture, im 19. Jahrhundert ausgerechnet von Saint-Simonisten gegründet wurde, wirkt fast schon wie eine wundersame Fügung. Denn hier vereinigen sich die Tradition religiös geprägten Sozialengagements einerseits und die moderne Funktion kritischer Architekturanalyse andererseits aufs trefflichste.

14 Virilio, zit. nach Altwegg, Die Geburt der Technik, S. 14.

15 Virilio/Rötzer, *Die Ästhetik des Verschwindens*, S. 201.

16 Siehe hierzu auch das Kapitel »Endzeiten: Die Wiederkehr des Stillstandes«. Signifikanterweise ist die bislang umfangreichste Monographie über Virilio ausgerechnet an einer katholischen Universität in Mailand verfaßt worden: Daniela Campana: Sparizione della realtà e naufragio del soggetto nella società dell'accelerazione: La teoria »dromologica« di Paul Virilio, Mailand (Tesi de Laurea, vorgelegt an der Facoltà di Lettere e Filosofia der Università Cattolica del Sacro Cuore) 1995.

Um den Kanon der biographischen Prägungen vorerst abzurunden: Für einen Denker, dessen Credo »politisch Denken und Handeln«[17] lautet, muß wohl auch der Einfluß seines Vaters, eines überzeugten italienischen Kommunisten, der vor Mussolini ins Geburtsland seiner Ehefrau nach Frankreich floh, entsprechend hoch angesetzt werden.

Virilios weiterer Berufsweg führte seit den Siebzigern immer stärker hin zur Theorie, was sich auch in neuen Betätigungsfeldern, etwa als Redakteur und Mitarbeiter bei Zeitschriften wie *Esprit*, *Libération* und *Traverses*, aber auch in seiner Rolle als Gründungsmitglied eines »Interdisziplinären Zentrums für Friedensforschung und Strategie-Studien« (CIRPES) niederschlug. Schließlich nahmen seine theoretischen wie praktischen Arbeiten zur Architektur in dem Maße immer weniger Raum ein, wie Virilios Hauptinteresse sich seiner Dromologie zuwandte und diese auf ein entsprechendes Echo in der intellektuellen Öffentlichkeit stieß.[18] Heute arbeitet Virilio in erster Linie als (viel-)schreibender Denker, auch wenn die Beziehung zu Architektur und Urbanistik nie ganz aufgegeben wurde. Und heute genießt er den Status eines streitbaren Philosophen, dessen rasant anwachsendes und kaum noch überschaubares Œuvre internationale Beachtung errungen hat, in alle Weltsprachen übersetzt worden ist und zum festen Bestandteil des gegenwärtigen Diskurses über philosophische wie kultur- und medientheoretische Fragestellungen gehört. Selbst Menschen, die sich ansonsten allenfalls peripher mit Philosophie beschäftigen, sind seine zentralen Thesen durchaus bekannt, werden diese doch regelmäßig in TV-Features, im Feuilleton oder in öffentlichen Diskussionsrunden aufbereitet und ins allgemeine Bewußtsein gerufen. Folgerichtig verzeichnete auch die von Virilio inspirierte und organisierte Ausstellung »La Vitesse« in Jouy-en-Josas bei Paris 1991 Rekordzahlen an Besucherzuspruch.[19]

17 Virilio, zit. nach Altwegg, Die Geburt der Technik, S. 14.

18 Zu den wenigen dezidiert architekturtheoretischen Arbeiten Virilios, die in Deutschland erschienen sind, zählt: *»Das irreale Monument«. Der Einstein-Turm*, Berlin 1992.

19 Ein Ausstellungskatalog ist erschienen unter dem Titel *La Vitesse*, hg.

Ähnlich wie Jean Baudrillards Konzept der »Simulation«, Niklas Luhmanns Modellation des »Systems« oder Jacques Derridas Postulat der »Differenz« hat Virilios Theorem der »Beschleunigung« somit inzwischen fast schon den Charakter eines modischen Schlagwortes erlangt, das einem allenthalben begegnet – mitunter allerdings auch in Kontexten, die doch auf eine eher oberflächliche Kenntnisnahme seiner Theorie schließen lassen.

Gerade in Deutschland genießt Virilio vergleichsweise hohes Ansehen und hat einige der profiliertesten Denker hierzulande, wie etwa Dietmar Kamper oder Friedrich Kittler, zweifellos stark beeinflußt.[20] Die Auflagenzahl seiner ins Deutsche übersetzten Bücher übersteigt teilweise die in seinem Heimatland und Virilio gehört zudem zu den regelmäßigen Autoren und Kommentatoren renommierter deutschsprachiger Zeitschriften und Periodika wie *Die Zeit*, *Lettre International*, *taz*, *Kunstforum International* oder *Konkursbuch*, um nur einige zu nennen.

Alles in allem also eine wahrhaft erstaunliche Karriere für einen Denker, der von sich selbst sagt, er sei »arm an Diplomen«,[21]

von der Fondation Cartier, Paris. Paris 1991. Eine Besprechung dieser Ausstellung hat verfaßt: Claudius Seidl: Erinnerungen an die Zukunft. Die Pariser Ausstellung »La Vitesse« belegt Paul Virilios apokalyptische Thesen über Tempo und Terror, in: *Der Spiegel*, Heft 32/1991, S. 186-188.

20 Vgl. hierzu Friedrich A. Kittler, *Grammophon Film Typewriter*. Berlin 1985. Von Kittler initiiert und beeinflußt ist vor allem die Reihe »Literatur- und Medienanalysen«, die sich einer diskurstheoretischen Untersuchung der Wechselbeziehungen zwischen Kriegs- und Medientechnologie verschrieben hat, so etwa in den Bänden: Jochen Hörisch/Michael Wetzel (Hg.), *Armaturen der Sinne. Literarische und technische Medien 1870-1920*, München 1990; Martin Stingelin/Wolfgang Scherer (Hg.), *Hard War/Soft War. Krieg und Munition 1914-1945*, München 1991. Dietmar Kamper wiederum verbindet mit Paul Virilio eher die kulturtheoretische Akzentuierung des Körper-Verlusts. Vgl. hierzu exemplarisch: Dietmar Kamper/Christoph Wulf (Hg.), *Vom Schwinden der Sinne*, Frankfurt am Main 1984; dies. (Hg.), *Transfigurationen des Körpers. Spuren der Gewalt in der Geschichte*, Berlin 1989.

21 Virilio, zit. nach Altwegg, Die Geburt der Technik, S. 14.

und der die Attitüde eines akademischen Außenseiters beharrlich pflegt. Allenfalls den Phänomenologen Maurice Merleau-Ponty läßt Virilio als intellektuellen Lehrer gelten, preist ansonsten demonstrativ französische Arbeiterpriester als seine geistigen Vorbilder[22] und erklärt die gesamte Philosophie kurzerhand für »gestorben«.[23] Denn den Philosophen (zu denen er sich selbst keinesfalls gerechnet sehen möchte) wirft er vor, totalisierende Systeme mit dauerhaftem Wahrheitsanspruch errichtet und zumal in Frankreich einen »Rationalismus übelster Art« verbreitet zu haben, von dem er sich mit seiner Arbeit dezidiert abzusetzen suche.[24] So fragwürdig ein derart offen zur Schau

22 Ebd., S. 13 f.

23 Virilio, zit. nach Jürg Altwegg/Aurel Schmidt, Paul Virilio oder Geschwindigkeit und Ästhetik des Verschwindens, in: dies., *Französische Denker der Gegenwart. Zwanzig Porträts*, München 1987, S. 178.

24 Derartige Polemiken verbreitet Virilio immer wieder gerne; in komprimierter Form sind sie nachzulesen in dem schon zitierten Interview mit Florian Rötzer aus dem Jahre 1986, dort vor allem auf S. 198 und 201. Signifikant daran ist die affektive Entwertung des Cartesianismus, die Virilio in der Tat mit einigen seiner poststrukturalistischen Kollegen teilt. Überhaupt scheint, worauf auch Jürg Altwegg und Aurel Schmidt in ihrer Studie über die französische Gegenwartsphilosophie aufmerksam gemacht haben, die gesamte französische Philosophie der letzten Jahrzehnte von einem geheimen Wunsch nach »Vatermord« (ebd., S. 16) umgetrieben zu sein, wobei ersatzweise Descartes, Sartre, Foucault oder inzwischen auch schon Lacan als Zielscheibe gar nicht »anti-ödipaler« Affekte herhalten müssen. In dem Maße wie vor allem Sartres »Übervater« Marx nach 1968 für abgesetzt erklärt wurde, greift die Suche nach geistigen Ersatzvätern zwangsläufig zum anderen Extrem des philosophischen wie politischen Spektrums über und landet bei Freud, Nietzsche und Heidegger. Deutsche Philosophen scheinen es aber allemal sein zu müssen, und vielleicht ist ja tatsächlich die unbewußte Suche nach jeweils abzulehnenden und zu glorifizierenden (geistigen) Ersatzvätern der eigentliche und tiefere Grund des immer wieder gleich affektiv geführten deutsch-französischen Streites über die »wahre« Philosophie des 20. Jahrhunderts. Denn inzwischen ist auch

gestelltes Außenseitertum auch sein mag und sowenig es letztlich mit Virilios tatsächlicher Reputation in Übereinstimmung zu bringen ist,[25] so zutreffend ist diese Selbsteinschätzung immerhin im Hinblick auf seine potentielle Zugehörigkeit zu zeitgenössischen Philosophieschulen. Diesbezüglich wirkt Virilio in der Tat wie ein anachronistischer Einzelgänger, sieht man einmal von geringfügigen Affinitäten zu Baudrillard ab, mit dem ihn ein freundschaftliches Verhältnis verbinden soll.[26] So wird etwa das Verschwinden des Subjekts – den Strukturalisten noch das methodische Axiom schlechthin – von Virilio emphatisch beklagt; so wird aber auch die Forderung nach einer »Philosophie der Differenz«, die ansonsten doch wohl den kleinsten gemeinsamen Nenner der französischen Gegenwartsphilosophie darstellt, von

in Deutschland eine analoge Tendenz zu beobachten, die französischen »Irrationalisten« wie Lyotard, Derrida, Deleuze, Baudrillard oder eben auch Virilio als die »besseren«, weil sich dezidiert antirationalistisch gebenden »Väter« gegen die Altvorderen der Kritischen Theorie (Adorno, Horkheimer, Marcuse, Habermas) auszutauschen. Jegliche Kritik an Texten, die westlich des Rheins verfaßt worden sind, wird dabei schlicht als Indiz für typisch deutsche (also die eigene) Geistesprovinzialität oder akademische Engstirnigkeit inkriminiert. Zu diesem Rezeptionsphänomen hat Manfred Frank, bissig, aber treffend angemerkt hat: »Lächerlich war nur der Bierernst der deutschen Adepten, die, weil sie auf Argumente pfiffen und auch nicht über sich selber lachen mochten, in sektenähnlichen Insider-Gruppen am Rande der universitären Szene sich zurückzogen ... [Dort] fand eine trostreiche Immunisierung gegen alle ›akademisch‹ gescholtene Kritik statt.« (Manfred Frank, Wörter, Wörter, Wörter. Eine Abrechnung mit dem Poststrukturalismus, in: *Die Zeit* vom 11. 9. 1992, S. 74.) Ebendiese bis zum offenen Irrationalismus hinreichende Immunisierung gegen Einwände und Kritiken konnte der Verfasser auch im Hinblick auf Virilio immer wieder beobachten, sowohl innerhalb wie außerhalb des universitären Lehrbetriebs.

25 Schließlich hat Virilio ja auch den ihm 1987 verliehenen Grand Prix für Architekturkritik umstandslos entgegengenommen.

26 Zu Affinitäten und Differenzen zwischen Baudrillard und Virilio vgl. Falko Blask, *Baudrillard zur Einführung*, Hamburg 1995, S. 22, 31, 35, 45, 70 ff. und 127.

Inszenierungen des Dromologen:
Paul Virilio als Kämpfer gegen das Verfließen der Zeit.

Virilio zugunsten eines monistischen und monokausal angelegten Denkmodells negiert – gelegentlichen anderslautenden Lippenbekenntnissen zum Trotz. Da er zudem beharrlich jegliche Ausrichtung seines Denkens an den aktuellen wissenschaftlichen Erkenntnismethoden und -standards verweigert, läßt Virilio sich keiner Schule oder Strömung so recht zuordnen, was angesichts seiner extrem personalistisch gefärbten Philosophie so überraschend vielleicht auch wieder nicht ist.

Überraschender ist da schon, wie sehr seine individualistischen Meditationen über den Zustand unserer Kultur den berüchtigten Nerv des Zeitgeistes zu treffen scheinen. Ungeachtet – oder vielleicht sogar gerade aufgrund – der apokalyptischen Düsternis seiner Diagnosen und Prognosen wird Virilio in breiten Kreisen als ein Mahner zur Umkehr, als ein von einer Mission Beseelter verehrt, sind seine Bücher längst zur »Kultlektüre für posthistorisch gestimmte Zivilisationskritiker«[27] avanciert. Wie es bei jedem Kultstatus zu beobachten ist, so scheint auch bei Virilio eine eher emotional gesteuerte denn eine kognitiv-kritische Rezeption vorzuherrschen, der das selbstgewählte Etikett des anti-akademischen, anti-rationalen Denkers offenbar zusätzlichen Anreiz bietet. Eine häufig eher diffuse und affektiv gelenkte Ablehnung unserer spätmodernen Lebensumstände, die in den Industrienationen momentan weitverbreitet ist, scheint in Virilios Kulturkritik wohl ein optimales Ventil gefunden zu haben. Angesichts gewisser Ermüdungserscheinungen der Gegenwartsphilosophie, die entweder die alten Rezepte der Aufklärung unverdrossen repetiert (Habermas) oder sich vor jeglichem Anspruch auf Realitätsdurchdringung lakonisch in die unverbindlicheren Gefilde der »Sprachspiele« (Lyotard, Derrida) zurückzieht, bietet Virilios hermetisches Modell offensichtlich noch einmal einen (scheinbaren) Halt im Maelstrom zunehmend komplexerer Realitäten, benennt (scheinbar) noch einmal eindeutige Ursachen und Schuldige am offenbar von vielen als

27 Richard Herzinger, Freier Fall nach oben. Paul Virilio entdeckt die Bewegungslosigkeit in der Fluchtgeschwindigkeit, in: *Die Zeit* vom 8. 11. 1996, S. 20.

permanentes Elend erlebten Zustand unserer Gesellschaften. So geht wohl von dieser Geisteshaltung der düsteren Lamentos und Prophezeiungen vor allem insofern eine verführerische Faszination aus, als sie noch einmal verspricht, die Welt auf den begrifflichen Nenner zu bringen – auch wenn sie sich dabei in reiner Negativität verliert, selbst keine konkreten Lösungen anzubieten hat.

Doch dies scheint ohnehin kaum recht bemerkt zu werden, oder aber es gerät angesichts der selbstangemaßten Rolle Virilios als eines engagierten Menschenfreundes und Mahners zur Marginalie, neigt man doch stets dazu, an Moralisten »wegen der guten Absichten, die doch auf Besinnung und Umkehr zielen, wegen des moralischen Mehrwerts«[28] ihrer Ausführungen keine allzu strengen Maßstäbe anlegen zu wollen. Dies freilich kann grundsätzlich keine Maxime für eine wissenschaftliche Betrachtung dieses eigenwilligen Denkgebäudes sein; und doch bleibt die Frage bestehen, wie und mit welcher konkreten Methodik man sich denn überhaupt noch analytisch-kritisch einem Werk annähern kann, das im skizzierten Maße von einem Halo des moralischen Integren umgeben und das durch eine wenigstens partiell kultische Rezeptionsgeschichte bereits prädeterminiert erscheint.

28 Eckhard Nordhofen, Was ist die Zeit?, in: *Die Zeit* vom 20. 11. 1996, S. 75.

Der Zwiespalt des Textes: Anmerkungen zu Methodik und Erkenntnisinteresse dieser Untersuchung

Der angesprochene Rezeptionshorizont ist indes nicht das einzige und schon gar nicht das gravierendste Problem, das sich bei einer kritischen Untersuchung der Dromologie Paul Virilios aufwirft. Entscheidender sind die durch die Struktur dieses Werkes selbst bedingten methodischen wie darstellungstechnischen Probleme, die sich der Analyse stellen. Um zu einer wirklich fruchtbaren Auseinandersetzung mit Virilios Philosophie überhaupt erst vorstoßen zu können, bedarf es daher eines spezifischen Ansatzes, der sich von der üblichen Konzeption einer Monographie in mancher Hinsicht zu unterscheiden hat. Diese Methodik soll nun eingehend dargelegt und begründet werden, und dies auch, weil bereits hierüber grundlegende Einsichten in die Struktur- und Wesenseigenheiten des zu untersuchenden Œuvres vermittelt werden können – Einsichten, die sich dann im weiteren Verlauf als unverzichtbares Instrumentarium für die Erörterung der inhaltlichen Dimensionen bei Virilio herausstellen werden. Methodendiskussion und -vorstellung sind hier also nicht allein obligatorischer Bestandteil einer wissenschaftstheoretischen Positionierung des eigenen Vorgehens, sondern – und zwar weit über das übliche Maß hinaus – *selbst schon der erste Analyseschritt.*

Ausgangspunkt meiner Überlegungen sind hierbei die Eigentümlichkeiten der Textstruktur von Virilios Schriften und die hieraus erwachsenden Lektüreprobleme – eine Lektüreerfahrung, die sicher kaum unter Virilios bedingungslosen Verehrern, wohl auch nicht unter seinen vehementen Verächtern, dafür aber um so mehr in jenem Leserkreis verbreitet sein dürfte, an den die vorliegende Abhandlung sich zuvorderst wendet: nämlich an jene Leserschichten, die Virilios Thesen über die Verflechtungen von Krieg, Geschwindigkeit, Politik und Medien zwar interessant oder sogar faszinierend finden, die in der konkreten Beschäftigung mit seinen Texten aber auf vielfältige, teilweise sogar unüberwindliche Verständnisprobleme stoßen (müssen). Die hieraus resultierende Ratlosigkeit d(ies)er Leser ist jedoch so legitim wie begründet und sie erscheint mir letztlich authentischer und glaubwürdiger zu sein als jene Rezeptionshaltungen, die von sich behaupten, mit Virilios Texten schlechterdings kein Verständnisproblem zu haben. Denn die angesprochenen Schwierigkeiten sind ursächlich nicht auf vorgebliche Ignoranz oder Bildungslücken d(ies)er Leser, sondern allein auf Virilios individuellen Schreib- und Denkstil zurückzuführen, mehr noch: Es wird zu zeigen sein, *daß*, *inwiefern* und *warum* in Virilios Texten die kryptische Verschleierung ihrer Gegenstände geradezu intendiert ist.

Die Mehrzahl des bislang über Virilio Publizierten gibt aber gerade in der Hinsicht wenig Hilfestellung, da die bisherige Debatte über Virilio der eigentlichen Auseinandersetzung mit dieser immanenten Problematik seiner Texte schlicht aus dem Wege zu gehen versucht. Diese Lücke nun möchte die vorliegende Abhandlung schließen, auch wenn sie dabei die spezifischen Verständnisschwierigkeiten nicht zur Gänze wird auflösen können. Sie wird aber eine ganz anders ausgerichtete Perspektive auf das Werk dieses populären Philosophen zu etablieren suchen, nach deren Maßgabe dann auch ein anderer Umgang mit den Spezifika und den Defiziten des Virilioschen Diskurses möglich werden dürfte.

Die bisherige Diskussion über Virilios Werk zerfällt (gerade hierzulande) in die schon erwähnte, primär im Feuilleton und in populärwissenschaftlichen Organen gepflegte hymnische Wertschätzung einerseits und eine beständig anwachsende Kritik aus dem akademischen und wissenschaftstheoretisch orientierten Lager andererseits. Beide Positionen markieren tendenziell zwei Extreme undifferenzierter Affirmation zum einen, grundsätzlicher Ablehnung des gesamten Ansatzes zum anderen, die sich aber für unseren Zweck als gleichermaßen unfruchtbar erwiesen haben. Und dies vor allem deshalb, weil beide Positionen auf durchaus vergleichbare Art und Weise die konstitutiven Eigentümlichkeiten in Virilios Denkgebäude auszublenden pflegen bzw. sie sich allzu eilfertig auf die auktorialen Selbstdefinitionen dieser Philosophie einlassen – beides wohlgemerkt selbst dort, wo an Virilio durchaus massive Kritik geübt wird.

Auch kritischere Beiträge kommen natürlich nicht umhin, Virilios Werk hohen Inspirationscharakter zu attestieren, wie wir ja ohnehin schon festgestellt haben, daß seine Thesen zu den weitverbreitetsten und meistdiskutierten auch innerhalb einer breiter gefaßten intellektuellen Öffentlichkeit gehören. Es macht aber eben das Sonderbare seiner Rezeptionsgeschichte aus, daß die so vielzitierten Gedanken Virilios nun gerade einem Œuvre entnommen sind, das wahrlich nicht einfach zu lesen und zu verstehen ist. Die Eingängigkeit seiner wichtigsten Thesen steht jedenfalls in merkwürdiger Diskrepanz zu der in stilistischer, diskursiver wie argumentativer Hinsicht verwirrenden Heterogenität eines jeden Virilioschen Textes. Noch merkwürdiger aber, daß nicht nur die Anhänger Virilios, sondern auch seine Kritiker just diese Heterogenität des Diskurses in der intellektuellen Auseinandersetzung größtenteils unerwähnt und unberücksichtigt lassen. Noch Virilios härtester Kritiker unterstellt ihm vielmehr stillschweigend eine Kohärenz der Argumentation, obwohl Virilios Schrifttum in eklatantem Ausmaße von fundamentalen Widersprüchen, diskursiven Fehlleistungen, rhetorischen Schleifen, chiffreartigen Verkürzungen oder reinen Behauptungen durchzogen ist.

Zwar ist die Redundanz, mit der Virilio durch sein gesamtes Schaffen hindurch einen begrenzten Kanon der immergleichen Gedanken wieder und wieder durchspielt, derart frappierend, daß selbst wohlmeinende Interpreten feststellen müssen:

»Seit ungefähr zwanzig Jahren verfolgt Virilio bereits sein Thema, die Allianz von Technik- und Mediengeschichte, mit einer Ausschließlichkeit, die manchmal Gefahr läuft, sich in einseitigen Verallgemeinerungen zu verlieren und durch die Wiederholung der zentralen Gedanken zu langweilen.«[1]

Doch ist Redundanz eben nicht gleich Kohärenz, und so verliert sich die vordergründige Evidenz und Prägnanz der Thesen Viri-

1 Kloock, *Von der Schrift- zur Bildschirmkultur*, S. 121.

lios gleich wieder im kryptischen Duktus seiner Binnenargumentation, in der Unsystematik und häufig sogar Beliebigkeit seines heuristischen Zugriffs auf die zu untersuchenden Phänomene: »Seinen manchmal sprunghaften, manchmal mäanderhaften Assoziationen zu folgen ist freilich kein durchweg inspirierendes und vergnügliches Unterfangen, sondern setzt einen unerschüttlichen Willen zum Durchhalten voraus«, notierte unlängst ein Rezensent.[2] Mehr noch: Es setzt auch die Bereitschaft voraus, die problematische Inkonsistenz der textuellen Binnenstruktur zugunsten der Faszination, die von den Zentralthesen ausgeht, schlichtweg zu ignorieren.

Da hilft es dann auch wenig, daß seine Anhänger in ihm einen der »aufregendsten Denker«[3] erkannt haben wollen oder ihm gar »eine neue Vision der Welt« attestieren, »die über die üblichen Schemata hinausgreift, eigene, ungewohnte Wege geht und zu überraschenden Schlußfolgerungen kommt«.[4] Denn ein Nachvollzug dieser Schlußfolgerungen wird für die Mehrzahl der Leser erst einmal durch die massiven Verständnisprobleme verstellt, die die Lektüre Virilios zwangsläufig mit sich bringt.[5] Dies im einzelnen aufzuzeigen, als *auktorial* verursacht darzulegen und eben *nicht* durch eine scheinbar souveräne Zusammenfassung des schlechthin Disparaten nachträglich zu nobilitieren ist denn auch eine wesentliche Motivation dieses Buches.

Damit aber stößt auch die gattungskonstitutive Funktion der Textsorte »Monographie« – nämlich ein komplexes und meist umfangreiches Œuvre in der komprimierenden Darstellung zugleich zu systematisieren – an eine Grenze. Virilios Thesen *im herkömmlichen Sinne* zu systematisieren hieße, ihnen post festum

2 Herzinger, Freier Fall nach oben, S. 20.

3 Fritz J. Raddatz, Die Ästhetik des Verschwindens. Paul Virilios Aktualität, in: *Die Zeit* vom 8. 3. 1991, S. 65.

4 Altwegg/Schmidt, *Französische Denker*, S. 179.

5 Gerade die Erfahrung mit Virilios Texten in der universitären Lehre hat mir gezeigt, daß selbst bei einer ambitionierten Leserschaft ein erstes oberflächliches Verständnis sehr rasch einer tiefgreifenden Verwirrung Platz macht, sobald diese Texte einmal eingehender studiert werden.

eine Kohärenz und Intelligibilität zuzuschreiben, die diesem Werk nun einmal nicht zu eigen ist. Insofern wird also der legitime Wunsch der Leser, die bei der Virilio-Lektüre entstandenen Verwirrungen kraft einer exemplarischen Exegese schlichtweg aufgelöst zu bekommen, auch hier bis zu einem gewissen Grad enttäuscht werden *müssen*. Stattdessen werde ich darzulegen versuchen, daß und warum Virilios Texte selbst geschulten, kreativen und inspirierten Lesern größtenteils unverständlich bis enigmatisch bleiben müssen – wenigstens solange man sie an an jener Rezeptionselle mißt, die diese Texte für sich selbst reklamieren: daß sie nämlich ein nicht unbedingt streng wissenschaftliches, aber eben doch diskursiv-argumentatives Kommunikationsangebot zu unterbreiten hätten. Diese Vorgabe aber lösen Virilios Schriften nicht ein, sondern entfalten ihren eigentlichen Diskurs entlang einer ganz anders fundierten Bedeutungshinsicht, die freilich erst in der Destruktion beziehungsweise Dekonstruktion der vordergründig relevanten Textebene ansichtig gemacht werden kann. Damit soll nicht gesagt sein, daß diese Texte nun vollends unverständlich bleiben müssen, sondern nur, daß sich ihre Bedeutung *nicht* auf jener semantischen Bezugsebene erschließen läßt, die ihr Autor seinen Lesern zunächst anbietet.

Es erscheint ohnehin fraglich, ob dieses Werk als im herkömmlichen Sinne philosophischer oder gar wissenschaftlicher Diskurs aufgefaßt werden sollte. Denn das diskursive Moment, das – selbst vor dem Hintergrund eines zunehmend undogmatischeren und offeneren Wissenschaftsverständnisses – immer noch konstitutives Merkmal eines erkenntnisgeleiteten Textes ist und bleibt, wird von Virilio bezeichnenderweise rundweg abgelehnt: »Ich halte nichts von Explikationen. Ich vertraue auf die Suggestion und des Evidenz des Impliziten.«[6]

Sein Denken vollzieht sich denn auch primär in Bildern, nicht in Argumenten, ist im angesprochenen Sinne suggestiv, nicht explikativ, gehorcht, kurz gesagt, eher ästhetischen, denn heuristischen Prämissen. Daß sein Werk nichtsdestotrotz nach wie vor

6 Virilio/Lotringer, *Der reine Krieg*, S. 42.

nicht nur als gültiges philosophisches System, sondern sogar als wissenschaftlicher Beitrag gelesen und diskutiert wird, dafür zeichnet Virilio aber selbst durchaus mitverantwortlich. Denn er ist es, der – all seinen anderslautenden Selbstdarstellungen zum Trotz – immer wieder versucht, seinen Texten den Anstrich einer wissenschaftlich fundierten Analyse zu geben. Wir werden hierauf im Zusammenhang mit Virilios Stil und Textstrategien noch zurückkommen. Vorerst sei hierzu nur vermerkt, daß zwischen Virilios Selbstverständnis und seiner konkreten Schreibpraxis ein weitaus komplexeres, jedenfalls ambivalenteres Verhältnis besteht, als seine programmatischen Äußerungen dies suggerieren.

Just dieses Spannungsmoment aber wird von den meisten Interpreten nivelliert, entweder indem Virilios Bücher als dezidiert wissenschaftliche Texte verstanden und bewertet werden oder indem seine gegenläufigen Positionierungsversuche als Mitglied eines »Ghettos der Irrationalisten« oder als Antagonist zu den »Meisterdenkern« und ihrer »destruktiven Macht der Intelligenz«[7] gleichsam als Leseanweisung eines Philosophie-Anarchisten befolgt werden, der sich eben bewußt den seit jeher »ideologieverdächtigen« Kriterien rationaler Diskursführung mit gutem Recht entziehe und deswegen an ihnen auch nicht gemessen werden dürfe. Auch die vorliegende Untersuchung hätte gemäß dieser Strategie die angesprochenen Problemfelder des Virilioschen Denkens gar nicht erst als solche benennen, sondern im Gegenteil als konsequente Ausformung des von Virilio selbst so titulierten »akzidentellen Schreibens«,[8] als »rhizomatische écriture« à la Deleuze/Guattari[9] oder noch allgemeiner als

7 Virilio/Rötzer, *Die Ästhetik des Verschwindens*, S. 198 f.

8 Virilio, zit. nach: Altwegg/Schmidt, *Französische Denker*, S. 178. Virilio behauptet von sich selbst, er denke »par accident« (in Zu- oder Unfällen), ein Konzept, das weiter unten noch ausführlicher diskutiert werden soll.

9 So lautete der Interpretationsvorschlag, den Andreas Ruby im Februar 1997 auf einem interdisziplinären Symposium zum Thema »Die Künste des Zufalls« in Siegen unterbreitet hat. Nach Rubys Meinung sind Virilios Widersprüche intendierte Textstrategien, die die Leser

Subversionsstrategie gegen die »Diktatur des abendländischen Rationalismus« feiern und so der kritischen Betrachtung entziehen können. Doch mit einer solchen Emphatisierung der Idiosynkrasie würde genau das verhindert werden, was dieses Buch überhaupt erst herzustellen sucht: die Möglichkeit einer an den konkreten Textpassagen *überprüfbaren* Kommunikation mit und über Virilios Gedanken. Dergleichen zu ermöglichen, ist traditionell Aufgabe und Sinn der Hermeneutik, die von den angeführten Immunisierungsstrategien selbstredend immer gleich mit abgelehnt wird: Wo Esoterik das erklärte Ziel ist, kann ein Verfahren, das sich um die nachvollziehbar und kommunizierbar gehaltene Eröffnung möglicher Textbedeutung(en) bemüht, naturgemäß nicht gerade auf Gegenliebe stoßen: Hermetik und Hermeneutik – das sind nun einmal verfeindete Schwestern.[10]

Doch sind es nicht nur die apologetischen Kommentare zu Virilio, die sich einer konkreten hermeneutischen Arbeit an seinen Texten vornehm enthalten. Auch die wissenschaftliche Kritik beschränkt sich bislang darauf, die von Virilio selbst als solche ausgegebenen Kardinalthesen für das ganze Modell zu nehmen und dieses dann auf seine methodische Stichhaltigkeit und faktische Relevanz zu überprüfen. Mit dem folgerichtigen Resultat, daß Virilios Thesen schließlich als »technikhistorisch unhaltbar« und als »techniksoziologische[r] ›Kurzschluß‹« abgelehnt werden.[11] Insofern operiert also auch die metatheoretische Perspektive auf Virilio in aller Regel ohne soliden Unterbau, lies: hermeneutische Mikroanalyse. Dies verleiht der entsprechenden Negativeinschätzung von Virilios Denken als »Eschatologie«, »apokalyptischem Kulturpessimismus« oder »wissenschaftsphilo-

für (!) eine Geschwindigkeitskultur einnehmen sollen. Für diese kühne These konnte Ruby aber – außer einer nicht belegbaren privaten Bemerkung Virilios ihm gegenüber – keinen Beweis antreten. Allerdings scheinen mir solche nicht weiter hinterfrag- oder kommunizierbaren Umdeutungsversuche geradezu in der Konsequenz der skizzierten kultischen Rezeption Virilios hierzulande zu liegen.

10 Vgl. hierzu das Schlußkapitel dieses Bandes.

11 Beck, *Soziale Konstruktion von Zeit*, S. 337.

sophischer Science-fiction« zuweilen den faden Beigeschmack eines Ex-cathedra-Urteils. Gewissermaßen erfolgt eine solche, in der Sache fraglos dennoch gerechtfertigte Kritik an den methodischen wie empirischen Unzulänglichkeiten von Virilios Dromologie eben stets aus einer *Meta*perspektive auf sein Werk, während es hier darum gehen soll, sich Virilio sehr viel stärker aus der *Binnen*perspektive seiner Texte anzunähern.[12] Die wesentlichen Aspekte einer wissenschafts- und erkenntnistheoretisch fundierten Kritik am Beschleunigungsparadigma der Virilioschen Geschichtsphilosophie sind daher aus dem Argumentationsverlauf zunächst ausgeklammert worden, finden sich aber für daran interessierte Leser im Abschlußkapitel resümiert.

Gerade *weil* sich aber Virilios Theoriekonzept in historischer, methodischer wie in epistemologischer Hinsicht letztlich als problematisch bis unzulänglich erwiesen hat, stellt sich die Frage nach der *Binnendynamik* seiner Texte und der *Tiefenmotorik* seiner obsessiven Textproduktion nur um so schärfer. Um diese Bedeutungsschichten aber freilegen zu können, bedarf es eben einer konkreten und detaillierten Arbeit an den Texten selbst, auch wenn zunächst zu vermuten stünde, daß die hermeneutische Analyse wohl mit dem reinen Befund eines inkonsistenten und widersprüchlichen Diskurses abgebrochen werden müßte. Doch setzt die hier vorzustellende Perspektive auf das zu untersuchende Werk just an jenem Punkt überhaupt an und ein, versucht also, dessen Widersprüche, offensichtlichen Unstimmigkeiten und Argumentationsbrüche weder achselzuckend zu übergehen noch apologetisch zu glorizifieren, sondern sie geradezu *als den eigentlichen Kern des Œuvres* zu begreifen. Dabei gehe ich davon aus, daß die offenkundigen Inkonsistenzen weniger »Akzidenta-

12 Wohlgemerkt: Der Verfasser hält diese Urteile für absolut gerechtfertigt und zählt sich selbst zu den dezidierten Kritikern an Virilios pseudo-wissenschaftlichem Theoriegebäude. Doch habe ich meine diesbezüglich geübte Kritik an den historisch wie methodisch unhaltbaren Behauptungen Virilios bereits andernorts ausführlich dargelegt. Vgl. Kay Kirchmann, *Verdichtung, Weltverlust und Zeitdruck. Grundzüge einer Theorie der Interdependenzen von Medien, Zeit und Geschwindigkeit im neuzeitlichen Zivilisationsprozeß*, Opladen 1998.

lien«, also Textunfälle oder -zufälle darstellen, sondern daß diese Kontradiktionen ganz im Gegenteil überhaupt erst auf die Existenz einer tieferliegenden Textebene verweisen – einer Textebene, die aber ganz entschieden *jenseits* der Oberfläche von Virilios eigener Sinnproduktion, lies: seines Diskurses über Geschwindigkeit, Medien und Krieg, liegt.

Ich schlage daher vor, Virilios Werk wie eine Art Palimpsest zu lesen, und versuche folglich, den eigentlichen, ursprünglichen Text *hinter* der Ebene der sichtbaren Textur überhaupt erst wieder lesbar zu machen. Dies verlangt nach einem modifizierten hermeneutischen Verfahren, das ich hier als eine *dekonstruierende Hermeneutik* oder *Tiefenhermeneutik* bezeichnen will. Die angesprochene Akzentverschiebung besteht im wesentlichen darin, daß die klassische Hermeneutik sich um ein Verständnis des gegebenen Textkörpers, eine dekonstruierende Hermeneutik hingegen sich eher um das Sichtbarmachen *eines hierin zunächst verborgenen Subtextes* bemüht. Das bedingt zugleich eine Perspektivverlagerung weg von der Untersuchung der (ethischen, politischen, philosophischen, sozialen etc.) Wahrheit, die der zu untersuchende Text in Beschlag zu nehmen behauptet, hin zur zunächst *unsichtbaren* Wahrheit dieses Textes selbst. Auf dieses »Verborgene« oder das »Verdrängte« des Textes zielt eine dekonstruierende Arbeit an vorgängigen Texten ab – auf die Freilegung dessen, was zwischen deren Zeilen steht oder als textimmanenter »Zwiespalt« zwischen Autorenintention und unbewußtem Subtext, vorgeblicher Textaussage und subkutaner Artikulation eines ganz anders gegründeten »Sprechen-Wollens« ansichtig wird.[13]

13 Um Mißverständnissen vorzubeugen: Wenn hier und im folgenden von einer »Wahrheit des Textes« gesprochen wird, so ist dies *dezidiert nicht* im Sinne des poststrukturalistischen Axioms eines »sich selbst generierenden und artikulierenden Textes« gemeint. Auch bei Virilio artikuliert sich *durch den Text hindurch* sehr wohl noch ein sprechendes Subjekt, wenngleich dieses Subjekt von dem der auktorialen Selbstinthronisation *im Text* ersichtlich differiert – dies bleibt aber eben ein Zwiespalt eines *Subjekts*, der sich als der angesprochene »Zwiespalt des Textes« *materialisiert*. Dem erwähnten poststrukturalistischen Theorem, daß »die Sprache sich selbst spreche«, wird

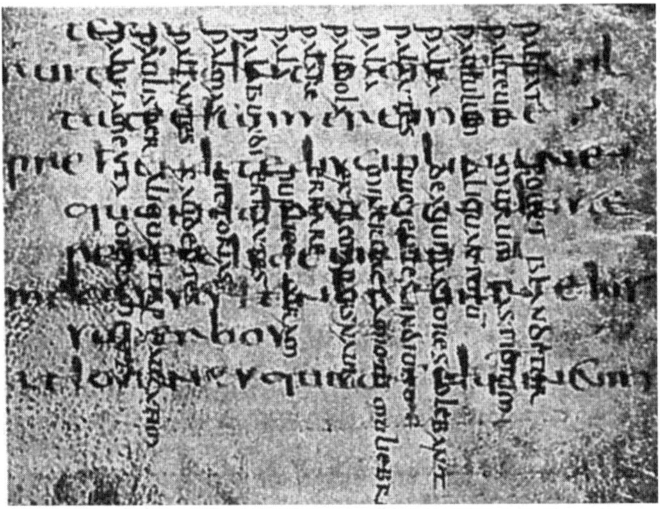

Der sichtbar gemachte Text: Palimpsest mit Psalmentext aus dem 6. Jahrhundert und lateinischem Glossar aus dem 8. Jahrhundert. St. Gallen.

Den angesprochenen »Zwiespalt« lokalisiere ich dabei zunächst in den notorischen Inkonsistenzen des Virilioschen Werkes, die ich in der Traditionslinie einer *Philosophie des Unbewußten* als unverbrüchliches Symptom einer verdeckten Tiefendynamik dieser Textproduktion, als Artikulation zweier divergierender Stimmen im sprechenden Subjekt begreife und insofern als Prämisse meiner Methodik fixiere. Bezugspunkt, Material und Ort dieser Methodik sind dabei in einem weitaus hermetischeren Sinne, als man es von sonstigen Monographien her gewohnt sein mag, Virilios Texte selbst. Diese werden daher auch ausführlicher als üblich zitiert und analysiert, damit sich hieran eine gewissermaßen doppelte Denkbewegung ausrichten kann: zum einen eine Analysefigur, die Virilios Thesen im Kontext seiner eigenen Auslassungen entwickelt, situiert und überprüft (Rekonstruktion); und gleichzeitig eine Bewegung, die darauf abzielt, die mutmaßlich unbewußte Motorik dieser Texte und den »blinden Fleck« im Auge ihres Autors ausfindig zu machen, jenen Ort also, von dem aus dieser sieht, denkt und schreibt und der ihm daher selbst bis zu einem gewissen Grad uneinsichtig bleiben muß (Dekonstruktion).

Es ist dies ersichtlich ein Verfahren, daß die Existenz von Leerstellen, Verschiebungen oder eben auch Kontradiktionen im je Artikulierten voraussetzt bzw. diese nachzuweisen hat und sie sodann als Ausgangspunkt der eigenen Verstehensbemühung produktiv zu machen sucht. Es ist von daher auch ein Verfahren, daß eher aus der Psychoanalyse oder von der Analyse ästhetischer Produkte her geläufig ist. Die zunächst nicht selbstverständliche Ausweitung dieses interpretativen Analyseverfahrens auf theoretische Texte wurde in jüngerer Zeit vor allem in der dekonstruktivistischen Methode Jacques Derridas modelliert und praktiziert. Kenner der Materie mögen sich ohnehin bei dem hier vorgestellten Ansatz zuweilen an Derridas Programm

hierbei gleichwohl eine Absage erteilt, und zwar aus den nämlichen methodischen und epistemologischen Einwänden, die Manfred Frank aufgeführt hat in *Was ist Neostrukturalismus?*, Frankfurt am Main 1983, vor allem S. 18 ff.

einer dekonstruktivistischen Philosophie erinnert fühlen, werden zugleich aber auch jene methodischen und epistemologischen Abweichungen bemerkt haben, die bereits in der Begriffsdifferenz Dekon*struktivismus* – dekon*struierende* Hermeneutik zum Ausdruck kamen. Nun ist hier nicht der Ort, Programmatik, Paradoxien und Aporien des Dekonstruktivismus Derridascher Prägung auch nur annähernd zu diskutieren.[14] Zum Ver-

14 Gute Einführungsdarstellungen und Textsammlungen zu Derridas Programm des Dekonstruktivismus bieten: *Postmoderne und Dekonstruktion. Texte französischer Philosophen der Gegenwart*, hg. und kommentiert von Peter Engelmann, Stuttgart 1990; sowie: Heinz Kimmerle, *Derrida zur Einführung*, Hamburg ^{3}1992. Mit Derridas Programm verbindet mich zweifellos das Interesse an einer »Durchforstung des Zwiespalts zwischen ›Sagen wollen‹ und unbeabsichtigt durch die Art der Beschreibung Kundgeben« (Kimmerle, *Derrida*, S. 53), die als Begehren im jeweiligen Text »abwesend aufscheint«. Analogien bestehen ferner in der Überzeugung, daß eine dekonstruierende wie eine dekonstruktivistische Methodik »notwendigerweise von innen her zu operieren« hat (Jacques Derrida, *Die Stimme und das Phänomen*, Frankfurt am Main 1979, S. 164 f.); soll heißen, daß sich die Analyse »in strenger Weise nur auf Texte richtet. Es geht darum, die Texte in ihrer inneren Struktur und in ihrem Zusammenwirken mit anderen Texten zu erfassen« (Kimmerle, *Derrida*, S. 51). Doch begreife ich – anders als Derrida – Dekonstruktion gerade nicht als Überwindung der klassischen Hermeneutik, sondern als deren Fortschreibung bzw. allenfalls als eine Akzentverlagerung gegenüber dem traditionellen Verfahren – eine Perspektive, die vor allem von Gadamer und Frank vorgezeichnet worden ist. (Vgl. hierzu: Frank, *Was ist Neostrukturalismus?* sowie: Hans-Georg Gadamer, Destruktion und Dekonstruktion, in: ders., *Wahrheit und Methode*, Bd. II, Tübingen 1986, S. 361-372). Vergleichbares gilt für die vom Dekonstruktivismus so gerne als seine ureigenste Entdeckung reklamierte Thematisierung des zwangsläufig perspektivischen und infiniten Interpretationsvorganges eines je gegebenen Textes. Diese Grundannahme stellt selbstredend die Prämisse jeglicher modernen Hermeneutik (wie auch der neuzeitlichen Erkenntnistheorie überhaupt) dar. Eher mit Skepsis zu genießen scheint mir auch die Selbstdarstellung des Dekonstruktivismus als einer dezidiert antimetaphysischen Verfahrensweise zu sein. Derridas saloppe Formu-

ständnis der hier gewählten Methodik muß es daher ausreichen, auf das andersgeartete Selbstverständnis unseres Ansatzes hinzuweisen: Mir geht es hierbei *nicht* um die Grundsatzfrage, inwieweit *jeder*, also auch jeder theoretische Text von jener quasi-ästhetischen, unabschließbaren Offenheit gekennzeichnet ist, die Derrida unterstellt – eine Offenheit, die es dann, wie in der Analyse eines Kunstwerkes, durch einen infiniten Prozeß gleichwertiger Interpretationen, durch einander permanent ablösende Lesarten einzuholen gilt. Hier geht es ferner genausowenig um den strittigen Punkt, ob und inwieweit wiederum *jedes* Schreiben von einer Motorik des Begehrens und Verschiebens gesteuert ist, die sich als »différa/e/nce«, als Spur einer bleibenden Abwesenheit im Text, niederschlägt. Sondern hier geht es *nur* um den konkreten Fall Virilio und die Suche nach einer *diesem* Gegenstand angemessenen Methode. Hierfür ist aber, so möchte ich in der Tat behaupten, die vorgängige Differenz ästhetischer/theoretischer Text nicht konstitutiv und deshalb irrelevant. Denn letztlich handelt es sich meiner Überzeugung nach bei Virilios Werk eher um eine Art Privatmythologie, die sich als theoreti-

lierung, daß es »ein Text-Äußeres« nicht geben könne (Derrida, *Stimme und Phänomen*, S. 130 f.), folglich auch keinen übergeordneten Standpunkt, von dem aus auf den Text geblickt werden könne, ist nicht zuletzt in Derridas eigenen Analysen kaum durchzuhalten gewesen. Das Programm eines dezidiert anti-totalisierenden Denkens, das – angeblich im Gegensatz zur Hermeneutik – in einem Text keinen letzten, zugrundeliegenden Sinn vermuten und formulieren möchte, ist in Derridas eigener Arbeit zwangsläufig uneingelöst geblieben. Gerade hinsichtlich seiner Rousseau-Interpretation ist zu Recht angemerkt worden, daß sie sehr wohl »ein hermeneutisches Ergebnis hat« (Kimmerle, *Derrida*, S. 53), daß sie auch wieder einen (vorläufigen) letzten Sinn postuliert – postulieren *muß*, weil jede Interpretation endlich ist, also zu einem Abschluß kommen muß und weil jede Interpretation nun einmal eine Möglichkeit von Sinn und Sinnfindung konstitutiv voraussetzt. Auffällig ist dabei auch, daß die so entsubjektivierend angelegte dekonstruktivistische Analyse letztlich doch wieder bei einer Figuration des Subjekts auskommt, meist sogar in Gestalt eines Psychogramms des Autors.

scher, diskursiver Text im eigentlichen Sinne dieser Kategorie auszugeben sucht, aber eben kein solcher ist. Schon von daher kann allein ein interpretatives Verfahren diesem Untersuchungsobjekt gerecht werden; pointierter noch: Virilios Texte können erst *in* einem und *durch* einen interpretativen Zugriff überhaupt lesbar gemacht und gehalten werden.[15]

Für Virilios Œuvre scheint mir ferner unbestreitbar zu sein, daß die Spur eines verborgenen und sich zunächst verbergenden Begehrens diesen Texten inhärent ist und ihnen erst ihre spezifische Prägung gibt. Virilio verstehen lernen heißt aus meiner Sicht daher, *den Modus dieses Verbergens und Verschiebens* verstehen zu lernen, ihn zu entziffern und in eine Form textueller Präsenz (rück-) zu übersetzen. Über den Verbindlichkeitsgrad der darüber gewonnenen und sichtbar gemachten eigentlichen Textgestalt kann dann wieder gestritten und weiter nachgedacht werden, und dies in einer Figuration, die in sich wiederum zwangsläufig unabschließbar ist. Nur soviel scheint mir sicher: Wer diesen Modus des Verbergens und Verschiebens bei der Auseinandersetzung mit Virilio unberücksichtigt läßt – und dies war ja Ausgangspunkt meiner Kritik an der bisherigen Forschungslage –, der wird den Dialog mit Virilios Denken fundamental verfehlen.

15 Erinnert sei in diesem Zusammenhang auch noch einmal an die frühromantische Auffassung der Kunstkritik, der zufolge das eigentliche Werk erst in der Exegese wahrhaft »vollendet« wird. Der Text selbst wurde hierbei immer als ein unfertiger begriffen, da er erst durch die Interpretation eine (stets nur vorläufige) »End«gestalt erhält. Diese Überzeugung ist dann später auch durchaus prägend für den Dekonstruktivismus gewesen, und derselbe Gedanken leitet auch meine Vorgehensweise.

Der kryptische Text: Beobachtungen zu Virilios Stil- und Textstrategien

Man wird Virilios Œuvre fraglos nicht als ein in sich geschlossenes Gesamtwerk im Sinne etwa der großen Systementwürfe eines Kant, Hegel oder Marx begreifen können oder wollen. Nicht einmal ein dezidiertes Hauptwerk Virilios ließe sich zweifelsfrei bestimmen, zumal er selbst betont, daß alle seine Bücher »zusammengehören«,[1] seiner Arbeit also eine eher zyklische denn eine lineare Konzeption zugrunde liegt. Entsprechend sind in diesem inzwischen mehrtausendseitigen Werk wirkliche Erkenntnisfortschritte ebensowenig zu verzeichnen wie (Teil-)Revisionen vorgängiger Thesen.[2]

Auch die Einbeziehung immer neuer Diskurse in Virilios Argumentation – in den Publikationen der letzten Jahre vor allem das Operieren mit Theoriebausteinen aus der Astrophysik und der Neurobiologie – gerät keineswegs zum Motor neuer Erkenntnisproduktion. Zwar könnte man zunächst den Eindruck gewinnen, es gehe Virilio dabei um den systematischen Ausbau der Referenzgebiete seiner Dromologie, doch tatsächlich hat die Anhäufung immer neuer Diskursschnittstellen nicht den geringsten Einfluß auf die redundante Wiederholung des immergleichen Thesenkanons, bieten diesem nur neue, (scheinbar) noch »stichhaltigere« Belege. Es handelt sich also um ein zwar immer breitere Kreise um sich ziehendes, im Grunde aber konzentrisches System, das sich um einen unveränderten Nukleus einiger Grundgedanken und Themenkonstellationen auf- und ausbaut, wie auch Eckhard Nordhofen kritisch anmerkt: »Ein funda-

1 Virilio/Lotringer, *Der reine Krieg*, S. 45

2 Wie sollte es auch, ist man geneigt zu fragen, zeigt sich Virilio doch davon überzeugt, daß inzwischen die Bücher, die er »vor zwanzig Jahren geschrieben habe, … nicht widerlegt, sondern bestätigt worden« sind. (Virilio, zit. nach: Altwegg, Die Geburt der Technik, S. 13). Hierüber allerdings kann man wahrlich geteilter Meinung sein.

mentaler Grundgedanke, hier der der Beschleunigung, wird mit rhapsodisch aufgelesenen Beobachtungen aus der Lebenswelt quasi empirisch ›belegt‹.«[3]

So wird man wohl dieses Œuvre am ehesten als eine immer weiter expandierende *Sammlung von Essays* über identische Sachverhalte bezeichnen müssen, zumal sich ja selbst Virilios größere Bücher nicht entlang *einer* stringenten Thematik und Argumentationsfolge entwickeln, sondern über mehr oder minder lose verknüpfte Einzelkapitel. Äußerliches Indiz hierfür ist die Tatsache, daß zuvor als Einzelaufsätze publizierte Texte problemlos als Kapitel in die Buchform integriert werden können bzw. sogar ein- und dieselben Texte in zwei verschiedenen Büchern auftauchen.[4] Auf der Mikroebene spiegelt sich diese hohe »Kompatibilität« der textuellen Fragmente in der wortwörtlichen Wiederholung ganzer Sätze oder gar Absätze in je verschiedenen Argumentationskontexten wider.

Zu den Spezifika des Virilioschen Œuvres zählt ferner, daß es wie kaum ein zweites philosophisches Werk eine eminent hohe Zahl von publizierten Interviews, Gesprächen oder Tagebuchaufzeichnungen aufweist: *Der reine Krieg* ist ein reiner Dialog mit

3 Nordhofen, Was ist Zeit?, S. 75.

4 Die Editionspraxis in diesem Fall ist nur noch als ärgerlich zu bezeichnen: Bereits mehrfach andernorts publizierte Aufsätze werden ohne entsprechende Erstveröffentlichungsangaben in Virilios Bücher integirert und vice versa. Nur drei von etlichen Beispielen hierfür: »Das letzte Fahrzeug« ist als Kapitel in *Rasender Stillstand* enthalten, war zuvor aber schon in diversen Einzelveröffentlichungen publiziert worden; »Metempsychose des Passagiers« ist sowohl in *Der negative Horizont* als auch in *Fahren, Fahren, Fahren* abgedruckt; gleichfalls in *Der negative Horizont* integriert ist das Kapitel »Politik des Verschwindens«, das zuvor unter anderem Titel bereits erschien in: Dietmar Kamper/Christoph Wulf (Hg.), *Die Wiederkehr des Körpers*, Frankfurt am Main 1982, S. 363-379. Angesichts der Tatsache, daß Virilio ohnehin nicht zögert, seitenlange Textbausteine gleich in mehreren seiner Bücher wiederzuverwenden, liegt die Verantwortung für diesen fragwürdigen Umgang mit der Option des Originalbeitrags aber mutmaßlich eher beim Autor als bei den jeweiligen Verlagen.

Sylvère Lotringer, weite Passagen aus *Revolutionen der Geschwindigkeit* bestehen aus Gesprächen, *Krieg und Fernsehen* ist ein nachträglich publiziertes Tagebuch, und hinzu kommt eine längst nicht mehr überschaubare Menge veröffentlichter Interviews. Signifikant ist dabei jedoch vor allem die Tatsache, daß sich diese Texte weder stilistisch noch inhaltlich von jenen seiner sonstigen Bücher unterscheiden, daß für Virilios Diskurs also das gesprochene und das geschriebene Argument keine distinktiven Kategorien darstellen.

Man wird daher bei einem derart lose strukturierten Œuvre, das ersichtlich zu den »kleinen« Gattungen wie Essay, Gespräch oder Tagebuch tendiert, zunächst einmal keine allzu strengen Maßstäbe hinsichtlich Redundanz, Kontinuität oder Systematik anlegen wollen, wie sie etwa an ein geschlossenes philosophisches Modell zu stellen wären. Vielmehr wird man sich bei der kritischen Bewertung von Adornos Hinweis leiten lassen, daß »der Essay seinem Wesen nach Fragment ist und bleibt«, in dessen Form das Bedürfnis sich anmeldet, »die theoretisch überholten Ansprüche der Vollständigkeit und Kontinuität auch in der konkreten Verfahrensweise des Geistes zu annulieren ... Seiner Form ist deren eigene Relativierung immanent, er muß sich so fügen, als ob er immer und stets abbrechen könnte. Er denkt in Brüchen, so wie die Realität brüchig ist, und findet seine Einheit durch die Brüche hindurch, nicht indem er sie glättet. ... Diskontinuität ist dem Essay wesentlich, seine Sache stets ein stillgestellter Konflikt.«[5] Nahezu wie ein spätes Echo dieser Gedanken lesen sich denn zunächst auch die entsprechenden poetologischen Ausführungen Virilios:

> »Ich arbeite stufenartig, einige haben es bemerkt. Ich fange mit einem Satz an, formuliere einen Gedanken, und wenn er meiner Meinung nach anschaulich genug ist, springe ich mittendrin zu einem anderen, ohne mich groß um die Ausführung zu kümmern. ... Mit der *Ästhetik des Verschwindens* ist mir aufgegangen, daß Unterbrechungen, Unfälle und Dinge, die man abbricht, wichtig und produktiv sind. ... Für mich

5 Theodor W. Adorno, Der Essay als Form, in: ders., *Noten zur Literatur*, Bd. I, Frankfurt am Main 1958, S. 35.

ist es sehr wichtig, daß man auch etwas abbrechen kann und sagt: Es reicht! Damit verknüpfe ich Dinge wie den Streik. Das Wesentliche beim Streik ist, daß man die Abwesenheit einsetzt.«[6]

Wäre man insofern also zunächst geneigt, Virilios Konzeption als überschußlose Eingliederung in die Tradition des Essays zu akzeptieren, so stellt dieser Stil jedoch ein eher fragwürdiges Medium für eine Philosophie dar, die ihrerseits so vehement *gerade* gegen das Fragmentarische und Flüchtige zu Felde zieht: Abwesenheit, Sprunghaftigkeit, Unterbrechung – all jene Kriterien, die Virilio *hier* als konstruktive Merkmale seines Stils herausstellt, werden von ihm *ansonsten* doch als destruktives Moment der Moderne und ihrer symbolischen Formationen (etwa der Filmtechnik) gegeißelt und für jene »Ästhetik des Verschwindens« in Haftung genommen, die er als »eine Kunst der Vernichtung«[7] inkriminiert. Mit dieser Inkongruenz von Form und Gehalt ist zugleich ein zentrales Moment der Virilioschen Widersprüche benannt, das uns im folgenden noch häufiger beschäftigen wird: *Virilios Texte praktizieren selbst genau das, was sie inhaltlich so massiv anklagen.* Derart fundamentale Widersprüche aber lassen sich eben nicht mehr als gattungsbedingte Eigentümlichkeit des essayistischen Denkens begreifen:

»Denn der Essay befindet sich nicht im einfachen Gegensatz zum diskursiven Verfahren. Er ist nicht unlogisch; gehorcht selbst logischen Kriterien insofern, als die Gesamtheit seiner Sätze sich stimmig zusammenfügen muß. Keine bloßen Widersprüche dürfen stehenbleiben, es sei denn, sie würden als solche der Sache begründet.«[8]

So ist es eben auch kein Ausweis essayistischer Diskontinuität, sondern nur ein weiteres schlichtweg widersprüchliches Moment in Virilios Programmatik, daß sie einerseits einen Anspruch auf überzeitliche, geschichtsresistente Dauer und Gültigkeit, wenn nicht auf ontologische Letztgewißheit reklamiert: »Wenn man von einer Dromologie reden kann, dann gerade, weil sie

6 Virilio/Lotringer, *Der reine Krieg*, S. 48.

7 Paul Virilio, *Krieg und Kino. Logistik der Wahrnehmung*, München/Wien 1986, S. 144

8 Adorno, Der Essay als Form, S. 46 f.

transhistorisch ist. ... Ich habe eine transhistorische Sicht.«[9] Andererseits versucht er aber, sie durch historische Perspektivierung in den Wirkungsbereich des Zeitlichen und Wandelbaren zu überführen. Ist das nur das klassische Dilemma des Denkers, der sich nicht entscheiden kann, ob er nun Philosoph oder Wissenschaftler sein will, oder offenbaren sich hierin nicht eher fundamentale Paradoxien: daß Virilio nämlich jeden Anspruch auf Wissenschaftlichkeit zwar vehement abwehrt, zugleich aber seine Thesen mit wissenschaftlichen Belegen und Quellen abzusichern versucht; daß er für eine dezidiert transhistorische Sicht der Dinge plädiert, zugleich aber historisch argumentiert?

Deutlicher noch wird die paradoxe Ausgangssituation, berücksichtigt man, daß Virilio sich ja als Architekt und Urbanist versteht und er gerade der Philosophie vorwirft, sie wolle »die Struktur des Realen und des Dauerhaften finden, nicht so der Architekt. ... In der Architektur ... geht es niemals um eine universelle Wahrheit.«[10] Daß er dies nun just im *selben* Interview verkündet, in dem er die oben zitierte Definition seiner Dromologie als *trans*historischer Methode abgibt, gehört zu jenen notorischen Selbstwidersprüchen, die diesem Œuvre seine spezifische und zugleich konstitutive Disparatheit verleihen. Das angeführte Beispiel zeigt es bereits: Die Kontradiktionen erwachsen nicht etwa einer Revision vorgängiger Thesen durch neue Erkenntnisse, was ja der zwangsläufigen Prozessualität jedes Denkens völlig angemessen wäre, sondern es handelt sich hierbei um eine – schließlich quer durch das ganze Werk anhaltende – permanente Umdeutung des zuvor Gesagten, die sich ihrer eigenen Widersprüchlichkeit vielleicht selbst nicht bewußt ist. Jeder Versuch, so etwas wie eine kohärente Perspektive Virilios auf seinen jeweiligen Gegenstand auszumachen, muß daher an dieser willkürlich anmutenden Austauschbarkeit des einzelnen Arguments und Werturteils zunächst einmal scheitern.

9 Virilio/Rötzer, Die Ästhetik des Verschwindens, S. 199 f.

10 Ebd., S. 198. – Diese Behauptung muß als grobe Fehldarstellung gerade im Hinblick auf die Programmatik der modernen Architekturästhetik angesehen werden. Vgl. hierzu: Beat Wyss, *Der Wille zur Kunst. Zur ästhetischen Mentalität der Moderne*, Köln 1996, S. 192 ff.

Die Heterogenität von Virilios Diskurs bleibt indes nicht auf die programmatische Dimension beschränkt, sondern dominiert die argumentativ-inhaltliche wie die formale Ebene seines Werkes gleichermaßen. Sie spiegelt sich aber auch wider in der verwirrenden Vielzahl einzelner Wissenschaftsdisziplinen, zwischen denen sich Virilio frei jonglierend bewegt. Auf seine Leser geht dabei ein Stakkato isolierter Einzelbeobachtungen aus Physik, Geschichts- und Politikwissenschaften, Urbanistik, Technik- und Militärgeschichte, Kunst- und Medienwissenschaften, Geschichtsphilosophie, Soziologie und Neurobiologie hernieder, das offenbar den Eindruck enzyklopädischer Gelehrsamkeit erwecken soll. Sofern sich hinter dieser Demonstration von Omnipotenz eine auktoriale Strategie verbergen sollte, so scheint sie bislang größtenteils aufgegangen zu sein. Erst ganz allmählich nämlich melden sich erste Stimmen, die mutmaßen, daß Virilio vielleicht gar nicht über ein derart exorbitantes Wissen verfüge, sondern daß hier vielmehr »mit recht willkürlich herbeizitierten Bruchstücken« verschiedenster Diskurse operiert werde, wobei »Virilios essayistische Prosa ... auf den Überraschungseffekt« bei »seinem auf diesem Gebiet meist ahnungslosen«[11] Publikum setze. So haben gerade erst (der zuvor schon für die gezielte Enttarnung wissenschaftlicher Heucheleien berüchtigte) Alan Sokal und sein Kollege Jean Bricmont der Mehrzahl der französischen Gegenwartsphilosophen »intellektuelle Hochstapeleien« vorgeworfen, die sich unter anderem in einem willkürlichen »Mißbrauch von Begriffen der Physik und Mathematik« zeige. Gerade Paul Virilio, so die beiden Physiker und Wissenschaftstheoretiker, operiere dabei gerne mit »pseudowissenschaftlichem Vokabular« oder gar freien Neuschöpfungen wie »Dromosphäre« oder »Chronoscopie«, die in der Physik gänzlich unbekannt seien, von Virilio aber als neueste Fachkenntnisse suggeriert werden. Virilio verpacke lediglich banale Beobachtungen in gelehrter Terminologie, und etliche seiner Sätze hätten schlicht keinerlei Bedeutung – so lautet Sokal/Bricmonts wenig schmeichelhaftes Fazit.[12]

11 Herzinger, Freier Fall nach oben, S. 20.

12 Alan Sokal/Jean Bricmont, *Impostures intellectuelles*, Paris 1997, vor

In der Tat halten nicht nur die physikalischen, sondern auch die meisten anderen der von Virilio angeführten Wissenspartikel in den allerwenigsten Fällen einer sachkundigen Überprüfung wirklich stand. Doch welcher Leser hat hierzu schon immer die Gelegenheit und kann insofern auch erkennen, wie beliebig Virilio flüchtig aufgesammeltes Fachwissen dekontextualisiert, mit anderen Diskursbausteinen vermengt oder rein assoziativ zum angeblichen Beweis für seine ureigensten Mytheme instrumentalisiert?

Rhetorik statt Methodik, so könnte man Virilios Stil insgesamt klassifizieren: Immer wieder »belegt« er seine gewagten Thesen und Denkfiguren mit der Pseudoevidenz singulärer historischer oder wissenschaftlicher Quellen, ohne daß diese über einen kohärenten methodischen Bezugsrahmen überhaupt erst heuristisch relevant integriert und konzeptionalisiert würden, was dieser Textstrategie den Anstrich methodischer Beliebigkeit und fragwürdiger Selektivität verleiht. Der beliebig herausgegriffene Beleg ersetzt den kursorisch geführten Beweis, die Fülle divergenter und heterogener Beobachtungen eine stringente Methodik und emphatisch vorgetragene Behauptungen das überprüfbare Argument. Verdeutlichen wir das Gesagte nun anhand einer längeren Textpassage aus *Der Negative Horizont* (bei der selbst der Übersetzer die Übersicht über Interpunktion und Grammatik verloren zu haben scheint):

»›Wenn man gegen die Luft kämpfen will, muß man spezifisch schwerer sein als die Luft. Bei der Fortbewegung in der Luft wie anderswo auch stützt man sich auf das, was Widerstand leistet‹, erklärte Nadar im Jahre 1863 … Seither hat dieser Widerstand nachgelassen; die Eroberung des Raumes hat diese freche Revolte der Elemente und Zeitdistanzen unterdrückt, der Raum ist vollkommen *dromogen* geworden. In der Tat läßt

allem S. 153-158. Vgl. hierzu auch Johannes Wetzel, Krise in der Dromosphäre, in: *Die Zeit* vom 10. 10. 1997, S. 63. Alan Sokal hatte zuvor mit einem als »Sokals Jux« bekannt gewordenen Pseudo-Text bereits die Fragilität und Beliebigkeit heutiger Kriterien für wissenschaftliche Texte schonungslos offengelegt. Siehe hierzu auch weiter unten.

sich die *beschleunigte aerodynamische Perspektive*, diese auf die Gegenstände der Ortsveränderung angewandte Wissenschaft des verzerrten Bildes bis zum Anfang unseres Jahrhunderts zurückverfolgen. 20 Jahre vor den ersten Ergebnissen im aerodynamischen Bereich, kurz nach 1910, gibt sich der Ingenieur Henri Coanda mit der Eroberung der Luft durch Schwergewichte nicht mehr zufrieden. Er arbeitet unter Zuhilfenahme eines chronophotographischen Apparates für Luftbewegungen, die stromlinienförmige Körper umhüllen, an den allerersten Formen aerodynamischer Karosserien und propagiert eine ›Theorie der Leere‹, der zufolge es nicht mehr darum geht, den Luftwiderstand mit Hilfe eines Motors zu überwinden; *es muß vielmehr vor oder über dem Vehikel ein Leerraum geschaffen werden, in den es sich stürzen kann* … Daß man gegen die Luft kämpft, indem man sich auf dasjenige stützt, was jeweils Widerstand leistet, reicht nicht mehr aus; man muß die atmosphärische Leere in ein Vakuum verwandeln. Das Gebläse des Propellermotors wird durch den Turbinenventilator eines Düsentriebwerkes ersetzt. Der Reisewunsch geht in eine Saugwirkung über; mit dem Willen, den Horizont möglichst rasch zu erreichen, ist ein tiefes Atemholen, ist Inspiration verbunden.

Auf die Atmosphäre folgt die Dromosphäre, auf die Arena der [?] Pferderennbahn, die [?] Schleife des Autodroms folgt – noch ist die siderische Umlaufbahn nicht erreicht – die *Zentrifuge,* die Kampfbahn für einen einzelnen Mann, den Augenzeugen der *Bildverzerrung eines Geschwindigkeitskörpers,* [?] folgt die peripatetische Figur, wobei die Gewichtsmasse einer Reihe von grotesken Verformungen unterliegt, die durch die Schwerkraft verursacht werden. Erinnern wir uns in diesem Zusammenhang an die Gesichtszüge des Oberstleutnants John Stapp, der vor fast 20 Jahren auf einem düsengetriebenen Schlitten als erster 1016,888 km/h auf dem Boden erreichte.

Sollte die Welt nur ein falscher Schein sein, den die Zeit mit einem Schlag hinwegfegt [laut Anmerkung ein Shakespeare-Zitat; d.V.], *so ist Geschwindigkeit der Lufthauch, der Wind der Zeit, ein relativer Wind, der die Wüste der Körper im Nu hinwegfegt.*

›Jede Oberfläche ist ein *interface* zwischen zwei Milieus, in welchem eine ständige Aktivität in Form eines Austausches zwischen den beiden in Verbindung gesetzten Substanzen herrscht.‹ [Laut Anmerkung: Wissenschaftliche Definition des Begriffes ›Oberfläche‹; ohne nähere Quellenangabe, d.V.].

Der Bildschirm ersetzt den Spiegel. Bonneville Speedway, 10. September 1962: Millionen von Fernsehzuschauern verfolgen in Direktübertra-

gung, wie Glen Leashers ›Infinity‹ in die Brüche geht; ihre von Kathodenröhren zurückgestrahlten glänzenden Splitter fliegen durch ganz Amerika …
Noch spannender ist die Show ein paar Jahre später, als eine Ansagerin hinter der Windschutzscheibe des Bildschirms sich so schnell wie die Lichtpartikel der Fernsehnachrichten in Großaufnahme das Leben nimmt. Im Jahre 1967 findet Donald Campbell auf dem Coniston-See bei dem Versuch, einen Geschwindigkeitsrekord auf dem Wasser aufzustellen, den Tod. 15 Jahre zuvor war John Cobb, als ob ihn die Fläche des ausgetrockneten Sees von Utah nicht mehr befriedigt hätte, in der Tiefe von Loch Ness in Schottland verschwunden …«[13]

Neben der willkürlich anmutenden Verbindung disparater Inhalte und Kontexte zeigt das Zitat auch einige typische formale Strategien Virilios deutlich auf: So ist die häufige Verwendung von Auslassungszeichen (»…«) – bevorzugt am Ende eines Absatzes – ein in allen Texten Virilios präsentes Stilmittel.[14] Dieses Stilem erscheint als formales Äquivalent seiner Strategie, mit Assoziationen und letztlich unausformulierten Anschlüssen zu arbeiten: Die hier als rhetorisches Instrument genutzte Leerstelle operiert mit der geheimnisvollen Andeutung und suggeriert ein stillschweigendes Einverständnis zwischen Leser und Autor über den wahren Rest der Rede. Zu solch problematischen Methoden der emotiven Rezipientenlenkung zählt ferner der exzessive Gebrauch von Suggestivformulierungen wie »bekanntlich« oder »wie man weiß«, die Virilios Behauptungen den Status gesicherter Erkenntnisse verleihen sollen – Rhetorik ersetzt Methodik.

Dies gilt zuvorderst aber für die frei kombinierten Bruchstükke vorgängiger Diskurse: Zu Aphorismen verkürzte Zitate, Anekdotisches, beliebige historische Daten und Fakten, philosophische Sentenzen und Bonmots werden mit dekontextualisierten und schlagwortartig aufgeführten wissenschaftlichen Thesen zu

13 Paul Virilio, *Der negative Horizont. Bewegung – Geschwindigkeit – Beschleunigung*, München/Wien 1989, S. 198 ff.

14 Im ersten Teil von *Der negative Horizont* sind auf 80 Seiten Text 29mal Auslassungszeichen verwendet worden; gleich 15mal findet sich das Prinzip auf den ersten 20 Seiten von *Krieg und Fernsehen*.

einer verwirrenden Melange vermengt, die nur durch das atemlose Vorwärtshasten der Virilioschen Rhetorik noch in einem (allerdings vordergründigen) Kontext integriert bleiben. Wie Virilio hierbei nun von dem einen Punkt zum anderen gelangt, inwieweit die Schlußfolgerungen aus den Prämissen nachvollziehbar erwachsen und worauf er mit all dieser aphoristischen Demonstration von Gelehrsamkeit letztlich hinauswill – all dies verschweigt uns der Text nicht nur an dieser Stelle bzw. geht unter im sprachlichen Stakkato seiner Prosa. Zurück bleibt das vage Gefühl, die eine oder andere These *vernommen,* sie aber nicht wirklich *entwickelt* oder gar *erklärt* bekommen zu haben.

In diesen Kontext gehört auch eine weitere, ärgerliche Neigung Virilios, nämlich die, unbelegbare Äußerungen Dritter als Quellen einzusetzen. Dies reicht von obskuren Gesprächsprotokollen bis zu angeblichen Zitaten namentlich nicht genannter »Fachleute« oder »Zeitzeugen«. So zitiert er in *Fluchtgeschwindigkeit* »einen Physiker …, der ein Fachmann für die vielzitierte fehlende Masse [des Universums]«[15] sei. Diese ehrfurchtgebietende Ankündigung wird leider von der Auflösung der dazugehörigen Anmerkungsziffer insofern enttäuscht, als diese uns den Namen jenes Fachmanns vorenthält und nur auf ein Buch *ohne* Verfasserangabe namens »*Les chemins de la science.* Paris, o. J. [ohne Jahrgang!?], S. 9« verweist.[16]

Die solchermaßen nobilitierte These von der Licht- und Masselosigkeit eines Teils des Universums bildet nun den Auftakt zu einer ausgreifenden Spekulation Virilios, die im weiteren Verlauf immer entlegenere Themengebiete und Gedankensplitter, immer apodiktischere Behauptungen und vagere Andeutungen miteinbezieht, ohne daß darüber eine wirklich kohärente Argumentation gewonnen würde. Es sind Textstellen wie die nachfolgend zitierte, die das oben erwähnte Negativurteil Sokal/Bricmonts über den »Enzyklopädisten« Virilio maßgeblich herbeigeführt haben dürften. Auch hier lohnt es wieder, eine längere Passage zu zitieren, da erst dadurch ein typischer »Argu-

15 Paul Virilio, *Fluchtgeschwindigkeit. Essay*, München/Wien 1996, S. 14.
16 Ebd., S. 201. Aber wer liest schon den Anmerkungsteil mit …

mentationsaufbau« à la Virilio mit all seinen obskuren und idiosynkratischen Tendenzen vollends einsichtig werden kann (und zugleich deutlich werden dürfte, daß die oben zitierte Passage keinen Einzelfall, sondern geradezu die Regel in Virilios Schrifttum darstellt):

»Könnte es sich beim ›übrigen Teil‹ dieser kosmischen Dunkelheit, der so beträchtlich ist, daß er die Phantasie der Wissenschaftler anregt, nicht um die *fehlende Masse der Zeit* handeln ?
Um eben jene kosmische Zeit, die sich unserer astronomischen Beobachtung in genau demselben Maße entzieht, wie sie sich der absoluten, aber begrenzten Geschwindigkeit des Lichts entzieht? Eine universale Zeitlichkeit, die im ›Schatten‹ einer auf 300.000 Kilometer pro Sekunde beschränkten Beschleunigung verharrt.
Unter diesen hypothetischen Bedingungen wäre die gegenwärtige Erforschung des BIG BANG eine Täuschung, eine optische Täuschung der Kosmologie!
Wie anders sollte man sich ernsthaft der Hoffnung hingeben können, mit Hilfe von *Indra*, der neuen technischen Anlage des größten französischen Schwerionenbeschleunigers, die 15 Milliarden Jahre zurückliegende *Entstehung der Raumzeit-Materie direkt* zu beobachten, wo doch die Trägheit der universalen Zeit jede Beobachtung allein schon wegen des endlichen Wesens der Lichtgeschwindigkeit, dieser LICHT-ZEIT verhindert, die zwar die Ereignisse beleuchtet, allerdings nicht dazu imstande ist, sich selbst zu beleuchten?
Indem die Wissenschaftler die technische Anlage für die Aufzeichnung der ursprünglichen Signale nach der wedischen Gottheit des Himmels, *Indra*, benannten, sind sie außerdem über den Unterschied hinweggegangen, den es offenbar zwischen der den Gesetzen der Erdanziehung unterliegenden Raumzeit einerseits und derjenigen des außerirdischen Jenseits andererseits gibt.
Sollten sich unsere heutigen Wissenschaftler nach dem ›Anthropozentrismus‹ und dem ›Geozentrismus‹ vielleicht einer neuen Art von Illuminismus oder eher von LUMINOZENTRISMUS verschrieben haben, der sie möglicherweise über das tiefere Wesen des Raums und der Zeit täuscht? Es ist davon auszugehen, daß sich die aus dem Quattrocentro stammende Perspektive des Realraums immer noch der Perspektive der Echtzeit eines horizontlosen Kosmos in den Weg stellt …
Zum Abschluß dieser im höchsten Maße hypothetischen Ausführungen möchte ich zu unserem neuen ›azurnen Horizont‹ zurückkehren, dem

zenitalen Küstenstrich, der auf so eindeutige Art und Weise die Sphäre einer der Erdanziehung unterworfenen *Raum-Materie* von der außerirdischen *Licht-Zeit* trennt, deren Tiefe sogar die Dichte der Zeit verschleiert, wobei die schwarze Masse der universalen Zeit schließlich auch der optischen Dichte unseres Planeten ihre azurne Farbe verleihen würde.
Wenn die *Natur* die Leere verabscheut, dann gilt das für die *natürliche Größe* gleichermaßen. Ohne Gewicht und Maß gibt es keine Natur mehr, genauer gesagt, keinen Naturbegriff. Ohne fernen Horizont besteht keine Möglichkeit mehr, die Realität zu erkennen und wir stürzen in die Zeit eines Falls, der demjenigen der gefallenen Engel ähnelt, womit der Horizont der Erde dann nichts anderes als eine weitere ›Engelsbucht‹ wäre. Eine philosophische Enttäuschung, bei der mit dem Naturbegriff der Aufklärung im Zeitalter der Lichtgeschwindigkeit der Realitätsbegriff verschwömme.«[17]

Dieser Stil nun wird von Virilios Apologeten gerne als genuin »nomadisches« Denken à la Deleuze/Guattari, mithin als ein »systemloses, aber an allen Fronten operierendes Denken«[18] begriffen oder in braver Befolgung der Selbstdefinitionen Virilios verteidigt als dessen ureigenste »akzidentelle« (von frz. *accident*: Unfall, Zufall) Methodik, die es ihm überhaupt erst ermögliche, bislang nicht gesehene Zusammenhänge zwischen scheinbar Divergentem schockartig aufzudecken. Virilio selbst postuliert in der Tat, er versuche »per Unfall zu denken. Es ist etwas Blitzartiges, ein überraschender Zusammenstoß. Dies eigentlich ist die Modernität, [und diese] taucht nur auf als Überraschung, Zufall, Unfall.«[19] Nun galt die plötzliche Auf- und Entdeckung bislang nicht erkannter Verwandtschaften allerdings schon der klassischen Ästhetik und Erkenntnistheorie als Geisteswitz und damit als eine zentrale Eigenschaft der Geistestätigkeit überhaupt, ohne daß hierfür ein so metaphernreiches Konzept wie »Unfall« hätte in Anschlag gebracht werden müssen. Zudem wird die Plausibilität der Metapher nicht gerade dadurch erhöht, daß Virilio ansonsten Akzidenz und Unfall als jeder Erfindung zwangsläufig

17 Ebd., S. 14 ff.
18 Altwegg/Schmidt, *Französische Denker*, S. 9.
19 Virilio, zit. nach: Altwegg/Schmidt, *Französische Denker*, S. 178.

innewohnend definiert: Da er grundsätzlich davon ausgeht, daß man »die negativen Seiten von Technologie und Geschwindigkeit ... verschwiegen«[20] habe, fordert er sogar die Errichtung eines Museums, in dem die spezifischen Unfälle jeder Wissenschaft und Technik auszustellen und »epistemotechnisch zu problematisieren«[21] seien.

Wenn der Unfall aber nun untrennbarer Bestandteil technokratischer und »dromokratischer« Machtausübung ist und als solcher ja gerade Gegenstand der dromologischen Kritik werden soll, kann diese Kritik sich dann legitimerweise desselben Verfahrens bedienen? Vertiefen wir den sich abzeichnenden Konflikt zwischen Form und Inhalt der Dromologie vor der Hintergrund eines weiteren, in sich noch komprimierteren Textbeispiels aus *Revolutionen der Geschwindigkeit*:

»Die erste Sorge des Autokraten richtet sich darauf, ein allgegenwärtiges, allmächtiges Zentrum zu bilden. Um Autokrat zu werden, bedarf es jedoch der absoluten Macht, und die wird über Höchstgeschwindigkeiten erreicht. Das Licht bewirkt eine Blendung und ein Erstarren der Bevölkerung. So sagte Napoleon: *›Befehlen heißt zu den Augen sprechen‹*. Die absolute Macht hat etwas Hypnotisches. Napoleon setzte dazu den Telegrafen ein, Hitler das Radio. Gott gleich werden und Untertanen durch eine Geschwindigkeit faszinieren, die sie lähmt. Auch in Mogadischu wurden Leuchtbomben abgeworfen, um die Terroristen außer Gefecht zu setzen. Diese waren von Licht und Lärm völlig gelähmt. Der Ausdruck ›Krieg der Sterne‹ bezeichnet metaphorisch jene Macht, die sich zwar nicht von der Stelle rührt, die anderen aber durch ihre absolute Geschwindigkeit lähmt.«[22]

Die nähere Betrachtung dieser Passage entlarvt die kunstvolle Programmatik des Virilioschen Diskurses als reine *Camouflage* seiner tatsächlichen Funktionsweise. Denn dieser Textabschnitt, der pars pro toto für Virilios Werk steht, kann nur als Musterbeispiel einer *Rhetorik der Überwältigung* bezeichnet werden: Nahezu jeder Satz führt einen neuen – zumeist auf die Signalwirkung

20 Virilio/Lotringer, *Der reine Krieg*, S. 36.
21 Ebd., S. 37.
22 Paul Virilio, *Revolutionen der Geschwindigkeit*, Berlin 1993, S. 30.

evokativer Substantive und geschichtsnotorischer Subjekte oder Ereignisse reduzierten – Topos ein, der *argumentative Kohärenz zum semantischen Bezugspunkt des vorhergehenden Satzes suggerieren soll, diese tatsächlich aber rein rhetorisch herstellt.* Im zitierten Fall wird die Gleichung »Licht = Macht- und Blendungsinstrument« aufgestellt, die durch ein Napoleon-Zitat zur Visualität und die suggestive Verkettung zur Hypnose (Manipulation durch Augenkontakt) nochmals untermauert wird. Als derartige Hypnoseinstrumente werden sodann *Telegrafie* und *Radio* benannt, wobei vermutlich schon gar nicht mehr auffällt, daß letzteres Medium mit dem Ausgangspunkt des Arguments (*Licht*einsatz als Blendung) logischerweise gar nichts, ersteres Medium nur sehr bedingt etwas zu tun haben kann.[23] Dann wird die zwar propagierte, aber nie wirklich belegte Kette strukturidentischer Machtinstrumente um die Geschwindigkeit erweitert, eine Gleichung, die in der prognostizierten »Lähmung der Untertanen durch Tempo« das zuvor eingeführte Bild der Hypnose noch einmal evoziert. Und erst *danach* wird das Thema der Blendung durch Lichteinsatz tatsächlich wieder aufgenommen. Insgesamt hinterläßt die Textpassage den Eindruck, man habe soeben eine schlüssige Aufzählung verschiedener Blendungstechniken in der abendländischen Geschichte vernommen, obwohl dieser thematische Bezug allenfalls die Klammer darstellt, innerhalb derer ganz anders geartete Sachverhalte aufgeführt worden sind. Es gehört mit zu den Effekten dieser durchaus perfiden Rhetorik, daß über ein solch assoziatives Verfahren eine geheime Identität von Diktatoren wie Napoleon und Hitler mit jenen deutschen Regierungsstellen, die die Stürmung des entführten Lufthansa-Jets in Mogadischu angeordnet haben, und dem SDI-Projekt Ronald Reagans suggeriert wird. Hier wird aber nicht etwa, wie Virilio wohl behaupten würde, eine phänomenale Identität auf-

23 Bei der hier angesprochenen Frühphase der Telegraphie, dem sogenannten Chappeschen Telegraphen, handelte es sich noch um ein Kommunikationssystem, das mit optischen Signalen (Flaggen, Lichtquellen) operierte. Vgl. hierzu: Patrice Flichy, *Tele. Geschichte der modernen Kommunikation*, Frankfurt am Main/New York/Paris 1994.

gedeckt, die bislang unbeachtet geblieben war, hier wird nicht zusammengebracht, was strukturell oder phänomenal tatsächlich zusammengehört – sondern hier wird kraft reiner Rhetorik zusammengezwungen, was nun wahrlich nicht das gleiche ist.

Derartige Stileme wie auch der daran gekoppelte emphatische Tonfall der Rede aber gehören nun einmal – man muß es so deutlich formulieren – zum Repertoire *agitatorischer,* wenn nicht *demagogischer Rhetorik*, sind fester Bestandteil einer auf Überwältigung des Hörers bzw. Lesers abzielenden Artikulationstechnik. Gerade das, was die Textpassage inhaltlich kritisiert, macht sie sich also selbst als formale Strategie zunutze: *Blendung* (Verschleierung und Unsichtbarmachung des eigentlichen Verfahrens); *Lähmung* (der Leser) *durch die Geschwindigkeit* (der sprachlichen und argumentativen Abfolgedichte), die zugleich *fasziniert; Hypnotisierung* (durch demonstrative Allwissenheit), die letztlich zu einem *Erstarren* (der Leser vor dem Text) führt.

Zu diesen rhetorischen Blendungsmethoden Virilios gehört fraglos auch seine Neigung zu (selbst nachträglich so gut wie nie aufgelösten) Neologismen oder entlegenen Fachtermini. Warum in aller Welt operiert ein Autor mit Wortschöpfungen wie »Organigramm«,[24] »Poliorketik«[25] oder »Trajektivität«,[26] wenn er damit nicht besagte hypnotische Wirkung auf seine Leser ausüben will? Warum überhaupt dieser atemlose, sich überschlagende, vor Eifer und Spannung vibrierende Tonfall eines von einem Topos zum nächsten hastenden Schreibens bei einer Theorie, die sich nun gerade der Kritik und der Enttarnung der Beschleunigung verschrieben hat? Warum dieses sich überstürzende und überstürzte, hochmobilisierte Denken, wenn doch angeblich Virilios Stil analog zum Streik gerade eine Unterbrechung, eine Aussetzung der permanenten Mobilität bewirken soll? Wie kann man sich unentwegt zum Mahner vor den destruktiven Folgen der Kinematik und der Fragmentierung stilisieren, von der eigenen Denkweise aber behaupten: »Die wahre

24 Virilio/Lotringer, *Der reine Krieg*, S. 21.
25 Virilio, *Der negative Horizont*, S. 48.
26 Virilio, *Revolutionen der Geschwindigkeit*, S. 62

Intelligenz ist flüchtig, kinematisch, aufblitzend«?[27] Wieso dieser plakative Stolz darauf, daß *Geschwindigkeit und Politik* »ein schnelles Buch«[28] sei?

Virilios Anhänger legitimieren dies in aller Regel mit dem Argument, es handele sich hierbei um ein »dem Gegenstand angemessen«[29] mobiles Denken, also um eine gewissermaßen *zwangsläufige* Inhalt-Form-Adäquanz. Nähme man dieses Argument ernst, so hieße das letztlich, auch ein Text etwa über faschistoiden Sprachgebrauch müßte in ebenjenem Sprachduktus verfaßt sein, den er auf der Inhaltsebene kritisiert – eine schlechterdings unsinnige Forderung, weil dabei die notwendige, ja, unverzichtbare kritische Distanz zwischen Objekt und Medium zugleich eingezogen würde. *Gerade* der kritische Text, und als solchen versteht Virilio seinen Beitrag ja, darf daher prinzipiell nicht an jener Unmenschlichkeit stilistisch und formal partizipieren, die zu beschreiben und zu kritisieren er sich zur Aufgabe gestellt hat. Auch den vielleicht zu erwartenden Einwand, Virilios »schnelle« Diktion stelle quasi ein subtiles Aufklärungsinstrument dar, das formal just das demonstriere, was Gegenstand seiner Rede ist, um sozusagen *in actu* die Relevanz der Thesen zu verdeutlichen, können wir nicht gelten lassen. Wohnte dieser Textstrategie tatsächlich ein didaktisches Moment inne, so müßte dieses retrospektiv vom Autor selbst thematisiert und aufgedeckt werden, damit es überhaupt aufklärerisch wirksam werden könnte. Andernfalls nämlich nähme es wieder *ungebrochen* an jener verdeckten Manipulation teil, die es selbst beschreibt und sogar formal imitiert. Da jedoch von solcher Distanznahme Virilios zu seinem Stil aber auch gar nichts zu sehen ist, können wir auch diese Option als irrelevant ausschließen.

Sowenig wir bereit waren, allzu eilfertige Glorifizierungen dieser Praxis zu akzeptieren, so wenig wollen wir allerdings auch vorschnelle Urteile fällen. Auch wenn wir also Virilios Stilistik

27 Virilio, zit. nach: Altwegg, Die Geburt der Technik, S. 14.

28 Virilio/Lotringer, *Der reine Krieg*, S. 44.

29 Altwegg/Schmidt, *Französische Denker*, S. 182.

eine gewisse Doppelzüngigkeit und eine äußerst bedenkliche Nähe zu agitatorischen Redetechniken attestieren müssen, wollen wir dennoch nicht so weit gehen, ihm diesbezüglich eine bewußt manipulative Absicht zu unterstellen. Dies auch deswegen, weil ein derartiger Widerspruch keinen Einzelfall in diesem insgesamt hochgradig paradox strukturierten Werk darstellt, sodaß offenbar ganz anders gegründete Motoriken für diese befremdlichen Textstrategien verantwortlich zu machen sind. Wie aber soll man mit der irritierenden Menge solcher Widersprüche, wie vor allem kann man mit dem Fundamentalwiderspruch zwischen Virilios Anklagen der Beschleunigung, der Blendung, des Verschwindens und Verbergens und seiner *just hierin aufgehenden Schreibpraxis* noch konstruktiv umgehen? Nur soviel scheint klar: Die Massivität und Menge der inhaltlichen wie programmatischen Widersprüche wie auch das irritierende Moment der stilistischen Inkonsistenzen verweisen unzweideutig auf die Existenz einer tiefgründigeren Motorik, der die Texte selbst offenbar nur als Fläche dienen, auf der sie erscheinen, sich manifestieren – *und sich zugleich dahinter auch wieder verbergen kann.* So stoßen wir bei unserer Analyse wiederum auf Motoriken der Textproduktion, die nicht zufällig erneut mit Konzepten assoziiert sind, die Virilio inhaltlich essentiell sind: Verbergen, Verschwinden, Verschleiern, Flüchten. Betrachten wir ein weiteres Textexempel, diesmal aus einem Interview, das 1994 mit Virilio geführt wurde:

Frage: »Was muß man machen, um ein Bild herzustellen?«
Virilio: »Ah! Jetzt kommen wir also zu den hergestellten Bildern.«
Frage: »Wann ist ein Bild ein Bild, warum nicht ein Ton, ein Tasten – warum nicht etwas Erkanntes?«
Virilio: »Um Liebe zu machen!«
...
Frage: »... Liegt hier eine visuelle Simulation unserer Sinne vor, oder ist die Gestalt des Gegenstandes wirklich von seinem Bild unterschieden? Von was also ist das Bild eine Wirklichkeit: vom Schein des Gegenstandes oder vom Erscheinen seines Bildes?«
Virilio: »Das ist der Roboter, der Automat. Die Automatisierung der Wahrnehmung. Das ist nicht mehr nur die Industrialisierung des Blik-

kes mit filmischen und cinematographischen Sequenzen. Der Mensch hat die Automatisierung der Produktion herbeigeführt, die maschinellen Werkzeuge.
Die Automatisierung des Arbeitsprozesses mit Hilfe von Computern hat, wie auch die Automatisierung der Wahrnehmung, in der Sehmaschine ihren Ursprung.«[30]

Virilios Redestrategie – die beileibe nicht nur für dieses Interview typisch ist – besteht offenkundig darin, *nicht* zu antworten, auszuweichen, das Thema zu wechseln. Auch für diese Textsorte gilt also: Virilio *entzieht sich, verbirgt sich* in den Windungen einer mehr als einmal substanzlosen, sein jeweiliges Gegenüber aber blendenden Rhetorik, *tarnt* sein tatsächliches *Abwesendsein* unter der Fülle eines *rasant beschleunigten,* unentwegt die Themen und Bezugspunkte wechselnden Redeflusses. *Könnte es also sein, daß der Gegenstand der Virilioschen Rede zugleich – vielleicht sogar ausschließlich – die eigentliche Motorik und Motivation dieses Redens bezeichnet?* Wie anders sollte man sich sonst erklären, daß die für Virilios Denken so zentralen Figuren der Beschleunigung und des Sich-Unsichtbarmachens, denen wir bei der Diskussion der Virilioschen Theoreme noch mehr als einmal begegnen werden, zugleich seine ureigensten Textstrategien ausmachen? Wie anders ließe sich diese Analogie erklären bei einem Autor, der darauf verweist, »daß aller Krieg zunächst ein Versteckspiel mit dem Gegner ist«,[31] wenn nicht damit, daß dieser Autor sich selbst offenbar (immer) noch in einem Kriege wähnt ? (Dafür spräche auch Virilios Behauptung: »In Wirklichkeit ist der Zweite Weltkrieg nicht beendet.«[32]) Kann man Virilios *Sich-im-Text-Verstecken* überhaupt anders interpretieren, da er doch selbst von

30 Interview mit Paul Virilio von Bion Steinborn, in: *FilmFaust – Internationale Filmzeitschrift*, abgedruckt in drei Teilen. 1. Teil in Heft 89/90, Januar/Februar 1994; 2. Teil in: Heft 91/92, März/Juni 1994; 3. Teil in: Heft 93-100; Januar 1996. Hier zitiert: Teil 1, S. 47 und Teil 2, S. 23. Für den Hinweis auf diese äußerst signifikante Interviewpassage bin ich Karsten Stempel zu Dank verpflichtet.

31 Virilio, *Krieg und Kino*, S. 155.

32 Virilio/Lotringer, *Der reine Krieg*, S. 29.

der Kriegsführung spricht als einer »Kunst, sich dem Blick des anderen zu entziehen, um selbst sehen zu können«?[33]

Bei unserer Suche nach Antworten stoßen wir ferner auf einen merkwürdigen Satz aus *Der Negative Horizont*:

»*Da die Geschwindigkeit aus der Angst resultiert*, ist nicht der Angriff, sondern die Flucht Grund für jähes Aufspringen und Losstürzen. Die anhaltende Erhöhung der Geschwindigkeiten ist somit nichts weiter als die Wachstumskurve der Angst.«[34]

Diese These ist insofern merkwürdig, als sie nichts Geringeres darstellt als die strikte Antithese zu Virilios gesamter Theorie, der zufolge ja »die Geschwindigkeit einen gewalttätigen Eingriff in die Menschenrechte dar[stellt], eine extreme Gewalt sogar«,[35] Beschleunigung also gerade als ein destruktives und insofern kritikwürdiges Angriffsmoment betrachtet wird. Theorieimmanent also hat die These, daß schnelles Aufspringen aus der Angst resultiere, nicht viel Sinn, wohl aber, betrachtet man den hierin ausgedrückten Widerspruch wieder als Zwiespalt des sprechenden Subjekts, als verborgene Wahrheit des Textes. Dann nämlich könnte der Text meinen, was er aber nur in der Verschiebung artikulieren kann: Da *die Dromologie* aus der Angst resultiert, ist nicht der Angriff, sondern die Flucht der Grund für Virilios jähes Aufspringen und Losstürzen in seinen Texten; hieße dann auch: Da, wo Virilio angreift (kritisiert, attackiert, polemisiert), geschieht dies aus einer reinen Fluchtbewegung, aus reiner Angst heraus. Sich-Entziehen *und* Blenden, beide Merkmale der Virilioschen Textstrategien also, könnten auf der Grundlage seiner eigenen Thesen interpretiert werden als aggressive Beschleunigungen (hier: der Textebene), die letztlich Fluchtbewegungen (hier: ihres Autors) darstellen.

Dies mag zunächst nach einer allzu kühnen Umdeutung dieses Satzes klingen, doch Virilios Biographie liefert uns gewichtige Anhaltspunkte für diese Lesart. Er selbst hat ja mehrfach seine Traumatisierung durch die frühen Kriegserlebnisse als konstitu-

33 Virilio, *Krieg und Kino*, S. 89.

34 Virilio, *Der negative Horizont*, S. 40.

35 Virilio/Rötzer, Die Ästhetik des Verschwindens, S. 200.

tiven Ausgangspunkt seiner Arbeit angeführt und dabei vor allem immer wieder *ein* einschneidendes Erlebnis genannt:

»Als ich knapp zehn Jahre alt war, wurde der Stadtkommandant von Nantes als Symbol der Kollaboration mit den Nazis von der Résistance ermordet. Als daraufhin die Gestapo die Häuser durchsuchte und zur Einschüchterung der Bewohner willkürlich eine große Anzahl von Franzosen erschoß, blieb meine Familie verschont. Es gibt dafür nur eine Erklärung: Der Eingang zu unserem Haus in der Rue Saint-Jacques war nicht als solcher erkennbar. Dieses Erlebnis, dann die völlige Zerstörung von Nantes durch die amerikanischen Luftangriffe, später, nach dem Krieg, die jahrelange Erkundung der Bunkerlandschaft an der Atlantikküste, haben mich die Bedeutung der Architektur gelehrt.«[36]

Das ausschlaggebende Moment der Architektur des elterlichen Hauses war ihr *tiefer*gelegener Eingangsbereich, durch den sich der Eingang *den Blicken* der mordwilligen Besatzer *entzog*. Es handelte sich hier also tatsächlich um eine gewissermaßen »kryptische Architektur«,[37] weil – wie bei einer Krypta – dieses Haus den Charakter eines »unterirdischen (Kirchen-)Raumes«, eines »verdeckten unterirdischen Gangs oder Gewölbes«[38] angenommen hatte und darüber zum Schutzraum, zum Versteck, zum nicht erkenn- und *nicht einsehbaren* Bunker wurde. Daß über dieses Erlebnis Architektur generell und die verwinkelteren, uneinsichtigeren Bauformen speziell für Virilio zum Inbegriff lebenserhaltender Sicherheit wurden, ist ebensowenig verwunderlich wie die Tatsache, daß fortan die Angst vor dem Panoptismus, vor dem durchdringenden, einen Menschen in seinem Versteck aufspürenden Blick zentrale Bedeutung für ihn bekommen sollte. Noch heute versucht Virilio sich bei all seiner Medienpräsenz in vielerlei Hinsicht vor dem durchdringen-

36 Altwegg, Die Geburt der Technik, S. 13

37 Altwegg/Schmidt, Französische Denker, S. 178. So lautet auch die Beschreibung der fraglichen Architektur in allen (autorisierten) Klappentexten der im Merve-Verlag erschienenen Bücher Virilios.

38 *Duden Etymologie. Das Herkunftswörterbuch der deutschen Sprache* (*Duden*, Bd. 7) hg. vom Wiss. Rat der Dudenredaktion, Mannheim/Wien/Zürich ^{2}1989, S. 391.

den Blick des Außen zu schützen und abzuschirmen: Seine Telefonnummer ist geheim, und Fax, Computer, Auto (!) und Fernseher (!) sind aus Virilios Lebensbereich strikt verbannt worden, weil er nach eigener Aussage »Angst vor der Kontrollfunktion dieser Geräte«[39] hat.

Entscheidender aber als solch leicht paranoid anmutende Gestaltung seines Privatlebens ist die Allgegenwart dieser Konstellationen in Virilios Arbeit. Nichts lag, vor diesem biographischen Hintergrund, näher als seine frühe Hinwendung zur Architektur, und es hätte nicht verwundern dürfen, hätte Virilio sein Lebenswerk darin gesehen, fortan Krypten und Schutzräume – oder eben: Kirchen, die wie Bunker aussehen – zu entwerfen und zu bauen. Doch hat er es dabei ja nicht bewenden lassen, sondern ist im Gegenteil sogar zu einem Architektur*kritiker* geworden. Für diesen Umschwung müssen zweifellos seine berühmten Bunker-Wanderungen verantwortlich gemacht werden. Jemandem, dessen Psyche aufgrund seiner Kindheitstraumatisierung bis dahin wohl gar nicht anders konnte, denn Architektur und Krieg, Schutzraum und Angriff, Festigkeit und Mobilmachung als strukturierende Antipoden des Seins zu begreifen, muß hierbei schockartig bewußt geworden sein, daß die Architektur de facto selbst teilhat an dem, wogegen sie doch vorgeblich ein Residuum bot: Krieg, Zerstörung, Tod. Und so ist Virilios *Bunkerarchäologie* denn auch geprägt von Spuren dieser massiven Desillusionisierung, von einem Gestus der Anklage, deren Vehemenz den Grad der vorherigen Identifikation noch einmal in der Negation aufscheinen läßt. Fortan bleibt Virilios Wahrnehmung der Architektur von einer heillosen Zerrissenheit geprägt, zeigt er sich unfähig, den tatsächlich ambivalenten Charakter jener Entität zu akzeptieren, die ihm ehedem einmal als das vorbehaltlos Gute erschienen sein muß. Und doch scheint sein Begehren darauf gerichtet zu sein, jene moralische und lebenspraktische Eindeutigkeit der Räume wenigstens symbolisch wiederherzustellen

39 Virilio, zit. nach: Warum fürchten Sie einen Cyber-Faschismus, Monsieur Virilio? Ein Interview von Jürg Altwegg mit Paul Virilio, in: *Frankfurter Allgemeine Magazin*, Heft 842 vom 19. 4. 1996, S. 58.

und, wo dies nicht gelingt, ebendiesen Verlust frenetisch zu beklagen.

Die praktische Beschäftigung mit Architektur und Städtebau indes konnte wohl auf Dauer jene Sicherheit des Eineindeutigen nicht länger gewährleisten bzw. herstellen, und so beginnt Virilio statt dessen, über Häuser, Bunker und Städte nachzudenken und über sie zu schreiben. Doch die konstitutive Ambivalenz setzt sich auch hier fort, da sie nach wie vor nicht als subjektabhängig begriffen wird, sondern als Eigenschaft des Objektes analytisch dingfest zu machen gesucht wird. So bleibt auch für den Theoretiker Virilio die Architektur auf der einen Seite Vorbild und Inbegriff des Konstruktiven, wenigstens dort, wo sie ihr »kryptisches« Potential beibehalten konnte. (*Architecture cryptique* ist denn auch einer der frühesten Texte Virilios betitelt). Auf der anderen Seite kreist Virilios Denken um die vorgeblich negativ-destruktiven Seiten der Architektur und in der Folge auch der Urbanistik. Immer wieder wird er versuchen, die Gründe für diesen offenbar als gewaltsamen »Umschlag« erlebten Wertewandel des vormaligen Schutzhortes *fixieren* zu können, wird dabei immer wieder dahin tendieren, *exogene Kräfte* (historischer Dekadenzprozeß, Geschwindigkeit, Krieg, Automobilisation) hierfür verantwortlich zu machen. So konstatiert er folgerichtig schließlich der Moderne, sie habe unter der Ägide des »Dynamismus« die Etablierung einer »tatsächlich veränderten, umgepolten Baukunst« und eine »Denaturierung« des Wohngebäudes betrieben, wobei ihr »Passagierdampfer« und »Unterseeboot« als »Mobilitätsvorbilder« gedient hätten.[40]

Doch trotz solcher Schuldzuweisungen wird die Architektur den Status vormaliger Unschuld natürlich nie wieder erlangen können, und so wandelt sich Virilios Reden über Häuser, Bauten und Räume in einen langanhaltenden Trauerprozeß, in ein unentwegtes Klagen über diesen Verlust, den er ontologisiert, aus sich selbst hinausprojiziert und zur Zustandsbeschreibung einer ganzen Welt zu machen sucht. Entsprechend bleibt auch das alte Angstbild des Erblicktwerdens ein zentrales Motiv Virilios und

40 Virilio, *Das irreale Monument*, S. 20.

das panoptistische Ideal des durchdringenden Blickes hat er in eigentlich allen seinen Büchern, vor allem aber in *Die Sehmaschine,* einer harschen Kritik unterzogen.

Wir werden in den folgenden Kapiteln immer wieder sehen können, wie die Verflechtung all dieser Motive Virilios Themen prägt und wie er immer wieder vergeblich versucht, das Binnenverhältnis dieser Entitäten in eine kausale Abfolge zu bringen. Doch die Ambivalenz bleibt bestehen, offenbart sich immer wieder in den Widersprüchen und Brechungen der Argumentation, so sehr sich Virilio auch bemüht, die Eindeutigkeit der Bezüge gewaltsam wieder herzustellen.

All dies wäre zunächst nur insofern bemerkenswert, als es uns Erklärungen für Virilios Themenwahl und seine obsessive Reduktion auf die immerwährende Beschäftigung mit diesen Konstellationen an die Hand gibt. Doch wäre die notorische Beschäftigung mit den eigenen Kindheitstraumen in Gestalt ihrer textuellen Vergegenwärtigung nun wahrlich nichts, was als Spezifikum Virilios zu betrachten wäre. In jeder größeren Textproduktion lassen sich Spuren solch obsessiver Trauer- oder Verdrängungsarbeit finden. Zudem böte die rein thematische Fundierung in Virilios Biographie keinen hinreichenden Grund für jene auffällige Inkonsistenz des Werkes selbst, denn aus Traumatisierungen sind auch kohärente Werke erwachsen.[41] Man könnte allenfalls, bliebe die Bedeutung des hier Aufgeführten für Virilios Denken tatsächlich strikt inhaltlich limitiert, darüber diskutieren, wie sehr sich das ambivalente Begehren nach einer Reintegration des verlorenen paradiesischen Urzustands in den immanenten Befangenheiten und Widersprüchen der von Virilio gewählten Perspektive auf sein Objekt widerspiegelt. Man

41 Nur zwei Beispiele für offen oder verdeckt psychoanalytisch orientierte Analysen, die gerade die subtile *Kohärenz* dergestalt motivierter Lebenswerke herauszuarbeiten vermögen: Jacques Derridas Analysen von Nietzsches »Wahrheitsfrau«, in: *Sporen. Nietzsches Stile* (viersprachige Ausgabe), Venedig 1976; sowie Alice Millers bemerkenswerte Deutung des Kafkaschen Œuvres in *Du sollst nicht merken. Variationen über das Paradies-Thema*, Frankfurt am Main ²1991, S. 307 bis 387.

könnte also über diesen Ansatz Gründe dafür ausfindig machen, warum sich etwa immer wieder Differenzen zwischen historischer Faktizität und Virilios Thesen, zwischen Realität und Wunschproduktion auftun. Doch böte all dies bestenfalls Deutungsmuster dafür, warum Virilio Widersprüche *produziert*, aber zunächst keinerlei Erklärung dafür, warum sich sein Werk überhaupt nur *in und über* Widersprüche(n) *generiert*; und somit erst recht keine Erklärung dafür, warum die Textur des Œuvres von jenen verwirrenden Strategien des Verbergens und Blendens determiniert ist, die wir oben aufgezeigt haben.

In diesem Fall wird uns aber die Etymologie weiterhelfen, sofern man das in bezug auf Virilios Texte häufig genutzte Attribut »kryptisch« in seinem umgangssprachlichen Sinne von »unklar, schwer zu deuten« als eine angemessene Etikettierung akzeptiert. Denn »Krypta« und »kryptisch« entstammen beide dem nämlichen griechischen Verb *krýptein*, »verbergen, verstecken«.[42] *Der in seinen Texten sich verbergende Autor Virilio hat sich folglich mit und in seinen Texten jene Krypta, jenen den Blicken entzogenen Schutzraum gebaut, den den Architekt Virilio nicht mehr bauen konnte oder wollte.* Die Widersprüchlichkeiten und Umstimmigkeiten erweisen sich daher als genuine Bestandteile dieser (unbewußten) Strategie, als wahrhafte »Winkelzüge« und Schutzmauern dieser textuellen Krypta und sorgen dafür, daß die eigentliche Motorik dieser Architektur zunächst so verborgen bleibt, wie der Text-Bau selber von außen uneinsehbar bleiben soll(te). Denn Virilios Rhetorik der Geschwindigkeit, der Hypnotisierung und Blendung dient just dazu, daß er aus seinem Versteck heraus den »Gegner« (Leser, Interpreten) so blenden kann, daß dieser erstarrt und den Verfasser selbst nicht mehr erblicken kann. In dieser Hinsicht also ist Virilio – ganz wie im oben angeführten Zitat beschrieben – aus Angst in den Angriff übergegangen und hat sich dabei jene Strategien zunutze macht, die er mutmaßlich selbst einmal fürchten gelernt hat. Virilios argumentative Inkohärenz wie seine Rhetorik der Überwältigung sind ihm Verteidigungsstrategie und Blickschutz zugleich, da sie

42 *Duden, Etymologie*, S. 391.

es ihm gestatten, jene paradoxe *Gleichzeitigkeit von Präsenz und Absenz im Text* zu zelebrieren, die er selbst dann wiederum den audiovisuellen Medien, vor allem dem Film, als eine Ästhetik des Verschwindens anlastet: »Erscheinen, verschwinden – das ist ein Taschenspielertrick.«[43] Fürwahr.

Dies ist die sich verbergende Wahrheit des Textes, von der ich eingangs sprach, eine Wahrheit, die von einer außertextuellen Wahrheit, auf die er sich vorgeblich bezieht, vergleichsweise unabhängig ist. Könnte es daher sein, daß das nun wirklich »Akzidentelle« an Virilios Bunker aus Buchstaben und Zeichen letztlich darin besteht, daß dieser ganz anderen Motivationen entwachsene Diskurs überhaupt noch (partielle) Relevanz für Problemkonstellationen unserer Realität aufweist? Oder muß das Verhältnis von Form und Gehalt der Dromologie sogar noch radikaler dahingehend verstanden werden, daß sich der alleinige *Gegenstand dieser Philosophie in der so unbewußten wie variantenreichen Thematisierung ihrer eigenen Funktion* erschöpft? Zumindest die angeführten Textbeispiele legen in der Tat die Vermutung nahe, daß es hierin zu einer Umkehrung von Objekt und Funktion, Innen und Außen kommt. Schreibt und spricht Virilio also womöglich unentwegt nur über seine eigene, tiefverwurzelte, existentielle Angst? Ist das Objekt der Dromologie ausschließlich die Selbstthematisierung eines Autors, der sich immer noch in einem Kriegszustand wähnt, der befürchtet, erblickt und aufgespürt zu werden und daher jene Schutz- und Verteidigungsstrategien wählt, die er in seinen Werken als Phänomene moderner Kriegsführung so ausführlich beschreibt: sich einbunkern, unsichtbar werden, verschwinden, sich verbergen?

Wenn in den folgenden Kapiteln die zentralen Themenkonstellationen Virilios aufgearbeitet werden sollen, so legen die Ergebnisse unserer Stilanalyse zumindest nahe, dies im Wissen um die *Möglichkeit* eines diesbezüglich rein »akzidentellen Mehrwerts« dieser Textur zu unternehmen. Es wird sich dabei herausstellen, ob und bis zu welchem Grad der kryptische Bau jenes Hauses, das Virilio sich aus lauter Texten errichtet hat, zur

43 Virilio/Lotringer, *Der reine Krieg*, S. 86.

empirischen Außenwelt noch Kontakt hält oder ob es in seiner Schutzfunktion bereits vollständig aufgeht. Erst in der Beantwortung dieser Frage nämlich kann angemessen darüber diskutiert werden, ob es in der Virilioschen Text-Krypta außer der Wahrheit dieser Texte überhaupt noch weitere, durch sie abgebildete außertextuelle Wahrheiten zu besichtigen gibt. Auch wenn wir also Grund zu der Annahme haben, daß dieses Haus in seiner kryptischen Architektur seine ganze Bestimmung schon gefunden hat, soll uns das nicht davon abhalten, es in den nächsten Kapiteln noch einmal ausgiebig zu erkunden und zu lesen, was an seinen Wänden geschrieben steht – auch auf die Gefahr hin, daß es sich dabei um ein reines Menetekel handeln könnte.

Ein hermetischer Raum, allen Blicken entzogen,
Kirche und Schutzraum zugleich: Grenoble, St-Laurent,
sog. Krypta, Blick von Ost, um 800 (?).

Die Stadt, der Krieg und das Schwinden der Distanzen

Es wurde eingangs schon erwähnt, daß Virilios Konzeption seines Zentralthemas »Krieg« keineswegs auf dessen herkömmlichen Definitionsrahmen einer militärischen Auseinandersetzung beschränkt bleibt, sondern daß er diesen in den »totalen Frieden hinein fortgesetzt« sieht, den er als »eine Fortsetzung des Krieges mit anderen Mitteln«[1] begreift. Aufgrund dieser ihm totalitär erscheinenden Multidimensionalität des Krieges hat Virilio seine Forschungsarbeit darauf ausgerichtet, das »Wesen des Krieges in der Technologie, in der Gesellschaft, in der Philosophie der Technik«[2] aufzuspüren – *und* in den Medien, in der Ästhetik, der Stadt- und Verkehrsplanung, der Werbung und den Produkten der Freizeitindustrie und und und …

Das Problem einer solch monistischen Perspektivierung ist freilich, daß dadurch der Begriff »Krieg« jegliche Definitionsschärfe einbüßt und daß jedes Untersuchungsobjekt überhaupt nur noch im Hinblick auf seine kriegerischen Strukturen betrachtet werden kann: »Somit wird jede auftauchende Frage, jedes Problem auf den Krieg, den militärischen Kontext rückbezogen, ohne irgendwelche anderen Aspekte mit in die Überlegungen einzubeziehen.«[3] Was im Sinne eines klassischen Zirkelschlusses die Ausgangshypothese, daß alles in unserer Kultur dem Krieg diene, natürlich nur noch einmal befestigt. In seinen fruchtbarsten Momenten ermöglicht es dieser – aus methodenkritischer Perspektive natürlich völlig unzulässige – Monismus zwar in der Tat, inspirierende und innovative Denkanstöße über Verflechtungen von militärischen und zivilen Handlungsfeldern zu kreieren, die einer stringenteren Betrachtungsweise wohl nicht entwachsen wären. Doch liegt es eben nur in der

1 Virilio/Lotringer, *Der reine Krieg*, S. 29.
2 Ebd., S. 23.
3 Kloock, *Von der Schrift- zur Bildschirmkultur*, S. 121.

Konsequenz dieser totalisierenden Sichtweise, daß Virilio den Fokus seines Betrachtungsfeldes immer wieder allzuweit einstellt.

Seine Dromologie bleibt insgesamt phänomenologisch verhaftet, auch wenn er seinen Beobachtungen gerne ontologische Relevanz zuspricht. Doch nimmt Virilio zunächst einmal nur gewisse Zusammenhänge zwischen seinen vielfältigen diachronen wie synchronen Referenzfeldern und ihren Phänomenen wahr, die er (vorschnell) zu funktionalen, wenn nicht ontologischen Identitäten hypostasiert oder in kausalistische Erklärungsmuster zwingt, welche ihm dann aber nichts Geringeres als eine Art Telos der Geschichte zu offenbaren scheinen:

> »Zur Geschichte der Geschwindigkeit gehören nicht nur technische Erfindungen, sondern auch die Entwicklungsformen des Lebendigen. Ich hätte die Dromologie nicht als Disziplin bezeichnet, wäre ich nicht davon überzeugt, daß Geschwindigkeit ein unabdingbares Moment in der Analyse der Weltgeschichte ist.«[4]

Diskursive Definitionen der relevanten Begriffe seiner Dromologie werden von Virilio allerdings nicht gegeben, sondern er rekurriert zunächst auf ein je apriorisches Vorverständnis dieser Termini, und wo dies nicht hinreicht, gewinnt er seine kategorialen Bestimmungen allein über einen zirkulären Binnenabgleich der fraglichen Felder. In diesem, insofern rein autoreferentiellen Bezugsspektrum ersetzt in der Folge die apriorische Behauptung einer strukturellen oder phänomenalen Identität der jeweiligen Objekte das, was mit Hegels geflügeltem Wort als die Mühsal der Begriffsbildung bezeichnet werden kann. Daher bleibt im Grunde auch in seinen »Texten völlig unklar, wie sich das eine Phänomen aus dem anderen ableitet oder ob die zeitliche Nachbarschaft verschiedender Phänomene schon allein ein[en] Hinweis auf deren Verwandtschaft bildet.«[5] In Verbindung mit dem angesprochenen Hang zur Totalisierung des jeweiligen Untersuchungsfeldes erwirkt all dies einen strikt her-

4 Virilio, *Revolutionen der Geschwindigkeit*, S. 38.

5 Kloock, *Von der Schrift- zur Bildschirmkultur*, S. 122.

metischen Diskurs, der letztlich eine *Identität aller* kultureller Teilpraxen unter der *Hegemonie eines verabsolutierten* (und zudem permanent wechselnden!) Meta-Paradigmas (Krieg, Technik, Machtpolitik, Geschwindigkeit, Verschwinden etc.) propagiert. Ein analytischer Einstieg in dieses Gewebe sich wechselseitig bedingender Aprioris ist daher stets problematisch, und Abgrenzungen der einzelnen Themengebiete sind nie ganz trennscharf möglich. Und all dies um so mehr, als schon die jeweiligen Einzelfelder und Gegenstandsbereiche selbst von Virilio je unterschiedlich konzipiert werden, wie wir noch mehrfach sehen werden.

Trotz aller heiklen Weitläufigkeit des Virilioschen Assoziationsnetzes zum Thema »Krieg« lassen sich diesem aber einige zentrale Konstellationen entnehmen: Im Mittelpunkt seines Interesses stehen die Wechselbeziehungen oder gar die Identitäten des Krieges mit Technik, Politik, Geschwindigkeit, Licht, visueller Wahrnehmung und der Auflösung des Urbanen und Territorialen in Geschichte, Gegenwart und (von Virilio erwarteter) Zukunft – ein nach wie vor überaus breit angelegtes Untersuchungsfeld also, das wir in den folgenden Kapiteln sukzessive aufarbeiten wollen. Hierfür wird die eingangs dargelegte *doppelte Betrachtungshinsicht* den methodischen Leitfaden abgeben: also einerseits *Rekonstruktion* des Theoriegebäudes selbst; und andererseits, wo dieses sich in Sinnwidrigkeit zu verlieren droht, dessen *Dekonstruktion* und damit die Sichtbarmachung einer darunter verborgenen Textschicht, wie sie unsere Stilanalyse bereits hat erkennen lassen.

Es mag dabei zunächst überraschen, daß wir unsere Untersuchung der zentralen Themengebiete Virilios ausgerechnet bei seinen Thesen über die Stadt beginnen lassen. Doch zeigt sich bei näherer Lektüre, daß Virilios Technik-, Medien- und Kulturkritik nicht nur biographisch, sondern vor allem theoriegenetisch von seiner Beschäftigung mit Bauten, Stadtplanung und -organisation ihren Ausgang nimmt. *Insofern* erweist sich auch Virilios fast schon gebetsmühlenartig wiederholte Selbsteinschätzung, daß er kein Philosoph geschweige denn ein Historiker oder Soziologe, sondern ausschließlich ein Urbanist sei, als durchaus gerechtfertigt.[6] Über die größere Popularität seiner Gedanken zu Krieg, Geschwindigkeit und Medien scheint insgesamt etwas aus dem Blick geraten zu sein, daß die Figuration des Urbanen der eigentliche Bezugspunkt, daß unvermindert die Stadt der eigentliche Topos und zugleich auch *tópos* (gr. Ort, Stelle) von Virilios Denken ist und bleibt. Von hier aus entwickelt er seine Überlegungen zur Rolle der Kinetik, der Logistik und schließlich auch der Medialität, die dann in seiner Geschwindigkeitstheorie kulminieren. Und letztlich führen auch alle seine Thesen kreisförmig immer wieder auf das Urbane bzw. auf dessen Negation, nämlich das »Verschwinden von Orten in der vehikulären Vertilgung«,[7] zurück.

Nach Virilios eigener Aussage bietet ihm die Beschäftigung mit der Stadt (gr. *polis*) auch unmittelbaren Bezug zur Politik (gr. *res politeia*), weil eben »etymologisch besehen Städtebau und Politik dasselbe«[8] seien. Das hier durchklingende berühmte Aristotelische Axiom vom Menschen als *zoon politikon*, also vom Menschen als Stadt- *und* als Gemeinschaftswesen, könnte den Anschein erwecken, als wolle Virilio nun einen eher klassischen Diskurs über Politik entfalten, etwa nach den Wechselbeziehungen von frühen urbanen Strukturen, bürgerlicher Kollektivität und der Herausbildung politischer Herrschaftsverfahren fragen. Doch liegt Virilio ein derart historisches Erkenntnisinteresse genauso fern wie ideengeschichtliche Fragestellungen nach den Wurzeln der abendländischen Kultur im griechischen Stadtstaat.[9] Überhaupt stellt Politik in Virilios Weltbild wenig mehr

6 Vgl. hierzu etwa: Virilio/Rötzer, Die Ästhetik des Verschwindens, S. 198; Kloock, *Von der Schrift- zur Bildschirmkultur*, S. 216; Virilio/Lotringer, *Der reine Krieg*, S. 7.

7 Paul Virilio, *Geschwindigkeit und Politik. Ein Essay zur Dromologie*, Berlin 1980, S. 180.

8 Virilio/Lotringer, *Der reine Krieg*, S. 7.

9 Eine derartige Konzeptualisierung des Urbanen aus je soziologischer, historischer und philosophischer Perspektive findet sich bei Richard Sennett, *Civitas. Die Großstadt und die Kultur des Unterschieds*, Frankfurt am Main 1994; ders., *Stein und Fleisch*, Frankfurt am Main 1995; Lewis Mumford, *Die Stadt. Geschichte und Ausblick*, 2 Bde., München

denn reine Verwaltung von Machtinteressen dar, dient der Begriff ihm allenfalls als Metapher für ein eher diffuses Bedrohungspotential. Entsprechend vage fallen seine Anmerkungen zur Interdependenz von Urbanität und Politik denn auch aus. Allen historischen Bezügen und Argumenten zum Trotz zielt Virilios *Phänomenologie des Urbanen* eben nicht auf Stadt als eine je gegebene historische und soziale Entität ab, kann sein Ansatz historischen, politologischen oder soziologischen Analysekriterien daher auch nicht genügen. Vielmehr dienen seine historischen Rekurse nur dazu, den Blick zu verstellen – den Blick auf ein in jeder Hinsicht transhistorisches Modell von Stadt, auf ein archetypisches Bild der »Urstadt«, um die es Virilio letztlich geht, zu kaschieren; ein Aspekt, auf den es später noch ausführlicher einzugehen gilt.

Was den Architekten und Urbanisten Virilio an der Stadt als Untersuchungsobjekt wirklich interessiert, kann mit seinen eigenen Worten als die »phänomenale Kinetik des Stadtbildes«[10] beschrieben werden. Er geht den Spuren der Bewegung, besser noch: der Bewegungs- und Geschwindigkeitserzeugung, und deren Logistik nach, wie er sie anhand von Topographie, Kataster und infrastrukturellem Profil der großen Städte dechiffrieren zu können glaubt. Es ist die Perspektive der Physiognomie, weniger die der Archäologie oder der Urbanistik im herkömmlichen Sinne, die sich Virilio hierbei aneignet. Er selbst meint ja auch von sich, er »gehöre wohl eher zu den Fährtensuchern, Spurenlesern, Sprachanalphabeten«,[11] und so betreibt er Spurensuche im Antlitz (im Erscheinungsbild) der Städte. Wobei sein Suchen stets von der an Gewißheit grenzenden Vermutung getragen wird, daß jedes signifikante Phänomen nicht etwa eine Einschreibung der klassischen Öffentlichkeitsfelder (Politik, Kultur, Soziales, Ökonomie) in den Körper der Stadt ist, sondern letztlich nur Symptom einer tieferliegenden Bestimmung des Urba-

[3]1984, sowie Hannah Arendt, *Vita Activa. Vom tätigen Leben*, Stuttgart 1960.

10 Virilio, *Der negative Horizont*, S. 111.

11 Ebd., S. 7.

nen. Diese »Tiefenfunktion« des Urbanen aber läßt sich für Virilio nur in der Fokussierung auf das Kinetische analysieren, weswegen ihm die soziokulturellen und historischen Dimensionen des Urbanen immer nur als abhängige Variablen eines – theorieimmanent eben immer schon vorausgesetzten – kinetischen und »dromokratischen« Primats erscheinen.

Kraft dieser (von Zirkelschlüssen wahrlich nicht freien) Methodologie gelangt er schließlich zu der verblüffenden These, daß die Stadt »immer eine Geschwindigkeitskiste, ein Getriebe, ... Organisation von Geschwindigkeit«[12] gewesen sei. Damit nicht genug, rechnet Virilio selbst sich zu jener »Minderheit« der Urbanisten, »die meinen, daß die Stadt aus dem Krieg entsteht, zumindest aus seiner Vorbereitung«.[13] Die Stadt wäre somit Ort, Medium, Folge und zugleich Akteur einer umfassenden *Mobilmachung,* sowohl im allgemeinen (kinetischen), als auch im spezifischen (kriegsstrategischen) Sinne dieses Begriffs: »Im Grunde war die städtische Konzentration nur eine Zusammenziehung, eine Episode der Massenaushebung der vereinigten Bevölkerung vor dem Angriff, der Streuung.«[14]

Zentraler Beleg hierfür ist Virilio immer wieder die Organisation des Wegenetzes, die logistische Effizienz der begradigten Strecken, wie er sie vor allem im sternförmigen System breiter Ausfallstraßen vom antiken Rom bis zu den Boulevards des Baron Haussmann in der Geschichte vorfindet.[15] Demgegenüber erscheinen verwinkelte oder geomorphologische Bauformen Virilio – was angesichts seiner diesbezüglichen Kindheitserfahrung auch nicht verwunderlich ist – geradezu als Hort der Langsamkeit, lies: der Sicherheit:

»Die Geschwindigkeit ist mit der Stadt entstanden, d. h. mit der Beherrschung von Bewegung. Die Stadt ist von Anfang an eine Geschwindig-

12 Virilio/Lotringer, *Der reine Krieg*, S. 65.

13 Ebd., S. 9.

14 Virilio, *Der negative Horizont*, S. 118 f.

15 Ein erheblich differenzierteres Bild Haussmanns zeichnet David Jordan, *Die Neuerschaffung von Paris. Baron Haussmann und seine Stadt*, Frankfurt am Main 1996.

keitsbox. Das Dorf hingegen ist ein Labyrinth, ein Ort relativer Seßhaftigkeit für die frühe Bauernschaft. Die Stadt ist zunächst eine Festung.«[16]

Rechtwinkliges System versus Labyrinth, Überschaubarkeit versus Nische – in der Folge solcher Polarisierungen gerät *die Gerade* überhaupt zu einer von Virilios bevorzugten Schreckensbildern, ist ihm Synonym einer auf Effektivität hin organisierten Kultur.[17] Und Effektivität ist bei Virilio immer gleich Logistik, für deren Genese wiederum er keine anderen Motivationen und historischen Notwendigkeiten gelten läßt als den Willen zur Beschleunigung und damit immer auch: zum Krieg. Ergo *muß* aus seiner Perspektive die Genese militärischer Intelligenz in unmittelbarer Wechselbeziehung zu den Organisationsstrukturen der Stadt stehen:

»Die Strategie taucht mit der Politik auf – Politik im Sinne der *Polis*, der griechischen Stadt, mit einem Feldherrn, Strategen, der die Stadt regiert, mit der Organisierung eines Theaters von Kampfhandlungen und Festungswällen, mit dem ganzen militärisch-politischen System der traditionellen Stadt.«[18]

So prononciert diese kühnen Thesen auch formuliert sind, so sehr bleiben Virilios Ausführungen zum Urbanismus jedoch insgesamt jener bis zur offenen Paradoxie reichenden Widersprüchlichkeit verhaftet, die wir als konstitutiv für sein gesamtes Werk bezeichnet haben. So wie Virilios Wahrnehmung von Haus und Gebäude bereits durch die biographischen Extremerfahrungen von Schutz und Bedrohung gleichsam zerrissen zu sein scheint, so bleibt auch sein Nachdenken über die Stadt von nachgerade heillosen Anstrengungen überformt, deren ambivalenten Eigenschaften zu leugnen bzw. intellektuell zu negieren. Offenbar unfähig, die immanente Dialektik kultureller Formationen als

16 Virilio, *Revolutionen der Geschwindigkeit*, S. 24.

17 Vgl. hierzu Virilio/Lotringer, *Der reine Krieg*, S. 65, sowie Paul Virilio, *Fahren, fahren, fahren …* Berlin 1978, S. 23 f. und S. 35, sowie Paul Virilio, Die Vernichtungs-Maschine, in: *Theatro Machinarum*. Wien, Heft 1, Mai 1980, S. 8.

18 Virilio/Lotringer, *Der reine Krieg*, S. 20.

unumgängliches Spannungsmoment zu begreifen und *auszuhalten*, versucht Virilio durch Hypostasierung und Totalisierung einzelner Momente die von ihm wohl als bedrohlich empfundene Zwiespältigkeit (auch des Urbanen) durch intellektuelle Gewaltakte *auszuschalten*. Um den Preis freilich, daß die von der Oberfläche des Wahrnehmbaren erfolgreich verbannte Ambivalenz sich nur um so hartnäckiger als Widersprüchlichkeit des eigenen Denkens und Argumentierens manifestiert – ein klassischer Fall von gewaltsamer Wiederkehr des Verdrängten.

Wie gehabt, unterläuft Virilio diese immanenten Paradoxien durch eine fortwährende Negation bzw. Relativierung der eigenen Positionen, hier nun, indem die Kardinalthese von der »Stadt als Geschwindigkeitsbox« durch gegenläufige Argumente immer wieder entkräftet oder gar aufgehoben wird. Diese Inkohärenz läßt sich auch durch Virilios gelegentlichen Differenzierungsversuche des Urbanen nach historischen oder politischen Epochen und Systemen nicht wirklich entkräften:

»Die arabische Stadt, die Medina, ist eine Stadt der Verlangsamung, während die römische Stadt eine Stadt der Beschleunigung ist, in der sich die Austauschprozesse geradezu überschlagen. Man findet das wieder bei Haussmann, der die Boulevards durchgezogen hat, um Paris in eine Beschleunigungsstadt zu verwandeln und Kontrollen zu erleichtern.«[19]

Scheint Virilio hier seine monodimensionale Gleichsetzung von Stadt mit Geschwindigkeit und Krieg zugunsten einer eher dichotomen Betrachtungsfolie Orient–Okzident relativieren zu wollen, so zeigt aber gerade der allzu pauschale, transhistorisch und -kulturell angelegte Vergleich, daß der jeweiligen konkreten Stadt dabei allenfalls der Stellenwert einer Metapher zukommt. Überdies finden sich im Gesamtwerk nicht minder zahlreiche Passagen, in denen auch die europäische, und hier dann vor allem die antike Stadt als ein Ort vorgängiger Beharrung, Langsamkeit und Konstanz figuriert, was angesichts der oben zitierten Zentralthese von der *Polis* als Kriegs- und Beschleunigungsmedium um so mehr irritieren muß:

19 Virilio, *Revolutionen der Geschwindigkeit*, S. 24.

Die Ubiquität des Transurbanen: Die Physiognomie der Airports.

»Die antike Stadt war ein Durchgangsort für menschliche und tierische Wanderungen. ... Wie das Dorf an der Wegkreuzung, so errichtete sie sich über den metabolischen Strömen der gezähmten Tiere und richtete ihre Plätze und Viertel nach der niedrigeren Geschwindigkeit der Tierkörper ein. Fußgänger und Reiter entwarfen ihren Kataster und bestimmten ihren Grundriß; Aufgang und Treppe, Stadt und Hafen, Fußweg und Landesteg bildeten die Infrastruktur der Langsamkeit.«[20]

Auch hier gilt also wieder: Das einzelne Thema, der singuläre Beleg, ja, die gesamte Perspektive auf historische Sachverhalte und Kontexte werden von Virilio je nach Argumentationsbedarf beliebig umgedeutet, die bislang vertretene Haltung zum jeweiligen Phänomen wird kurzerhand auf den Kopf gestellt.[21]

Konzedieren wir dennoch, um uns nicht vollends in Virilios kryptischer Textur zu verlieren, daß er vielleicht zwei qualitativ völlig verschiedene Zustände von Urbanität im Auge haben mag, die er zuweilen vermengt bzw. deren historischen Umschlagpunkt er nicht genau zu fixieren vermag: einen gewissermaßen »unschuldigen« Status der Stadt respektive des Dorfes und seiner »*unbeweglichen* Zeit des Landes«,[22] der sich durch Integration in die relative Trägheit naturgeprägter Lebensformen auszeichnet; und einen bereits »kultivierten« Zustand, der den Maximen der Beschleunigung und Mobilmachung gehorcht. Ganz in der Geistestradition des 18. und frühen 19. Jahrhunderts

20 Virilio, *Fahren, fahren, fahren ...*, S. 32.

21 Um das Bild der notorischen Widersprüchlichkeit noch weiter zu vertiefen: Der hier dezidiert mit Langsamkeit assoziierte Metabolismus – eine von Virilio nicht immer trennscharf benutzte Metapher für den Verschmelzungsvorgang von Mensch und Vehikel einerseits, die Nutzung von natürlicher Kraft für das Transport- oder Reisewesen andererseits – wird ansonsten von Virilio genau gegenteilig interpretiert, nämlich als eines der ersten Beschleunigungsinstrumente der Geschichte überhaupt. Der Reiter und Kavallerist erscheint in *diesem* Kontext dann wiederum sogar als »emblematische Figur der Geschwindigkeit« (Virilio, *Revolutionen der Geschwindigkeit*, S. 21). Vgl. auch Virilio, *Der negative Horizont*, S. 46 ff., und Virilio, *Fahren, fahren, fahren ...*, S. 10 f.

22 Ebd., S. 35.

scheint Virilio dabei vor allem das Agrarische, Prä-Urbane zu einem Arkadien, zum verlorenen Ur- und eigentlichen Idealzustand gegenüber den als Zumutung erlebten Anforderungen des Zivilisationsprozesses zu glorifizieren.

Orientieren wir uns bei all seiner historischen Fragwürdigkeit aber dennoch an diesem Idealbild von Urbanität und begreifen in diesem Zusammenhang »Stadt« nicht länger als konkretes Objekt, sondern als (ambivalent gefüllte) Metapher für einen Zustand relativer Homogenität,[23] Hermetik und Beharrungskraft – als idealtypischen Antipoden zur Mobilität schlechthin. Hierfür spräche immerhin auch Virilios Selbstdarstellung, er wolle eigentlich »nicht die Stadt verteidigen, sondern die Einheit des Ortes, die Einheit der Zeit«.[24] Entsprechend übt er auch massive Kritik an deregulativen Maßnahmen, welche »die Städte evakuieren, die Bevölkerung zerstreuen und das Territorium kaputtmachen«.[25] Denn die so verstandene »Stadt« wird von ihm nun ihrerseits als Objekt, wenn nicht gar als *Opfer* der Geschwindigkeit, nicht länger aber als deren Motor oder Medium ausgemacht. Die(se) »Stadt«, das Territorium, das Räumliche schlechthin sieht Virilio vielmehr ab einem gewissen, jedoch nie wirklich fixierten Zeitpunkt durch »das Nicht-Territorium einer im wesentlichen vektoriellen Politik«,[26] also durch die »Vollendung der Diktatur der Bewegung«[27] im Grunde ausgelöscht bzw. in den Herrschaftsbereich der Zeit überführt:

»Durch die Stadt wurde ein politischer Raum abgesteckt, und somit auch eine bestimmte politische Dauer. Die Geschwindigkeit – die sofortige Allgegenwärtigkeit – liquidiert die Stadt jedoch oder verlagert sie vielmehr, verlagert sie, würde ich sagen, in die Zeit. … Lange Zeit

23 An anderer Stelle freilich liest Virilio die phänomenale Identität moderner Großstädte als »Tilgung der Zeichen der Vielfalt und Gegensätzlichkeit«, was »den kulturellen und politischen Verfall an[kündigt]« (Virilio, *Der negative Horizont*, S. 118). Liegt das Wesen der klassischen Stadt für Virilio nun in der Einheit oder der Vielfalt ?

24 Virilio/Lotringer, *Der reine Krieg*, S. 102.

25 Ebd., S. 106.

26 Virilio, *Der negative Horizont*, S. 114.

27 Virilio, Die Vernichtungs-Maschine, S. 20.

existierte die Stadt dort, wo sie war: Paris in Paris und Rom in Rom. Es bestand eine territoriale und geographische Trägheit, ein Beharrungsvermögen am Ort. … Langsam geraten wir in eine Lage, wo alle Städte am selben Ort sein werden: in der Zeit.«[28]

Die dichotome Struktur des Arguments nimmt nun konkretere Züge an: Seßhaftigkeit–Mobilität, Raum–Zeit, Ort/*tópos*–Nicht-Ort/*ou tópos*, Bewegung–Beharrung, Eineindeutigkeit der Raum- und Lebensbezüge–Ubiquität bzw. Kosmospolitismus, so lauten die bipolaren Kategorien, über die sich Virilios Opposition zweier wesensunterschiedlicher Seinsformen generiert. Hinter dieser vergleichsweise schlichten Dichotomisierung tut sich die kultur- und geschichtspessimistisch gelesene Bezugsfolie seiner Philosophie auf: nämlich der zivilisationsgeschichtliche Gang in die Uneigentlichkeit der Lebensformen, wie er sich für Virilio manifestiert in der Negation des Raumes, im Verschwinden des Materiellen, Körperlichen und Territorialen durch die Schrumpfung der Entfernungen und zentral in der *Ablösung des Spatialen durch das Temporale*, konkreter: durch die Geschwindigkeit.

Dieser von ihm diagnostizierte Austauschprozeß der Leit- und Orientierungskategorie menschlichen Handelns wird von Virilio als fundamentaler Verlust lebensweltlicher Qualitäten begriffen und in der Vielfalt seiner Konsequenzen immer wieder thematisiert. Wo die Distanzen nämlich hinfällig werden, *verschwinden* – ein weiteres Leitmotiv in Virilios Bilderhaushalt – auch die Differenzen jedweder Art und damit recht eigentlich die Dinge und die Menschen selbst. Dies hat zwangsläufige Folgen auch für die Figuren des Urbanen, und so sieht Virilio *eine* Konsequenz dieses Prozesses in der zunehmenden Identität des Stadtbildes:

»Es gibt kaum mehr einen Unterschied zwischen New York, London und Paris, sowenig übrigens wie zwischen Warschau, Prag und Leningrad. … Die Einheitlichkeit oder sogar völlige Übereinstimmung der Stadtarchitektur von Ost bis West hätte uns indessen hinsichtlich dieses Phänomens die Augen öffnen sollen, beinhaltet doch das ›Identische‹ immer auch ein einschneidendes Verschwinden.«[29]

28 Virilio/Lotringer, *Der reine Krieg*, S. 61 ff.
29 Virilio, *Der negative Horizont*, S. 118.

Was da im Einziehen aller Differenzen letztlich verschwindet, ist das Territorium selbst, das Urbane und Spatiale mit all seinen oben aufgeführten Konnotationen. So hat sich die Menschheit aus Virilios Perspektive unheilvollerweise auf eine *Abrißgenehmigung* für das Materielle und Körperliche überhaupt verständigt, die ihm im städtebaulichen Verfahren gleichen Namens mikrokosmisch gespiegelt erscheint.[30]

Über diesen Prozeß nun wird die Stadt im klassischen Sinne völlig hinfällig, Topologie und Funktionsraum treten auseinander zugunsten eines potentiell über den ganzen Globus verstreuten Spektrums multipler Raum- und Funktionssegmente: Zwischen Wohnort und Schlafraum, Arbeitsplatz und Freizeitterrain können im Extremfall Länder oder gar Kontinente liegen.[31] Die phänomenale Identität der Städte könnte, aus dieser Perspektive besehen, letztlich dazu dienen, den Verlust der eineindeutigen Verortung, die Negation von Heimat zu kaschieren, der sich das zur Zwangsmobilität verdammte Subjekt der Moderne ausgesetzt sieht. Die klassische Orientierungsmatrix von Heimat und Ferne, Ort und Welt wird abgelöst durch die ubiquitäre Identität urbaner Formen und Erscheinungen, die Heimat als Allgegenwart des Immergleichen zu suggerieren sucht: »Die ganze Welt wird zu einer Stadt, zu einer mittelbaren Stadt.«[32]

Wobei die Attribute »mittelbar« oder »vermittelt« durchaus mehrschichtig zu verstehen sind, sieht Virilio doch neben der Überführung der Stadt in die Zeit eine parallele Transformation ins Mediale am Werke. Für ihn löst die »Cinecittà« und in ihrer Folge die »Telecittà« die Stadt (città/cité) ab: virtuelle und damit raumlose Städte in Gestalt rein medialer Bild-Entitäten, deren Einwohnerschaft sich aus der amorphen und zerstreuten Masse abwesender Zuschauer konstituiert[33] – ein Theorem, das uns im

30 Vgl. hierzu ebd., S. 115 f.; sowie Virilios Besprechung eines Stanley-Kubrick-Films: Abrißgenehmigung. Meditation über Kubricks »Full Metal Jacket«, in: *die tageszeitung* vom 24. 10. 1987, S. 20 f..

31 Vgl. hierzu Virilio, *Fahren, fahren, fahren …*, S. 35.

32 Virilio, *Revolutionen der Geschwindigkeit*, S. 41.

33 Vgl. hierzu Paul Virilio, *Die Sehmaschine*, Berlin 1989, S. 148.

Zusammenhang mit Virilios Medienverständnis noch ausführlicher beschäftigen wird.

Diesen Prozessen hält Virilio seine Forderung nach einer »grauen« oder »urbanen Ökologie« entgegen, die sich nach seiner Vorstellung idealiter »eben nicht nur der Luft- oder Lärmverschmutzung in den großen Städten annähme, sondern in erster Linie der überstürzten Entstehung eines ›globalen Dorfes‹ zum Ende unseres Jahrtausends«.[34] Der topologische Bezugspunkt dieser globalen Metropole aber ist laut Virilio nicht länger das Territorium, sondern die Zeit, und entsprechend ist nicht mehr der Raum die Wohnstätte des Menschen, sondern das *Vehikel*, das ihn in hohem Tempo durch *Transitlandschaften* führt. Denn am Raum interessiert fortan nur noch die Geschwindigkeit, mit der er durchreist, überwunden, letztlich eben: negiert werden kann. Der Transit triumphiert über das Territorium. Auch der Mensch ist unter diesen Bedingungen kein Einwohner mehr, sondern ein vehikulärer *Obdachloser*, ein rotierender *Passagier*, ein überschallschneller *Nomade*, ein reiner »Bewohner von Zeitzonen«.[35] Der Kosmopolit ist ein im fundamentalen Sinne ortsloser Mensch. Als Opfer und Ausfluß dieser modernen *conditio humana* führt Virilio immer wieder die Symbolfiguren Sarah Krasnoff (der *Fahren, Fahren, Fahren* gewidmet ist) und vor allem Howard Hughes an[36] – entwurzelte Existenzen, an denen für

34 Virilio, *Fluchtgeschwindigkeit*, S. 85.

35 Virilio, *Der negative Horizont*, S. 130.

36 Sarah Krasnoff flog 1971 auf der Flucht vor ihren Psychiatern rund 160mal über den Atlantik und verbrachte nahezu nonstop fünf Monate in Flugzeugen, bis sie schließlich entkräftet und verarmt im Amsterdam starb. Die mythische Figur des Multimilliardärs Howard Hughes bietet sich gleich in vielfacher Hinsicht als exemplarische Biographie für Virilios Thesen an. Als Film- und Medienproduzent und gleichzeitiger Inhaber einer Fluglinie verkörpert er ideal Virilios Theorem von der Logistik, der filmischen Wahrnehmung. Als Weltumflieger und passionierter Flieger versuchte Hughes mehrfach die Relativität der Zeitzonen zu einer symbolischen Stillsetzung der Zeit zu nutzen. Hierzu gehörte auch, daß seine über den Globus verstreuten Wohnungen angeblich absolut identisch eingerichtet und stets mit dem gleichen Küchenplan versehen sein muß-

den französischen Urbanisten der Rückzug des Menschen auf die Bezugslosigkeit der vehikulären (und medialen) Allgegenwart exemplarisch verdichtet zum Vorschein kommt:

»Der Weltbürger wird zum utopischen [hier im Sinne von: ortlosen] Bürger, der nur noch die Transportmittel und die Transitstätten bewohnt. ... Der Flughafen wird zur neuen Stadt, die *Transitstadt* mit ihren zehn Millionen ›pro Passagierjahr‹ wird zur letzten Stadt. ... Die Bewohner dieser Durchgangsorte sind ›Passagiere‹, sie besetzten verstohlen den Raum der Luftstadt, Mieter für wenige Stunden, nicht mehr für Jahre.«[37]

Eine gewisse Gegenwartsrelevanz dieser Thesen ist wohl nicht zu bestreiten, wie überhaupt dieser Themenkomplex fraglos zu den überzeugendsten und faszinierendsten in Virilios Œuvre zählt. Das weitverbreitete Unbehagen an einer Kultur des Kosmospolitimus, zu deren Schattenseiten eben auch die Verödung der Städte, die soziale Problematik des Pendlertums und die psychischen Gefährdungen der Entwurzelung zählen, hat in Virilio sicher sein prominentestes Sprachrohr gefunden.[38] Überdies kann er sich, gerade was die Tilgung des Raumes durch die Zeit angeht, auf eine ganze Phalanx prominenter Kronzeugen schon aus dem 19. Jahrhundert berufen, die seinerzeit analoge Beobachtungen anhand der Eisenbahnfahrt angestellt hatten. Zu ihnen zählen Heine, Hugo, Flaubert oder Gastineau, deren entsprechenden Zeugnisse Virilio gerne und häufig zitiert.[39]

ten, so daß die Illusion einer Allgegenwart und Zeitlosigkeit bei Hughes' Besuchen garantiert war. Für Virilio nur zu folgerichtig endete dieser rastlose Kampf um die Zeitbeherrschung mit Hughes' sagenumwobenem Eremitendasein in einem Hotelzimmer in Las Vegas. Siehe hierzu in ausführlicher Form: Paul Virilio, *Ästhetik des Verschwindens*, Berlin 1986, S. 25-31.

37 Virilio, *Fahren, fahren, fahren* ..., S. 32 f.

38 Als Belege zur Wirkungsgeschichte dieses Bereichs der Dromologie vgl. exemplarisch: Ulrich Greiner, Total vergnügt. Stadtkultur und Unterhaltungsindustrie im Widerstreit, in: *Die Zeit* vom 5. 4. 1996, S. 46, sowie *Ästhetik des Reisens*. Hg. von Paolo Bianchi, in: *Kunstforum international*, Bd. 136, Februar-Mai 1997, S. 50-253.

39 In komprimierter Form finden sich diese Zeugnisse zitiert in: Virilio, *Fahren, Fahren, Fahren* ..., S. 22-30.

So treffsicher hier die Auswirkungen des modernen Mobilitäts- und Ubiquitätsgebotes auf das menschliche Verhältnis zum Raum auch beobachtet und formuliert sind, so problematisch erweisen sich dann aber wieder die Schlußfolgerungen, die Virilio hieraus ableitet. So wird die durch die zivilisationsgeschichtlichen Postulate der Homogenisierung und Globalisierung erwirkte Komprimierung räumlicher Distanzen von ihm erneut reduktionistisch als reiner Ausfluß der Beschleunigung interpretiert: »Alles, was uns etwas näher bringt, ist gewissermaßen eine Figur der Geschwindigkeit«.[40] Und das (biographisch so negativ besetzte) Phänomen der räumlichen Nähe wird zum ontologischen Gesamtbefund der Moderne schlechthin hypostasiert. Für Virilio ist mit der topographischen Differenz nämlich *jedwede* Differenzierbarkeit der Dinge und Erscheinungen gleich mit eingezogen. Was bleibt, könnte man in Anlehnung an Richard Sennett als »Tyrannei der Intimität«[41] bezeichnen: ein Diktat unentwegter Nähe und Instantanität, eine totale Ununterscheidbarkeit des auf engstem Raum komprimierten Seienden, was nach Virilio schließlich zu einer Art ontologischer »Implosion« führen wird.

Hierbei ergeben sich, wie an etlichen anderen Punkten auch, vielsagende und bei weitem nicht nur rein terminologisch begründete Affinitäten zu Herbert Marshall McLuhan. Auch dieser hatte einen künftigen Zustand der Ununterscheidbarkeit alles Seienden prognostiziert, der durch den Beschleunigungseffekt der elektr(on)ischen Medien herbeigeführt und dessen phänotypisches Merkmal der Wegfall räumlicher Distanzen sein werde. Diese neue Ganzheit einer elektronisch begründeten Weltkultur wurde dabei von McLuhan als *Rückkehr* zu einem organisch-holistischen Welt- und Naturverständnis begriffen, wodurch das »historische Intermezzo« des Mechanismus und seines mächtigsten Instruments, des Alphabets, abgelöst, eben als nur vorübergehende Herrschaft der Scheidung und Differenzierung in der

40 Virilio, *Revolutionen der Geschwindigkeit*, S. 25.

41 Richard Sennett, *Die Tyrannei der Intimität. Verfall und Ende des öffentlichen Lebens*, Frankfurt am Main 1986.

westlichen Kulturpraxis enttarnt werden würde.[42] Auch wenn Virilio immer wieder dezidiert Gegenposition zu McLuhan bezieht, so verbirgt sich hinter dem offenen Antagonismus letztlich eine Fülle konzeptioneller und methodischer Kongruenzen. Nicht zuletzt aufgrund ihres gemeinsamen teleologisch-eschatologischen Geschichtsverständnisses kommen Virilio und McLuhan zu verblüffend ähnlichen Geschichtsprognosen. Nicht zufällig auch geraten beiden die Beschleunigung wie die Implosion zu konstitutiven Kategorien ihres jeweiligen Modells, nicht zufällig ontologisieren beide die Medien zu geschichtsmächtigen Kräften – und erst recht nicht zufällig entstammen beide einem stark christlich geprägten Milieu. Die geheime Geistesverwandtschaft beider Denker findet nur an der *Wertung* der jeweils übereinstimmend konstatierten Phänomene ihre Grenze – eine Grenze, die dadurch gezogen ist, daß ein Sozial- und Geschichtsutopist wie McLuhan das zugrundeliegende Telos der Geschichte grundsätzlich positiv, ein apokalyptisch gestimmter Kulturpessimist wie Virilio hingegen negativ antizipiert.

Paradigmatisch läßt sich dies anhand des hier relevanten Aspekts der weltweiten Vernetzung und Homogenisierung der Handlungsfelder studieren. Der hieraus resultierende Zustand eines »global village« war von McLuhan schon vor knapp dreißig Jahren – und wird dies in seiner Nachfolge heute noch vor allem von Derrick de Kerckhove, Vilém Flusser oder Peter Weibel[43] – euphorisch begrüßt und als revolutionäre Errungenschaft der Gesellschaft, als geschichtlicher Endzustand in Gestalt der Wiedervereinigung aller Menschen und Völker gefeiert worden. Virilio liest dies durchaus ähnlich, allerdings mit vertauschtem Vorzeichen: Der Wegfall aller Differenzen und Schranken löst bei

42 McLuhan, *Die magischen Kanäle*, S. 13-49.

43 Vgl. hierzu Weibel, *Beschleunigung der Bilder*, passim; sowie: Vilém Flusser, *Ins Universum der technischen Bilder*, Göttingen 1985; und: Derrick de Kerckhove, Wir kehren in die Nicht-Unterscheidbarkeit zwischen dem Selbst und dem Anderen zurück. Ein Gespräch mit Florian Rötzer, in: *Kunstforum international*, Band 110, Nov./Dez. 1990, S. 106 f.

ihm weniger paradiesische Bilder einer konflikt-, klassen- und sorglosen Symbiose aller Kollektive und Individuen durch »räumliche« Annäherung aus, als vielmehr klaustrophobische bis apokalyptische Assoziationen:

»Es gibt keine Entfernungen mehr. Die zeitlichen Fristen schrumpfen. Die Geschwindigkeit frißt den Raum. Die Welt wird kleiner, und in zwei Generationen wird man ein Gefühl des Eingeschlossenseins verspüren. Die Welt wird so klein, daß sie wie ein Gefängnis wirken wird. Die Menschen der Zukunft werden Angst vor dem Ersticken haben. Nicht die Bevölkerungsexplosion wird diese grauenhafte Enge herbeiführen, sondern die Reduzierung der Distanzen und Fristen.«[44]

»Nähe« ist in Virilios Privatmythologie ein nahezu panisch besetzter Begriff, jedenfalls aber ein Phänomen, das ihm überaus aggressive Formulierungen abzuringen imstande ist. So zieht er scharf gegen »die Ideologie, die Distanz für eine ›Tyrannei‹ zu halten«,[45] zu Felde und geißelt in diesem Zusammenhang vor allem die Sozialutopien des 19. Jahrhunderts, denenzufolge »die räumliche Trennung ein Übel sei, das an Konflikten, Haß und Mißverständnissen schuld sei … und auch an sozialen Ungleichheiten«.[46] Virilios Polemik trifft hier den Kern eines abendländischen Gesellschaftsprogramms, das etwa seit der Französischen Revolution die Überwindung der Distanzen als *via regia* für soziale Verbesserungen verstand – und dessen große Beharrungskraft sich gerade wieder an den euphorisch aufgeladenen Diskursen über die digitalen Netzwerke ablesen läßt. Und tatsächlich beziehen Technik, Ökonomie, Wissenschaft, Politik, Kommunikationsformen und Geschichtsphilosophie der Moderne ihre Dynamiken zu einem nicht unbeträchtlichen Teil aus ebendieser Anstrengung, die Individuen, Kollektive und Nationen einander (auch räumlich) näherzubringen.[47] Mag der teleologi-

44 Virilio/Altwegg, Warum fürchten Sie einen Cyber-Faschismus?, S. 59. Vgl. hierzu analoge Argumente in: Virilio, *Fahren, fahren, fahren …*, S. 30 und S. 35 f.; und in: Virilio/Lotringer, *Der reine Krieg*, S. 70 f.

45 Virilio, *Fahren, fahren, fahren …*, S. 35.

46 Ebd., S. 45.

47 Vgl. hierzu die schon oben erwähnte materialreiche und intelligente

sche Anspruch dieser Sozialutopien auch durch die Realitäten der Gegenwart überwiegend konterkariert worden sein, so befremdet doch die unverhohlene Häme, mit der Virilio ein Scheitern des »Mythos der Agglomeration als eines Ortes sozialer Integration«[48] konstatieren zu können glaubt. Ganz abgesehen davon, daß Virilio selbst natürlich kein ernstzunehmendes Alternativprogramm offeriert, kann nicht ernsthaft bestritten werden, daß dieser Motorik – bei all ihren defizitären Aspekten – sehr wohl auch konkrete Verbesserungen der menschlichen Lebensbedingungen entwachsen sind. Dies einzugestehen hieße aber, sich der vielleicht entscheidenden Ambivalenz kultureller und historischer Prozesse zu stellen, daß sie nämlich unumgänglich stets Gewinne wie Verluste mit sich bringen.[49] Eine solche Denkfigur aber ist in einem geradezu obsessiv auf Vereinheitlichung des Ambivalenten angelegten Denksystem wie dem Virilios natürlich von vornherein tabuisiert.

Führt man sich zudem vor Augen, daß nahezu alles, was Virilio insgesamt an unserer heutigen Welt gefährlich und unerträglich findet (Verkehrswesen, Tourismus, Technisierung, Homogenisierung, Globalisierung der Märkte, *Tele*[!]kommunikation, allgemeine *Cross-culture*-Tendenzen etc.), in gewisser Weise tatsächlich eine Spätfolge (auch) dieser Programmatik ist, so wird Virilios negative Affektion verständlicher. Die Reduzierung der Distanzen kann ihm wohl gar nicht anders denn als Wurzel allen Übels, vielleicht sogar als letztliche Causa seiner eigenen Traumatisierungen erscheinen. Insofern kann aus seiner Perspektive räumliche Annäherung im Grunde genommen nur zu einer

Darstellung von Patrice Flichy zur Geschichte der modernen Kommunikation.

48 Virilio, *Der negative Horizont*, S. 114.

49 Dies betont im Gegensatz zu Virilio die universalgeschichtlich orientierte Soziologie eines Max Weber und eines Norbert Elias. Als Überblicksdarstellungen bieten sich an: Ralf Baumgart/Volker Eichener, *Norbert Elias zur Einführung*, Hamburg 1991; Detlev J. K. Peukert, *Max Webers Diagnose der Moderne*, Göttingen 1989 sowie Hans van der Loo und Willem van Reijen, *Modernisierung. Projekt und Paradox*, München 1992.

neuen Entfremdung des bislang Nahen, Vertrauten, Bekannten führen:

»Diese allgemeine Nähe, dieser Globus, auf dem alles ›in Reichweite‹ ist, dieses Kontinuum, in dem alles brutal *zusammengeschoben* ist und dessen Sättigung ... von der Geschwindigkeit der verschiedenen Vektoren herrührt – all das ist uns vollkommen fremd ..., ja, *fremd*. Der Unbekannte, der Fremde, das ist für uns schon nicht mehr der, der von fern kommt, sondern der, der gleich nebenan wohnt.«[50]

Hier zeigt sich wieder Virilios verborgenes Begehren nach einer Lebensform, die begrenzt, immobil, hermetisch und insofern vertraut ist und damit eine immanente Überschaubarkeit der Raum- und Weltbezüge garantiert. Virilios Klage gilt ersichtlich dem Verlust eines gesicherten Rückzugsraums, der ihm gegen die Bedrohungen des Lebens (und der Moderne) ein unverbrüchliches Bollwerk des *Zeit- und Bewegungsresistenten* bieten könnte. Sein von regressiven Sehnsüchten ohnehin nicht freies Denken artikuliert sich denn auch entsprechend in der Feier des Dorfes und vor allem anderen, der *Enklave* als vorgängigen Refugien, die aber durch den Siegeszug der Beschleunigung und der Nähe selbst mobilisiert und damit ein- für allemal verloren scheinen:

»Der Kontinent der Geschwindigkeit wäre demnach der brutale Einbruch eines Nicht-Ortes in die Geschichte, die Fahrzeugwelt hätte so schließlich *die letzte Enklave aufgelöst*. ... Mit dieser letzten Enklave aber löste sich zugleich der Boden der Erfahrung auf.«[51]

Auch dieser historische Verlustprozeß ist für Virilio durch nichts anderes motiviert als durch jene falsche Ideologie[52] (oder wollte

50 Virilio, *Fahren, fahren, fahren* ..., S. 45.

51 Ebd., S. 26.

52 Wohl nicht zufällig weist Virilios Denken hier so beträchtliche wie bedenkliche Schnittstellen zur Staatsideologie eines Carl Schmitt auf, der wie Virilio eine letztlich zivilisationsfeindliche Kritik an der abstrakten Raumordnung der Moderne entwirft, die auf ein Plädoyer für den autarken und eingegrenzten (Groß-)Raum als vorgeblich konkreter Bezugsform menschlicher Existenz hinausläuft. Schmitt benennt »konkreten Raum« versus »Universalismus« oder »allgemeine raum- und grenzenlose Weltdoktrin« als paradigma-

er sagen: Idolatrie?) der Nähe, der sein erbitterter Widerstand gilt:

»Bis zum heutigen Tag identifizieren wir die *Auflösung von Enklaven* mit dem *Fortschritt*, bekämpfen wir heftig alle Isolationismen als unerträgliche Repressionen, als ungesunde *Einschließungen*, aber wir haben nicht die leiseste Ahnung von Sinn und Bedeutung des alten Mythos von Durchsicht-Durchdringung.«[53]

Hier nun klingt wiederum die Kehrseite seines Wunsches nach *über*schaubaren Lebensbezügen durch, nämlich Virilios (biographisch nur zu verständliche) Angst vor einem *durch*schaubaren Lebensraum. Denn gerade der überschaubare Raum etwa des geometrischen Katasters oder des medialen Perspektivraums war und ist Virilio doch permanenter Anlaß, um vor panoptistischer Kontrolle, vor militärischer Intervention und Penetration und vor der Okkupation durch die Geschwindigkeit zu warnen, was seinen Wunsch nach der Begrenztheit der Enklave etwas zwiespältig erscheinen läßt.

Wie klein muß Virilios ideales Refugium beschaffen sein, um sowohl *übersichtlich* als auch von außen *uneinsichtig* zu sein, um einerseits seine klaustrophobischen Ängste nicht zu wecken und

tische Dichotomien im *Kulturkampf* zwischen »liberalkapitalistischem Imperialismus« und »Geopolitik«. Ähnlich wie Virilio wird Schmitt hieraus später die Notwendigkeit ableiten, die »entfesselte Technik zu bändigen« und in eine »konkrete Ordnung« zu überführen. Vgl. hierzu: Carl Schmitt, *Positionen und Begriffe im Kampf mit Weimar-Genf-Versailles 1923-1939*, Hamburg 1940, Nachdruck Berlin 1988, vor allem S. 295-312; sowie ders., *Gespräch über die Macht und den Zugang zum Machthaber. Gespräch über den Neuen Raum*, Berlin 1994, S. 35-64. Ist die gegenwärtige Schmitt-Renaissance oder »Rehabilitierung« tatsächlich wiederum nur Zufall oder doch eher symptomatisch für die aktuelle Tendenz zum geistigen Konservatismus, die auch für Virilios Popularität nicht ganz unwesentliche Beweggründe liefern dürfte? Vgl. hierzu die erfrischende Polemik von Richard Herzinger und Hannes Stein, *Endzeit-Propheten oder Die Offensive der Antiwestler. Fundamentalismus, Antiamerikanismus und Neue Rechte*, Reinbek bei Hamburg 1995, vor allem S. 29-33 und S. 117-125.

53 Virilio, *Fahren, fahren, fahren …*, S. 45.

andererseits nicht in den Verdacht geraten, doch eine heimliche »Geschwindigkeitsbox« zu sein? Ist es da wirklich nur Ignoranz des Interpreten, wenn ihm als einziges Raummodell, das *all* diesen Ansprüchen Genüge leisten könnte, der mütterliche Leib einfällt? Von *welchem* Körper spricht der Text denn tatsächlich, wenn Virilio klagt: »Wenn man aus dem territorialen Körper ausgetreten ist, ist man außerhalb der Erde, außerhalb jeglicher Distanzen«?[54]

So bleibt als Nenner all dieser widersprüchlichen Aussagen, Ideale und Prophezeiungen wohl letztlich Virilios offenkundiges Unbehagen an einem fortlaufenden Prozeß der »Desurbanisierung«[55] und Delokalisierung, der aus seiner Sicht zu einer gravierenden »Unsicherheit des Territoriums« führt (*L'Insécurité du territoire* lautete im Originaltitel eines der frühesten Bücher Virilios). Diese Unsicherheit des Raumbezuges, der sprichwörtliche Verlust des festen Bodens unter den Füßen figuriert bei Virilio als existentialontologische Kategorie, wo nicht gar metaphysisch konnotiert: Das *Unbe-Haust-Sein,* die *Heimatlosigkeit* – und zwar ganz dezidiert eben auch die transzendentale Heimatlosigkeit – des (modernen) Menschen scheint der geheime Fluchtpunkt eines Denkens zu sein, das so insistierend um Themen und Metaphern wie Deportation, Nomadentum, Deterritorialisierung und Disparation kreist. Haus und Stadt, Architektur und Urbanismus, Enklave und Tempel überlagern sich zu einem mehrschichtigen Bild, das aber letztlich immer wieder das *Begehren nach einem Ort der physischen wie der metaphysischen Geborgenheit* in je verschiedenen Variationen und Komplexitätsgraden artikuliert und durchspielt.

Als ein solches Refugium Virilios hatten wir vorab schon seine eigenen Texte, sein – im doppelten Wortsinne – selbstkonstruiertes Denk-»Gebäude« identifizieren können. Ob sich in seinen Texten darüber hinaus noch weitere Fluchträume und symbolische Behausungen Virilios werden ausfindig machen lassen, bleibt vorerst abzuwarten.

54 Virilio, zit. nach: Interview mit Paul Virilio, in: Kloock, *Von der Schrift- zur Bildschirmkultur*, S. 222.

55 Virilio/Lotringer, *Der reine Krieg*, S. 61.

Der Krieg der Geschwindigkeit – die Geschwindigkeit des Krieges

Mit dem zuvor über Virilios Perspektive auf die Stadt Ausgeführten ist ein beträchtliches Spektrum seines thematischen Kanons bereits abgesteckt. In letzter Konsequenz stellen nämlich auch Virilios berühmte Thesen über Krieg, Zeit und Medien nur *weitere Variationen seiner zentralen Frage nach der Auflösung des Territorialen* dar. Daher werden sich im folgenden auch Überschneidungen zum vorhergehenden Kapitel nicht ganz vermeiden lassen, doch wird uns gerade das darüber schon Ausgeführte die dekonstruierende Arbeit an Virilios Thesen zum Krieg erleichtern, wenn nicht diese sogar erst ermöglichen.

Es gestaltet sich nämlich überaus schwierig, eine auch nur einigermaßen schlüssige Konzeptualisierung von »Krieg« aus Virilios breitem Assoziationsnetz zu abstrahieren. Dies ist unter anderem darin begründet, daß er den Krieg *metaphysisch* konzipiert, im Krieg also *den* Geschichtsmotor schlechthin sieht, aus dem alles andere Existierende erst erwächst. Sein Entwurf des Krieges als einer *transhistorischen* Ur-Substanz des Seins hält Virilio freilich keineswegs davon ab, immer wieder dessen *historische Genese* zurückzuverfolgen, die Existenz des Krieges dann doch wieder von konkreten sozialhistorischen Ausgangsbedingungen abhängig zu machen, wie in folgender Interviewpassage:

Virilio: »Ich erinnere daran, daß der Krieg aus der Stadt geboren wurde.... Die Stadt hat den Krieg organisiert, indem sie seinen Ort organisiert.«
Frage: »Heißt das, ohne die Existenz einer Stadt existiert auch keine kriegerische Auseinandersetzung? Mir fallen da spontan die Mongolen ein ...«
Virilio: »Das waren Konflikte, Tumulte. Man kann erst von einem Krieg reden, wenn eine territoriale und disziplinierte Organisationsform vorliegt. Erst mit der Stadt existiert eine Strukturierung des Krieges als

Disziplin, und damit beginnt die Politik, denn auch diese beiden Bereiche sind miteinander verbunden.«[1]

In seinem offenkundigen Bestreben, zu einer *Ur-Substanz der Geschichte* vorzudringen, verliert sich Virilio mithin im klassischen Paradoxon einer jeden *substanzlogischen Epistemologie und Geschichtsphilosophie,* daß nämlich »das, was erklärt werden soll, in dem, woraus es erklärt werden soll, immer schon vorhanden sein muß«.[2] So taucht hinter jeder »letzten« Substanz eine weitere auf, die aus dieser wieder abzuleiten ist, nur damit dahinter eine neue, wiederum als »letzte« postulierte Substanz aller Dinge zum Vorschein kommt ... Entsprechend kommt auch Virilio nicht umhin, den zuvor *absolut* gesetzten Krieg schließlich doch wieder als *abgeleitete Größe* zu konzipieren, dergestalt, daß »das Wesen des Krieges und damit auch der Macht in Schnelligkeit liegt«.[3] Doch auch diese Kausalität muß schließlich wieder in ihr Gegenteil verkehrt und nunmehr der Krieg zur »Geschwindigkeits-Fabrik«[4] erklärt werden. Einziger und insofern logischer Ausweg aus diesem (onto)logischen Paradox ist schließlich die plane Gleichsetzung beider Entitäten: »Die Geschwindigkeit ist Krieg.«[5]

Es liegt in der Konsequenz aller Letztbegründungsversuche, daß sie sich dem aufgezeigten methodischen Dilemma durch den Schritt in die Ontologisierung des Uneigentlichen zu entziehen suchen, der letztlich zur *Hypostasierung einer abstrakten Größe zur diffusen Leitkategorie für alles andere* führt. Das Konzept

1 Interview mit Paul Virilio, in: Kloock, *Von der Schrift- zur Bildschirmkultur,* S. 216 f.

2 Günter Dux, Für eine Anthropologie in historisch-genetischer Hinsicht, in: ders./Ulrich Wenzel (Hg.), *Der Prozeß der Geistesgeschichte. Studien zur ontogenetischen und historischen Entwicklung des Geistes,* Frankfurt am Main 1994, S. 97. Wer sich mit substanz- und strukturlogischen Denkmodellen eingehender beschäftigen möchte, sei vor allem auf dieses vorzügliche Buch, sowie allgemein auf die Arbeiten von Günter Dux verwiesen.

3 Virilio, *Revolutionen der Geschwindigkeit,* S. 21.

4 Virilio, *Geschwindigkeit und Politik,* S. 187.

5 Ebd., S. 184.

der »Geschwindigkeit« dient Virilio ersichtlich genau hierzu: Auch wenn er uns immer wieder darüber belehrt, daß Geschwindigkeit »selbst kein Phänomen, sondern eine Relation zwischen Phänomen«[6] bezeichnet, so ontologisiert er selbst aber die Geschwindigkeit unentwegt, erhebt sie in den Rang einer geschichtsmächtigen Substanz. Daß dies nun bei einer derart relativen Bezugsgröße wie der Geschwindigkeit fehlschlagen *muß*, dürfte evident sein. Folgerichtig muß dann auch die verabsolutierte Geschwindigkeit doch wieder als abhängige Variable anderer »Ur-Substanzen« begriffen bzw. mit diesen über Identitätsbehauptungen abgeglichen werden.

So monokausalistisch sich Virilios Modell also auch gebärdet, indem es die Komplexität geschichtlicher Verläufe auf eine verabsolutierte Kriegsdynamik und/oder den Status linear-vektorieller Beschleunigungsprozesse reduziert, so sehr muß aber hierin *jeder,* zunächst zur geschichtstreibenden Kraft sui generis hypostasierte Faktor wenig später seiner vorgeblichen Hegemonie wieder entkleidet werden – ein schlechterdings unabschließbarer Prozeß definitorischer Regresse, der Virilios Leitkategorien »Krieg« und »Geschwindigkeit« genauso determiniert wie seine Modellation von »Technik«, »Politik«, »Urbanismus« oder »Mobilität«.

Die Zwangsläufigkeit des Scheiterns an den Paradoxien der eigenen Methodik teilt Virilio indes mit allen *substanzlogischen* und *evolutionistischen* Modellen, zu denen auch einige der großen Systementwürfe (Comte, Hegel, Marx) der Geistesgeschichte zählen, ohne daß diese sich deswegen in derart gravierende Unstimmigkeiten verwickelten. Hinter der notorischen Unschärfe *seiner* Basiskategorien muß also zweifellos noch etwas anderes als nur die skizzierte Methodenproblematik gesehen werden.

Der heuristische Zugriff auf Virilios Modellation von »Krieg« wird zusätzlich dadurch erschwert, daß er unentwegt zwischen uneigentlichen und eigentlichen Bedeutungshinsichten, konkret: zwischen einem noch eher konventionellen Gebrauch des Terminus »Krieg« als eines Oberbegriffs für jedwede Form ge-

6 Virilio, *Revolutionen der Geschwindigkeit*, S. 25.

waltsamer Auseinandersetzung und einer rein metaphorischen Setzung changiert. »Krieg« ist im letztgenannten Fall dann aber nichts anderes als ein Sinnbild und Sammelbegriff für jegliche Form organisierter Handlung, die ihrerseits eine Erhöhung des Aktionstempos und eine Überwindung räumlicher Distanzen mit sich bringt. Eigentlicher Bezugspunkt der von Virilio dergestalt unter »Krieg« subsumierten Handlungen, Zustände und Verlaufsformen sind somit jene Figurationen und kulturellen Prozesse, die ihm verantwortlich für den zuvor erörterten »Verlust des Territoriums«, also die Substitution des Materiellen und die Auflösung der Distanzen zu sein scheinen: »Der Krieg ist schon seit jeher eine Baustelle der Bewegung, eine Geschwindigkeits-Fabrik.«[7] Nicht immer ist dabei allerdings sofort einsichtig, ob und wann Virilio Krieg eher im letztgenannten Sinne, und wann er Krieg als empirischen Sachverhalt meint. Und dies, so scheint mir, *weil Virilio* – jedoch nicht nur hier – *zwischen Faktizität und Metapher nicht zu differenzieren weiß bzw. er das eine mit dem anderen kurzschließt.* Um aber überhaupt einen Einstieg in Virilios Figurationen des Kriegerischen zu erlangen, werden wir im folgenden erst einmal von der skizzierten doppelten Bedeutungshinsicht ausgehen – und werden die Frage nach der *eigentlichen* Referenzfläche seiner Konzeptualisierung von »Krieg« erst nach Durchsicht seiner diesbezüglichen Thesen und damit auf breiterer Materialgrundlage wieder aufgreifen.

Das Konzept, unter dem Virilio die angesprochene Disziplinierung, Organisation und Programmierung kollektiver Handlungsabläufe jedweder Provenienz subsumiert, lautet »Logistik« und impliziert in seiner Wortwahl bereits, daß *jegliche* Form rationaler und effektiver Planung für Virilio rein militärischen Intentionen entspringt und unterliegt. Er argumentiert dabei mit der Tatsache, daß in der historischen Wandlung der Kriegsstrategien schließlich – laut Virilio seit den Napoleonischen Kriegen – der Transport der Truppenverpflegung und schließlich auch der Truppen selber zum Gegenstand einer mit *Vehikeln* und unter Nutzung damaliger *Kommunikationstechniken* (zum Beispiel dem

7 Virilio, *Geschwindigkeit und Politik*, S. 187.

Der »Terror der Geraden« als Basis des Geschwindigkeitsrauschs.
Blick auf die Berliner »Avus« 1933.

Chappeschen Telegraphen) durchgeführten und organisierten militärischen (Teil-)Planung wurde. Hieraus leitet Virilio den kühnen Umkehrschluß ab, daß jegliches Vehikel, jegliches Medium von vornherein und ausschließlich auf dieses militärische Nutzungsprofil hin konzipiert worden sein müsse und daß die Hegemonie dieser *Mobilisationsfunktion* auch in vorgeblichen Friedenszeiten anhält: »Mobilisierung, In-Gang-setzen der Körper, Reise, Exodus, Deportation, Verschleppung – stets gegenwärtig im Abendland, im Frieden wie im Krieg ...«[8]

Aus dieser Perspektive erscheinen Virilio schlechthin *alle* kulturellen und historischen Veränderungen als im Wesenskern rein »kinetische Revolutionen«,[9] als Beschleunigungsprozesse, die zuvorderst eben durch Kommunikationsmedien und Transportmittel initiiert und realisiert werden. Folgerichtig liest er die Entwicklung der Vehikel und Fahrzeuge vom Reittier bis zum Überschallflugzeug als eine Genealogie der »Prothese, die unsere Beweglichkeit erhöht«,[10] wobei diesem Surplus an Mobilität aber jeglicher Fortschrittscharakter abgesprochen und statt dessen sein immanent destruktives Potential herausgestellt und zur eigentlichen Bestimmung des Vehikels und des Mobilitätszuwachses hypostasiert wird: »*Menschenraub und Entführung sind die eigentlichen Motive für beschleunigte Fortbewegung.*«[11]

Die gesamte Menschheitsgeschichte wird somit verstanden als »totale Mobilmachung«, als Zurichtung eines kollektiven »Ge-

8 Virilio, *Fahren, fahren, fahren ...*, S. 13.

9 Ebd., S. 9 f.

10 Ebd., S. 82.

11 Virilio, *Der negative Horizont*, S. 34. Radikal zu Ende gedacht, hieße das: Die Eisenbahn wurde erfunden, um damit später einmal Juden nach Auschwitz deportieren zu können. Und in der Tat schreckt Virilio selbst vor solch abstrusen Assoziationen nicht zurück, deren geschichtsfälschende Potenz auch nicht dadurch geschmälert wird, daß im gleichen Atemzug die Geschichte der Arbeiterbewegung, Henry Fords Fließbandproduktion, Leibesertüchtigung und Tierzucht als weitere Paradigmen einer Mobilisation der Körper inkriminiert werden. Vgl. hierzu: Virilio, *Fahren, fahren, fahren ...*, S. 9-17.

schwindigkeits-Körpers«[12] auf destruktive Zielvorgaben hin.[13] Schon die frühesten Kulturleistungen werden von Virilio als Domestikationen interpretiert, als evolutionäre Etappen einer »rationellen Programmierung der Körper«, als progressive »*Zähmung* der Lebewesen und ihrer Zuordnung zu bestimmten planmäßigen mechanischen Funktionen«.[14] Dies umfaßt die Abrichtung und Zucht von Tieren ebenso wie jeglichen Versuch einer Nutzung der Naturkräfte Wind und Wasser, wie letztlich auch die prähistorische »Domestizierung des Weiberviehs« (!?), welches für Virilio die »erste logistische Stütze« darstellt und damit zur »Vorbedingung des Krieges [dient], weil es dem Jäger die Sorge um den Nachschub abnimmt«.[15]

Logistik als die »Kunst, die Armee zu bewegen«,[16] steht bei Virilio also für die Keimzelle einer umgreifenden »Ökonomie der Zerstörung«, die schließlich in eine »allgemeine Logistik« mündet, welche »die Bewegung der Mittel wie den Verkehr der Massen, der Zeichen und Nachrichten, aber auch den Transport

12 Ebd., S. 16.

13 Das Moment der Mobilmachung als entscheidende Motorik der abendländisch-neuzeitlichen *Geistes*geschichte in Gestalt des Fortschrittsparadigmas hat Peter Sloterdijk in einer interessanten Studie aufgezeichnet: ders., *Eurotaoismus. Zur Kritik der politischen Kinetik*, Frankfurt am Main 1989.

14 Virilio, *Fahren, fahren, fahren* ..., S. 10.

15 Virilio, *Der negative Horizont*, S. 31. Diese Passage ist überdies ein prägnantes Beispiel dafür, wie sich Virilios *political correctness* unterderhand in ihr Gegenteil verkehrt. In einem Argumentationskontext, der an vielen Stellen von einer etwas peinlich anmutenden Anbiederung an einen vulgärfeministischen Diskurs gekennzeichnet ist, versteigt sich Virilio zu Formulierungen und Thesen wie der zitierten, die nun *wahrhaft* frauenfeindlich sind.

16 Bei eingehender Lektüre fällt auf, daß Virilio im Grunde immer die selben Militärstrategen als Kronzeugen für seine Theorie der Logistik anführt. Neben den schon erwähnten Clausewitz und Sun Tze ist dies vor allem der französische General Jomini, Verfasser eines Buches *Abriß der Kriegskunst*. Vgl. hierzu auch Virilio, Die Vernichtungs-Maschine, S. 10 f.

der Munition und die Bewegung der Geschosse«[17] umfaßt. Entsprechend sind Transportmittel jedweder Art für ihn immer zugleich Geschichtsbeschleuniger, Raum-Zerstörer, Waffen – und Medien. Letzteres insofern, als sie zwangsläufig zu Motoren eines neuen Sehens avancieren – ein zentraler Gedanke seiner Dromologie, den wir in den folgenden Kapiteln noch einmal gesondert erörtern wollen.

Angesichts der Tatsache, daß von Virilio schlechthin jede Enkulturationspraxis bereits als zutiefst militaristisch aufgefaßt wird, verlieren auch seine notorischen Invektiven gegen Technik und Technologie an konzeptioneller Distinktivität und damit an Überzeugungskraft. Denn es bleibt ungeklärt, inwiefern der (modernen) Technik überhaupt eine derart konstitutive Bedeutung für die Fabrikation von Beschleunigung, Krieg und Destruktion noch zugedacht werden kann, wenn Virilio doch die nämlichen Strukturen und Phänomene bereits im vortechnischen Zeitalter – im Extrem sogar bei den Steinzeitjägern – vorzufinden glaubt. Entsprechend undifferenziert und vage bleibt die historische Referenzebene des Technik-Begriffs bei Virilio auch gestaltet: Zuweilen scheint Technik bei ihm erst mit der industriellen Revolution anzusetzen, dann wieder spricht er bereits im Kontext der antiken Kriegsstrategien von Technik, attestiert gar, daß die »Kriegsmaschine … vor Jahrtausenden in Ägypten erfunden wurde.«[18] Auch Virilios Blick auf Technikgeschichte wechselt beliebig zwischen einer transhistorischen, einer evolutionistischen und einer historistischen Sichtweise hin und her.

Für seine Dromologie ist aber ohnehin allein die Grundüberzeugung ausschlaggebend, daß Technik immer und ausschließlich Kriegstechnik, logistische Organisation der Materie und des Raumes, »Erschöpfung von Zeit«[19] ist. Technik ist für Virilio immer destruktiv, was sich an den von ihr produzierten Unfällen bezeugt, und sie dient primär dazu, »Geschwindigkeit herzustel-

17 Ebd., S. 14.
18 Virilio/Rötzer, *Die Ästhetik des Verschwindens*, S. 200.
19 Virilio/Lotringer, *Der reine Krieg*, S. 32.

len«,[20] wie Virilio am Beispiel der Dampfmaschine und des Verbrennungsmotors nachzuweisen versucht. Seine »epistemotechnische« Arbeit begreift er nun als Aufdeckung der negativen und daher angeblich von »den Technokraten« verschwiegenen Seiten der Technik. In einer bedenklich an Verschwörungstheorien erinnernden Diktion thematisiert Virilio dabei die Existenz einer »Militärkaste« oder »-klasse«, die transnational agiert und der alle angehören, »die auf direkte oder indirekte Weise den Krieg mitorganisieren. … Ich bezeichne also alle diejenigen als Militärklasse, deren Denken der technologischen Logik folgt. … Diejenigen, die man ›Technokraten‹ nennt, sind die Militärklasse schlechthin. Es sind die, deren Rationalität auf Effizienz abzielt, gleichgültig wozu und mit welchem Horizont.«[21] Durch diese – offenbar verdeckt operierende – Militär- und Technokratenklasse sind aber längst »wir alle … bereits zu Militärs in Zivil [geworden], ohne es zu wissen. Und manche wissen es. Die große Chance für den Terrorismus der Militärklasse liegt darin, daß die Leute ihn nicht erkennen. Sie erkennen ihn nicht wieder in jenem Teil ihrer Identität und ihres Bewußtseins, der militarisiert ist.«[22] Daher fordert Virilio, alle müßten sich an (s)einer »Analyse von Wissenschaft und Technik als Kriegsmaschine« beteiligen, um das »Rätsel«, den »schwarzen Kontinent«[23] der Technik bewußtzumachen und zu lösen: »In der Autonomie eines jeden muß – bei Strafe des Todes, denn wir haben keine Zeit mehr – eine solche Neu-Interpretation von Maschinen, Situationen etc. sich vollziehen.«[24]

Einmal ganz abgesehen davon, daß hier permanent ein so pastoraler wie paranoid geprägter Gestus des Weltenretters bemüht wird, der uns – wie Eckhard Nordhofen zu Recht anmerkt – eher »aus der Geschichte adventistischer Sekten wohlbekannt ist«,[25] bleibt Virilios Technikkritik weit hinter dem Standard der

20 Ebd., S. 49.
21 Ebd., S. 24.
22 Ebd.
23 Ebd., S. 137 f.
24 Ebd., S. 81.
25 Nordhofen, Was ist Zeit?, S. 75.

diesbezüglichen Debatte zurück. Er gebärdet sich zuweilen so, als befänden wir uns heutzutage immer noch inmitten der tiefsten positivistischen Technikgläubigkeit des 19. Jahrhunderts und als hätte sich seitdem die moderne Technikphilosophie nicht gerade als kritisches Korrektiv auch gegenüber der These von der Wertneutralität des technischen Artefakts etabliert. Seine Selbststilisierung zum ersten Denker, der die Betrachtung der negativen Folgen der Technik anmahnt, entbehrt also (wieder einmal) jeglicher geistesgeschichtlichen Grundlage. Sosehr Virilio auch die Technikkritik zum zentralen Eckpfeiler seines Denkgebäudes zu machen sucht, so unergiebig und unoriginell bleiben seine Beiträge zu diesem Themengebiet, die andernorts schon weitaus tiefgreifender und überzeugender durchdacht und formuliert worden sind.[26]

Das gilt uneingeschränkt auch für Virilios Gegenentwurf zur Herrschaft der Technokratie, seine »Strategie der Unterbrechung«, die wir schon im Zusammenhang mit seiner Stilistik diskutiert haben. Daß er nun ausgerechnet die Pyknolepsie, eine meist im Kindesalter auftretende epilepsieähnliche Momentan-Absence, also eine krankheitsbedingte kurzfristige Unterbrechung der Wahrnehmungskontinuität, zu einer Art intendiertem »Ungehorsam«[27] stilisiert und gar zum modellhaften Vorbild einer »politischen und sozialen Funktion des Innehaltens, des Aussetzens«[28] erhebt, bedarf wohl keines weiteren Kommentars.

Ähnlich heterogen wie Virilios Modellation von Krieg und Technik ist auch seine Sichtweise von Politik. Schon im Zusammenhang mit der Figuration des Urbanen hatten wir festgestellt, daß das Politische für Virilio vollständig im Militärischen aufgeht, allein der permanenten Vorbereitung auf den nächsten Krieg dient. In erster Linie begreift er Politik als die staatlich organisierte Kontrolle der Individuen durch deren räumliche Zusammenballung in der *Chronokratie*, der »Zeit-Raum-Verwal-

26 Einen guten Überblick über die relevanten Positionen der Technikphilosophie bietet: Friedrich Rapp, *Die Dynamik der modernen Welt. Eine Einführung in die Technikphilosophie*, Hamburg 1994.

27 Virilio, *Ästhetik des Verschwindens*, S. 11.

28 Virilio/Lotringer, *Der reine Krieg*, S. 37.

tung«.[29] Diese Kontrollfunktion des Staates muß aber nach Virilio dahingehend verstanden werden, daß der Staat selber nur ausführendes Objekt eines »militärisch-industriellen Komplexes« ist, der in Gestalt eines Armeestaates sämtliche Bewegungen des Raumes und der Zeit überwacht. Hier schimmert Virilios angstbesetzte Auseinandersetzung mit dem Panoptismus unverkennbar durch. Staatsgewalt ist für ihn per se panoptistische Kontroll- und Herrschaftsausübung und Politik nur der administrative Appendix einer militärischen, absoluten Macht über alles Wahrnehmbare – eine Figuration, deren historischen Ausgangspunkt er im Zeitalter der Französischen Revolution, ihrer verordneten Beleuchtung der Plätze und Straßen und ihrer allgegenwärtigen Polizei und Polizeispitzel ausmacht.[30] Wird in diesem Zusammenhang Machtpolitik als Überwachung der individuellen und kollektiven Bewegungsabläufe kritisiert, so führt Virilio andernorts aber aus, daß die Politik jene unentwegte Mobilität in Gestalt der schon angesprochenen »allgemeinen Logistik« überhaupt erst produziert habe und daß es ihr inzwischen längst nicht mehr allein darum gehe, »wie in der Vergangenheit die Armee, sondern auch die Bevölkerung durch Emotion und Psychose in Bewegung zu setzen. ... Bewegen und Unruhe erzeugen – so wird Logistik zur letzten ›Politik‹, keine ökonomische und Sozialpolitik mehr, sondern eine vektorielle Politik, die die Gesamtheit der Gesellschaften ergreift.«[31]

Die Kontrahenten dieses »totalen Krieges« rekrutieren sich für Virilio längst nicht mehr allein aus bilateralen Konfliktkonstellationen zwischen Völkern, Nationen oder Paktsystemen, sondern der Krieg der Mobilität geht mitten durch die jeweilige Gesellschaft *und* durch alle anderen Kulturen, Klassen und Staaten hindurch: ein mehrdimensionaler, nicht länger allein ein horizontal ausgerichteter Krieg, wenn man so will. Kriegsführende Partei ist dabei jener transnationale Machtkomplex aus Politik, Technik, Wissenschaft und Militär – in Virilios Terminologie: die

29 Ebd., S. 71.

30 Vgl. hierzu vor allem Virilio, *Die Sehmaschine*, S. 83 ff.

31 Virilio, *Die Vernichtungs-Maschine*, S. 16.

weltweite Elite der *Dromokraten*, der Zeit- und Geschwindigkeits(be)herrscher. »Die Macht wird dromokratisch, doch diesmal im Weltmaßstab.«[32]

Die dromokratische Gewalt nun generiert sich über die Geschwindigkeit und die Penetrationskraft ihrer Waffen, das heißt sowohl der Armierung im herkömmlichen Sinne als auch der durchdringenden Potenz ihrer optischen Arsenale. Beide Waffensysteme, die für Virilio ohnehin bis zur Ununterscheidbarkeit verquickt sind, zielen letztlich darauf ab, Zeit zu gewinnen. Folglich ist für Virilio *»der Krieg um Zeit im Frieden«*[33] das bestimmende Moment von Politik und Kriegsführung (spätestens) in der Moderne. Dies markiert für ihn zugleich den Übergang von einer *Geo*politik – also einer in Kategorien des Raumes, der Distanz und des Territoriums operierenden Politik – zur *Chrono*politik, die sich über die Parameter der Zeit, vor allem über Synchronizität und Instantanität generiert.[34]

Diesem Paradigmenwechsel nun bescheinigt er gravierende Auswirkungen vor allem auf dem kriegsstrategischen Sektor: Krieg manifestiert sich nicht länger als ein Funktionsmechanismus territorialer, auf Landgewinn abzielenden Eroberung, sondern nunmehr als Modus und Instrument gewaltsamer Zeitaneignung. Machtausübung jedweder Art, erst recht die militärische, erweist sich unter der Ägide der Chronopolitik als Herrschaft über die Zeit und vor allem über die Geschwindigkeit: An die Stelle des Territorialen und der geostrategischen Stützpunkte tritt die Figuration des Projektils, des Trajekts oder des Vektors, wobei diese Begriffe letztlich als Synonyme zu verstehen sind. Sie bezeichnen allesamt einen *Bewegungspfeil* materieller oder immaterieller Art, der selbst zum Transportmedium für andere Entitäten gerät. Hierunter fallen für Virilio Geschosse wie Signale wie Vehikel gleichermaßen, eben alles, was auf einer Bewegungs*linie* (Gerade, Kurve, Hyperbel etc.) *schnell nähergebracht* werden kann. Entscheidend ist für Virilio dabei, daß der Vektor

32 Virilio/Lotringer, *Der reine Krieg*, S. 51.

33 Virilio, *Geschwindigkeit und Politik*, S. 187.

34 Virilio/Lotringer, *Der reine Krieg*, S. 10 f.

als solcher nicht-lokalisierbar und selbst permanent in Bewegung ist: »Was allein zählt, ist die Geschwindigkeit des bewegten Körpers und die Nichtwahrnehmbarkeit seiner Bahn.«[35] Der Vektor ist als weitere (kinetische) Figur des Transits zu verstehen und als solche gleichfalls auf eine rasche Durchquerung des Territoriums und damit die Zerstörung des Raumes hin ausgerichtet. Der Vektor ist mit anderen Worten *ein Instrument zur Penetration des Räumlich-Materiellen durch die Parameter der Zeit.*

Folglich begreift Virilio Kriegsstrategie als in zunehmendem Maße von der Anstrengung gekennzeichnet, den Raum zu nivellieren und gegenüber dem Gegner einen Zeitvorsprung herauszuarbeiten. Es handelt sich hierbei um die Figur eines absoluten, eines »reinen« Krieges, der insofern auch gar nicht mehr geführt werden muß, als die strategische Option des Zeitvorsprungs jede Schlacht um Landgewinn überflüssig gemacht hat:

> »Gegenwärtig ist Zeitgewinn ausschließlich eine Angelegenheit von Vektoren und das Territorium hat seine Bedeutung zugunsten des Projektils verloren. *Der strategische Wert des Nicht-Ortes der Geschwindigkeit hat tatsächlich den des Ortes endgültig abgelöst* und die Frage des Zeitbesitzes hat die der territorialen Aneignung erneuert.«[36]

Waren die »klassischen« Kriege durch die Figurationen der Befestigungs- und Verteidigungswälle, durch das Anrennen gegen Hindernisse und somit durch einen zumindest partiellen *physischen Kontakt* der Kombattanten geprägt, so verschwinden diese Merkmale in dem Maße, wie sich die kriegsführenden Parteien aus der Distanz bekämpfen bzw. die Distanz zwischen den Antagonisten überhaupt jegliche Relevanz eingebüßt hat. An die Stelle des unmittelbaren Kampfes tritt die *mittelbare* – das heißt eben auch: *medial* geführte – Auseinandersetzung qua Geschossen, Raketen, strategischer Aufklärung, atomarer Sprengköpfe etc.

Damit rückt das zeitliche Kalkül an die Spitze der Hierarchie militärstrategischer Faktoren: Wer die Option besitzt, die Distanz

35 Virilio, *Geschwindigkeit und Politik*, S. 179.
36 Ebd., S. 177.

zwischen sich und dem gegenerischen Ziel mittels Vektoren der unterschiedlichsten Art *schneller* zu überbrücken als der andere, ist strategisch überlegen.[37] Die Potenz der höheren Geschwindigkeit ersetzt die klassische Option des schlagkräftigen Heeres, wie auch die Doktrin der Abschreckung bzw. Androhung des Erstschlages die konkrete militärische Operation ablöst. Einher mit diesem strategischen Paradigmenwechsel geht für Virilio der Übergang ins Chronopolitische bzw. letztlich ins *Transpolitische*, was seinerseits eine Art Synonym für das *Transtemporale* darzustellen scheint:

»Mit dem Transpolitischen beginnt das Politische zu verschwinden und seine letzte Lebenssphäre sich zu verflüchtigen: die Dauer. Demokratie und Diskussion, die Grundlagen des Politischen, brauchen Zeit. Der Mensch schreibt sich in sie ein. Das Transpolitische ist für mich der Anfang vom Ende. Gerade darin unterscheidet sich meine Auffassung radikal von derjenigen Baudrillards: für ihn hat das Transpolitische noch etwas Positives. Für mich ist es *total* negativ. Ich kämpfe gegen dieses Verschwinden des Politischen an.«[38]

Wieder einmal scheint sich Virilio nicht darüber im klaren zu sein, wie sehr er hier in fundamentalen Widerspruch zu seiner sonstigen Modellation des Politischen als eines epochenübergreifenden Machtvehikels des Militärischen gerät. Mit einemmal erscheint ihm Politik als zu verteidigende Instanz gegenüber einem neuen, aber nicht minder unscharfen Konzept des Transpolitischen. Noch einmal: Diese Umbewertung stellt *keine* Revision vorgängiger Thesen dar, da Virilio noch in seinen jüngsten Publikationen an der Negativbewertung des Politischen festhält, sondern sie ist nur ein weiteres Exempel für die völlige Beliebigkeit, mit der Virilio Begriffe besetzt und bei Bedarf – und auch dann wieder nur vorübergehend – umdeutet.

Mit dem hier attestierten Übergang vom Politischen ins Transpolitische ist letztlich die Übertragung relevanter Entschei-

37 Gerade in dieser Hinsicht werden Clausewitz und Sun Tze zu Virilios primären historischen Beleginstanzen.

38 Virilio/Lotringer, *Der reine Krieg*, S. 32. Zu Baudrillards eher anarchistisch gefärbten Figur des Transpolitischen vgl. Falko Blask, *Baudrillard*, S. 70-74.

dungsfindungen vom Menschen auf Automaten, Computer, elektronisch gesteuerte (Waffen-)Systeme und andere Datenverarbeitungsmaschinen gemeint. Vor allem angesichts der extrem verkürzten Vorwarnzeiten im Zeitalter des möglichen atomaren Erstschlages sind komplexe, zeitraubende Diskussionen, Erörterungen, ethische Abwägungen über angemessenes Handeln – also die Grundlagen einer zivilen Politik schlechthin – nicht mehr möglich:

»Die Geschwindigkeit der Transportvektoren, der Trägersysteme machte 1961 das rote Telefon zwischen Chruschtschow und Kennedy erforderlich. Sie hat dazu geführt, daß heute die Bedenkzeit für eine Entscheidung fast nur noch einen Augenblick beträgt.«[39]

Die Tendenz zur Automatisierung unter der Hegemonie des Zeitfaktors wird im Krieg zwar besonders sinnfällig, sie ist nach Virilio aber als Paradigma unserer gesamten Kultur zu verstehen. Vergleichbare Zwänge zu Reaktionszeiten, die an der Grenze oder gar unterhalb des menschlichen Handlungs- und Wahrnehmungsspektrums liegen, macht er denn auch bei der zivilen Luftfahrt, bei Börsenspekulationen oder generell bei der Arbeit an hochtechnisierten Produktionsmaschinen aus. Vor dem Hintergrund immer höherer, vorgeblich zur »Echtzeit« – also zum Wegfall jeglicher Zeitdifferenz zwischen Impulsabgabe und Impulsempfang – tendierenden Übertragungsgeschwindigkeiten moderner Vektoren kann die Aufarbeitung solcher Signale nur noch Maschinen übertragen werden, selbst und besonders da, wo von der angemessenen Reaktion das Überleben unserer Welt abhängen könnte.[40] Der menschliche Körper selber wird nach Virilio angesichts derart extremer Anforderungsprofile sehr bald ausgedient haben, taugt dann allenfalls noch als untergeordnete Schnittstelle in einem Mensch-Maschine-Kreislauf. Trainings-

39 Virilio/Lotringer, *Der reine Krieg*, S. 59.

40 Gegen den Mythos von der angeblich schon realisierten Echtzeit-Übertragung in Lichtgeschwindigkeit wendet Peter Gendolla ein: »Selbst wo das Licht zum Zeichenträger wird wie beim Glasfiberkabel, wird es immer noch um mehr als ein Drittel seiner Geschwindigkeit im leeren Raum abgebremst« (Peter Gendolla, *Zeit. Zur Geschichte der Zeiterfahrung*, Köln 1992, S.79).

feld einer derartigen künftigen *Synergetik*[41] sind für Virilio sämtliche modernen Medien, vor allem die elektronischen: »Die Abrichtung der Kinder und Jugendlichen ist bereits durch den Erfolg von Videospielen sichergestellt, die ausschließlich auf der Virtualität des Verschwindens und der Eliminierung basieren – Reaktionsspiele.«[42]

Da Virilio dahinter eine »Übernahme der Medien durch einen militärischen Informationskomplex« vermutet, »der immer die Spitze im technischen Fortschritt hält«,[43] schließt sich für ihn somit der Kreis zurück zur Chronopolitik der blitzschnellen (trans-)politischen Entscheidungen in der Dromokratie.

Ist aber eine derartige Ausdehnung des auf Zeitgewinn hin orientierten modernen Krieges auf den Status eines gesamtkulturellen Zustandes wirklich statthaft, oder heißt das nicht doch, die Relevanz dieser Thesen so weit auszudehnen, daß ihre spezifische Relevanz darüber verlorengeht? Ließe es Virilio dabei bewenden, den Krieg als empirisches Phänomen zu untersuchen und hierbei die Bedeutung des Temporalen für historische und zeitgenössische Militärstrategien herauszuarbeiten, so läge immerhin noch ein kohärentes Untersuchungsfeld vor. Indem aber der Geltungsbereich des Krieges zur schließlich totalen Dimensionalität überdehnt wird, verliert sich jeder konkrete Befund sogleich wieder in der heuristischen Unverbindlichkeit einer vorgeblichen Allgegenwart des je erörterten Phänomens. Gravierender noch: Indem Krieg *mal* als empirischer Sachverhalt, *mal* als mehrdeutig konnotierte Metapher verwendet wird, bleibt die konkrete Referenz des je Konstatierten völlig diffus. So kommt als Resultat eines allzu breit angelegten Diskurses letztlich nur heraus, was bereits Prämisse der Dromologie schlecht-

41 Eine Sammlung der diesbezüglichen Menetekel, Perspektiven und Prophezeiungen bietet: Die Zukunft des Körpers, hg. von Florian Rötzer, 2 Teile, in: *Kunstforum international*, Bd. 132, November-Januar 1996, S. 52-227; und: *Kunstforum international*, Bd. 133, Februar-April 1996, S. 52-215.

42 Paul Virilio, *Die Eroberung des Körpers. Vom Übermenschen zum überreizten Menschen*, München/Wien 1994, S. 84.

43 Ebd., S. 85.

hin war: daß nämlich irgendwie *alles* mit Krieg und Beschleunigung zu tun hat und irgendwie auch *immer schon* zu tun gehabt hat.

Befreit man Virilios Beobachtungen über die Dominanz des Temporalen und des Instantanen für den Krieg einmal von der unzulässigen Ausweitung der Kategorie, so wird man ihnen wenigstens Relevanz zusprechen können für die spezifischen Konstellationen des Kalten Krieges und der atomaren Abschreckungspolitik, deren Analyse weite Passagen von *Geschwindigkeit und Politik* denn auch überschrieben sind. Mit gewissen Einschränkungen läßt sich der Gültigkeitsbereich seiner Thesen auch auf all jene Kriege ausweiten, die bereits über Distanznahme zwischen den jeweiligen Heeren, also mit Artillerie statt Kavallerie, mit Bombenabwürfen statt Belagerungszuständen, mit Ballistik statt mit Scharmützeln oder Schlachten im klassischen Sinne geführt werden – kurz: auf die Kriege der letzten zwei Jahrhunderte. Doch wird man hier bereits fragen müssen, ob der solcherart *abstrakt* geführte Krieg, den Virilio skizziert, nicht immer nur einen Bruchteil der jeweiligen Operationen ausgemacht hat, ob also Territorialgewinn und physische Präsenz in den Schlachten der Moderne denn tatsächlich solche *quantités négligeables* dargestellt haben und darstellen, wie Virilio dies unterstellt.[44] Zu fragen wäre ferner, ob die strikte Scheidung von Raumgewinn und Zeitvorsprung, die er vornimmt, überhaupt stichhaltig sein kann: Vollzieht sich denn nicht ganz allgemein gesprochen *jede* menschliche und materielle Bewegung immer in den Koordinaten von Zeit und Raum *zugleich*, sodaß eine Aussetzung der einen Kategorie zugunsten der anderen ohnehin nicht stattfinden kann? Was die militärgeschichtliche Dimension angeht: Wird der Zeitvorteil nicht vielmehr zwangsläufig zum entscheidenden Moment einer *jeden* Schlacht, bei der sich etwa gleich starke bzw. gleich gut (und sei es mit Faustkeilen) ausge-

44 Deutlich wurde die Begrenztheit des Arguments vor allem im Kontext jüngerer Kriegsereignisse, wie etwa dem zweiten Golfkrieg und dem Jugoslawienkonflikt. Siehe hierzu auch das Kapitel »Blick- und Bilderkriege: Das Auge als Waffe«.

rüstete Heere gegenüberstehen? Ist insofern auch die Dominanz des Zeitfaktors im Kalten Krieg nicht vielmehr auf die Pattsituation der Blöcke einerseits, zum anderen aber sicher auch auf das Memento des garantiert tödlichen Erstschlags zurückzuführen?

Dennoch: Ließe es Virilio dabei bewenden, den Gültigkeitsbereich seiner phänomenologischen Studien auf den angesprochenen Zeitraum zu beschränken, so könnte man ihm bescheinigen, interessante Beiträge zum Verständnis der *historischen Spezifik* moderner Kriegsführung und ihrer immanenten Temporalstrukturen geliefert zu haben. Da und indem Virilio aber immer wieder nach Letztbegründungen des Seins, nach transhistorischen Wahrheiten sucht – indem er also just das unternimmt, was er der Philosophie so vehement vorwirft –, hebt er selbst jegliche Relevanz seiner Thesen sogleich wieder auf und überführt sie in Paradoxien: Wenn nämlich, wie Virilio postuliert, sich ein (wann auch immer anzusetzender) *Umschlagpunkt* in der Kriegsstrategie und Politik ereignet hat, dann ist die chronopolitische Hegemonie der Geschwindigkeit ein historisches und kulturelles Konstrukt. Als menschengeschaffenes, geschichtliches Wandlungsmoment wäre diese Beschleunigung als Zäsur zu vorgängigen Formationen zu begreifen, die sich noch über »geopolitische Territorialpolitik« und hierzu analoge Kriegsführung konstituiert hatten. Die fragliche Differenz also wäre, und dies betont Virilio ja mit seiner Polarisierung von Politik versus Transpolitik, Chronokratie versus Geopolitik ausdrücklich, eine *essentielle*. Daraus folgt dann aber auch, daß – soll dieser Befund eines *qualitativen* Umschlages in Kraft bleiben – vorgängige Politik, Kriegsstrategie, Kultur, Urbanistik und »Logistik« eben *nicht* von einem solchen Primat der Beschleunigung gekennzeichnet sein können, wäre ansonsten der fragliche Unterschied doch allenfalls ein *gradueller*, ein *quantitativer*! Entweder gibt es also die von Virilio attestierten *Revolutionen* der Geschwindigkeit oder es gibt eine *evolutionistische* Entwicklung der Menschheits- und Kriegsgeschichte zu immer höherer Geschwindigkeit. *Dann aber* würden die von Virilio so häufig ins Feld geführten und grundsätzlich als Verlustprozeß bewerteten Übergänge von einem Seinszustand in den anderen vollends hinfällig – und damit zugleich auch die Frage nach den Ursachen und den Verursachern solcher Umbrüche. Denn aus einer evolutionistischen Perspektive betrachtet, generiert sich Geschichte per se subjektunabhängig, ist sie nichts weiter als der Selbstvollzug eines *exogen* vorgegebenen Programms.

Virilio jedoch argumentiert stets in beiderlei Hinsicht, was nun einmal widersinnig ist und bleibt, was vor allem aber die eigenen Thesen theorieimmanent sofort wieder konterkariert – und zwar noch *vor* jeder Frage nach deren empirischer Stichhaltigkeit. Wenn Virilio nämlich bereits Schiff und Pferd zu »Archetypen«[45] der Geschwindigkeit stilisiert und in diesem Zuge schon dem archaischen Reiter, dem antiken Schlachtroßlenker, dem feudalen Gestütsbesitzer und dem neuzeitlichen Kavalleristen *gleichermaßen* bescheinigt, seine jeweilige Stärke liege »im Besitz der Geschwindigkeit, ein Land zu durchreiten«,[46] so verliert das vektorielle Prinzip jegliche Geschichtsspezifik und damit auch seine konstitutive Relevanz für die moderne Kriegsführung. Denn angesichts einer derart transhistorischen Omnipräsenz der Dromokratie kann es auch die von Virilio beschworene *andere*, also eine tatsächlich »anti-vektorielle«, »geopolitische« Kultur nie gegeben haben – außer vielleicht in einem prä-kulturellen, aber damit natürlich auch prä-politischen »Urzustand« der Menschheit.

Für die unentwegte Vermengung von evolutionistischer und dialektischer Geschichtsphilosophie muß wohl die obsessive Suche Virilios nach *exogenen* Gründen für den Verlust des Territorialen (und damit des Refugiums) verantwortlich gemacht werden: Die Fixierung auf jenen obskuren Umschlagpunkt ins Negative, der natürlich nie wirklich dingfest gemacht werden kann, artikuliert sich schließlich in der Beschwörung eines prästabilierten Zustandes der Immobilität, der irgendwann durch die destruktiven Einwirkungen der Mobilisierung verlorengegangen sein muß. Damit aber stellt sich Virilio zwangsläufig ein neues Dilemma: Wie bei jedem *Schöpfungsmythos* muß nun näm-

45 Virilio, *Revolutionen der Geschwindigkeit*, S. 21.
46 Ebd.

lich erklärt werden, wie das eine (Mobilität, Zeitlichkeit) aus dem anderen, ihm zugleich völlig entgegengesetzten (Immobilität und damit Zeitlosigkeit) hervorgegangen sein kann – und zwar *ohne,* daß dabei letzteres in ersterem bereits angelegt wäre, würde doch ansonsten Virilios Prämisse einer exogen bedingten Zerstörung des Immobilen vollends hinfällig.

Angesichts der Unlösbarkeit dieser Aufgabe fällt Virilio zurück in die Paradoxien einer *mythischen Denkfigur* und deren konstitutiver Befähigung, »Einmaliges und Dauerndes zusammenzudenken«,[47] also *gleichzeitig* historisch wie ahistorisch zu argumentieren. Gerade dieser Fundamentalparadoxie eine sprachliche Form und Manifestationsfläche verleihen zu können, macht ja – noch *vor* jeglicher Semantik – die strukturelle Dimension und die Funktion des Mythos aus: »Ein einziger prozessierender Widerspruch, oder besser, die Umsetzung eines eigentlich unlösbaren Gegensatzes in einen Prozeß.«[48] Eine sich insofern der Strukturmerkmale des mythischen Denkens bedienende Figur, eine »kreisförmige Bewegung von Gegensätzen«[49] stellen auch Virilios Ableitungen des Mobilen letztlich dar. Denn das Mobile ist bei ihm im Immobilen *sowohl* schon enthalten *als auch* dessen Antipode und historische Negation. Konkret: Die Stadt produziert eigentlich erst ihr Gegenteil, nämlich Mobilität, Geschwindigkeit, Krieg und Logistik, wird von diesen Antipoden aber im Verlaufe des Prozesses schließlich überwunden und zerstört. Die Stadt ist also einerseits Gegenpol und schließlich Opfer der »Diktatur der Bewegung«, bringt diese aber andererseits überhaupt erst hervor, hat daran teil, ist deren Causa und Medium. So ist sie bei Virilio Hort der Bewegungslosigkeit und Quelle der Mobilität *zugleich.*

Die nämliche paradoxe Figur prägt auch Virilios Konzeptualisierung von »Geschwindigkeit«, gerade in ihrer historischer Perspektivierung, aber auch im Bezug auf ihre Kausalbeziehungen zu Krieg, Technik und Politik. Wir haben bereits einige seiner

47 Gendolla, *Zeit,* S. 9.

48 Ebd.

49 Ebd., S. 18.

diesbezüglichen Definitionsversuche zitiert, wollen diese aber um eine kleine Sammlung weiterer Setzungen Virilios bereichern, deren gleichzeitige und daher paradoxe Orientierung an anthropologisch-transhistorischen *und* historisch determinierten, ontologisierenden *und* relativistischen, empirischen *und* metaphorischen Definitionsspektren für sich spricht:

»Seit jeher war es die Geschwindigkeit, die die Gesellschaft strukturiert hat. Sicher hat sich dieser Prozeß in der Neuzeit enorm beschleunigt, ... doch er ist nichts spezifisch Modernes. Er ist transhistorisch und auch transpolitisch. ... Meine Aussagen beziehen sich selten auf die Moderne; ich habe eine transhistorische Sicht, wobei für mich die Unterschiede zwischen dem Antiken, dem Modernen, dem Mittelalterlichen etc. zurücktreten.«[50]
»Bis zum 19. Jahrhundert beruhte die Gesellschaft auf Bremswirkungen. Die Mittel zur Steigerungen der Geschwindigkeit waren sehr schwach. Nehmen wir zum Beispiel das Schiff: die Segelschiffahrt hat sich von der Antike bis zur Welt Napoleons kaum entwickelt. Und das Pferd als Transportmittel auch nicht. ... Dann kommt auf einmal die große Revolution, man hat sie die industrielle Revolution genannt und später von einer Revolution der Transportmittel gesprochen. Ich nenne sie *dromokratische* Revolution. ... So wird der Übergang von Zeitalter der Bremswirkung zum Zeitalter der Beschleunigung möglich. Die Macht setzt auf Beschleunigung.«[51]
»Lange Zeit war das Segelschiff das einzige Vehikel, dessen Geschwindigkeit erhöht wurde.«[52]
»Bekanntlich war die Armee zu allen Zeiten der Ort, wo die reine Geschwindigkeit zur Anwendung kam, so in der Kavallerie – die besten Pferde gehörten selbstverständlich der Armee –, so in der Artillerie etc.«[53]
»Geschwindigkeit ruft Leere hervor, Leere ihrerseits Schnelligkeit...«[54]
»Leben, *lebendig* sein heißt Geschwindigkeit sein. Ich kenne meine Geschwindigkeit, so wie ich den Körper kenne, der sie produziert. Auch mein lebendiger Körper ist ein dauerndes Umschalten, ein Geschwin-

50 Virilio/Rötzer, *Die Ästhetik des Verschwindens*, S. 199 f.
51 Virilio/Lotringer, *Der reine Krieg*, S. 48 f.
52 Virilio, *Revolutionen der Geschwindigkeit*, S. 18.
53 Virilio/Lotringer, *Der reine Krieg*, S. 49.
54 Virilio, *Der negative Horizont*, S. 43. Im Original kursiv.

digkeitswechsel; mein Leben, meine Biographie, das alles sind *Geschwindigkeiten.*«[55]
»Geschwindigkeit ist eine Form der Gewalt. Das deutlichste Beispiel dafür ist meine Faust.« [56]
»Wir sind konstituiert durch reine Geschwindigkeiten, die bewirken, daß wir aus Fleisch oder aus Stein bestehen, aus Luft oder aus Wasser.«[57]
»Geschwindigkeit ist selbst eigentlich keine Erscheinung, sondern eine Relation zwischen Erscheinungen (sie ist Relativität überhaupt).«[58]
»Die Geschwindigkeit ist der Aspekt der Politik, der von Anfang an verkannt worden ist.«[59]
»Die Geschwindigkeitsproduktion ist neueren Datums, sie geht zurück auf den Anfang des 19. Jahrhunderts. Dagegen ist die Laufbahn des Politischen ungeheuer lang, sie erstreckt sich über Jahrtausende.«[60]
»Jeder Gesellschaft liegt ein Geschwindigkeitsverhältnis zugrunde. Jede Gesellschaft ist dromokratisch. Nehmen wir zum Beispiel die Gesellschaft von Athen.« [61]
»Für mich ist die Geschwindigkeit der Analysefaktor Nummer eins. Bei Gesellschaften, in denen Geschwindigkeit noch keine technische oder industrielle Umsetzung gefunden hatte, konnte man das noch in Zweifel ziehen. Aber sobald Dampfmaschine und Telegraph erfunden worden waren, nicht mehr. Auch im Tierreich ist Geschwindigkeit ein bestimmendes Moment. Dort bestimmen drei Momente die Entwicklung: die Klauen, die Stoßzähne und dann die Schnelligkeit der Gazelle.«[62]
»Geschwindigkeit dient zum Hören und Sehen.«[63]
»Den Geschwindigkeitsexzeß kann man mit dem Lichtexzeß vergleichen. Er blendet, er macht blind.«[64]

Ersichtlich ergibt all dies, man kann es drehen und wenden wie man will, keinen rechten Sinn. Was bleibt, ist ein konzeptueller

55 Virilio, *Fahren, fahren, fahren ...*, S. 20.
56 Virilio/Lotringer, *Der reine Krieg*, S. 35.
57 Virilio, *Revolutionen der Geschwindigkeit*, S. 20.
58 Ebd., S. 53.
59 Virilio/Lotringer, *Der reine Krieg*, S. 47.
60 Ebd., S. 87.
61 Ebd., S. 47.
62 Virilio, *Revolutionen der Geschwindigkeit*, S. 37.
63 Ebd., S. 26.
64 Virilio/Lotringer, *Der reine Krieg*, S. 87.

Wust einander permanent aufhebender Aussagen mit je totalisierendem Wahrheitsanspruch. Keine der für Virilios Dromologie relevanten Kategorien ist einigermaßen schlüssig konzipiert, ihre jeweiligen Relationen zueinander sind beliebig ableit- und damit austauschbar, eine wirkliche Kausalität der Struktur- und Ereignisabfolge ist nicht erkennbar, wenngleich sie unentwegt propagiert wird. Und eine kohärente geschichtsphilosophische Perspektive ist immer nur so lange erahnbar, bis sie von ihrem exakten Gegenmodell konterkariert wird: So wird stets die Gültigkeit historischer Verlustprozesse wie ahistorischer Wandlungsresistenz *zugleich* behauptet, was in einem diskursiven Zusammenhang aber einen inakzeptablen, weil unlösbaren Widerspruch darstellt und mit der empirischen Dimension der fraglichen Phänomene nun einmal nicht zur Deckungsgleichheit zu bringen ist.

Diese paradoxe Gleichzeitigkeit dieser Gegensätze denken zu können, ist *Privileg* und Funktion eines mythischen Denkens, dessen sich Virilio aber als eines analytischen Instrumentariums bedient. Er glaubt ohnehin: »In Mythen steckt unbestreitbar ein analytisches Vermögen.«[65] Und eine solche – in *dieser* Formulierung freilich unhaltbare – Gleichsetzung von mythischem und diskursivem Denken erlaubt es ihm letztlich auch, *seine* Mythologie einer Beschleunigungs-Geschichte als historische *Analyse* auszugeben. Gerade dies aber unterscheidet das diskursive vom mythischen Denken, daß ersteres jene Paradoxien und Widersprüche zu eliminieren hat, die für letzteres gerade konstitutiv sind.[66] Es wäre daher eine so unzulässige wie widersinnige Verwechslung der je unterschiedlichen Funktionen und Bedeutungshinsichten des mythischen und diskursiven Denkens, wollte man einer mythischen Rede wie der Virilios dennoch analytisches Potential zusprechen, sie nichtsdestotrotz als empirisch fundierte und heuristisch relevante Geschichtstheorie (miß)ver-

65 Ebd., S. 17.

66 Vgl. hierzu Ernst Cassirer, *Philosophie der symbolischen Formen*, 3 Bde., Darmstadt 1973-1975; sowie: Claude Lévi-Strauss, *Strukturale Anthropologie I*, Frankfurt am Main 1972, vor allem S. 230 ff.

stehen – auch wenn für eine solch aberwitzige Vermischung der Diskursebenen im Zeitalter des Relativismus eine gewisse Disposition vorhanden zu sein scheint, wie unlängst noch einmal »Sokals Jux« in entlarvender Art und Weise aufgezeigt hat.[67]

Es kann hier natürlich nicht um Fragen der Letztgewißheit gehen, sondern allein um epistemologische Aspekte, mithin darum, daß eine solche Vermengung zweier wesensverschiedener Redeformen letztlich jegliche Erkenntnismöglichkeit aufhebt, die sich doch immer nur im Rahmen kohärenter und distinkter Diskursformen überhaupt vollziehen kann. Wo aber *jedes* Reden

67 Alan Sokal, Professor für theoretische Physik an der New York University, hatte 1996 einen von vornherein als trojanisches Pferd intendierten Nonsens-Aufsatz mit dem schönen Titel »Grenzüberschreitungen – In Richtung einer transformativen Hermeneutik« in der bekannten Fachzeitschrift *Social Text* lancieren können, der aus bizarren Behauptungen und abstrusen – aber zeitgemäß formulierten – Thesen bestand: Unter anderem postulierte Sokal, der Schöpfungsmythos des Zuni-Stammes sei gleich wahr – da ebenso perspektivabhängig – wie die anderslautenden Befunde der Archäologie, Mythos und Wissenschaft seien eben zwei gleichberechtigte Perspektiven auf Realität. Diese und etliche andere Konstruktionen Sokals waren den Relativisten jedweder Couleur Wasser auf ihre Mühlen, und entsprechend wurde dieser Text als ernsthafter Beitrag zu einem überfälligen Paradigmenwechsel der Geistesgeschichte gelesen und selbst in seriösen Organen positiv besprochen – bis Sokal den Coup auffliegen ließ und den Text als das enttarnte, was er von vornherein gewesen war: ein realsatirischer Jux, ein erfolgreicher Versuch, aufzuzeigen, daß heutzutage noch die unsinnigste These Applaus findet, solange sie nur postmodernistisch und politisch korrekt formuliert ist. Dies hat, zumal in den USA, eine heftige Kontroverse darüber ausgelöst, inwieweit überhaupt noch Kriterien für die Seriosität von wissenschaftlicher Argumentation existieren. Diese Debatte ist 1997 in mehreren Beiträgen in *Die Zeit* aufgegriffen und kommentiert worden: Paul Boghossian, Sokals Jux und seine Lehren. Der postmoderne Schwindel, in: *Die Zeit* vom 24. 1. 1997, S. 49 f.; Hans Ulrich Gumbrecht, Blinde Überzeugungen, leere Welten, in: *Die Zeit* vom 28. 2. 1997, S. 50-52; Dirk Baecker, Frivole Wissenschaft?, in: *Die Zeit* vom 7. 3. 1997, S. 56.

als in sich gleichwertige und insofern beliebig austauschbare Größe figuriert, fällt die Option des kommunikativen Abgleichs des je Gesprochenen gleich mit anheim, degeneriert Erkenntnis zur Glaubensfrage, zum Spielball individualistischer, beliebiger Setzungen – »Anything goes« heißt eben in letzter Konsequenz auch: Nothing goes anymore.

Im Gegensatz zur diskursiven ist aber die mythische Rede genau in diesem Sinne *totalitär*, als in ihr Kommunizierbarkeit ihrer Prämissen wie Überprüfung der Realitätsadäquanz ihrer Mytheme per definitionem zu entfallen haben. Gerade hierin aber scheint mir Virilios Affinität zu mythischen Denkfiguren weitaus stärker begründet zu sein als etwa in einer Absicht, eine Rehabilitierung des Mythos vornehmen zu wollen. Daß er also auch die mythischen Diskurspraktiken letztlich nur zum weiteren Baustein seines hermetischen Denk-Gebäudes *instrumentalisiert*, wird sich im weiteren zweifelsfrei erweisen.

Die Ästhetik des Verschwindens und der Terror der Sichtbarkeit

Virilios Thesen zur Medialität und Visualität waren aus unserem Argumentationszusammenhang bislang ausgeklammert geblieben, weil diese Aspekte in seiner Dromologie einen so breiten Raum einnehmen, daß man fast schon geneigt sein könnte, seine Medien- und Wahrnehmungsphilosophie als völlig eigenständigen Bereich seines Schaffens anzusehen. Tatsächlich aber bleiben auch seine Überlegungen zur Visualität und zu Photographie, Film, Fernsehen und »neuen« Medien unmittelbar an seine zentralen Themen Krieg, Geschwindigkeit und Deterritorialisierung rückgebunden, stellen nur weitere Motivvarianten dieses Themenkomplexes dar. Entsprechend kritisch ist Virilios Perspektive auf Medientechnologien insgesamt, die er als reine Kriegstechnologien und Mobilisationsinstrumente begreift – und vice versa:

> »Die Geschichte der Optimierung von Kriegstechniken sieht Virilio uneingeschränkt vor dem Hintergrund einer Evolution von Kommunikations- und Speichermedien bis hin zur kompletten Industrialisierung der menschlichen Wahrnehmung.«[1]

Selbst dort, wo Virilio nicht eine unmittelbare Verzahnung von militärischer und medialer Technologie thematisiert, versteht er Medien in erster Linie als *technisch hergestellte Wahrnehmungszusammenhänge,* wobei sein Medien- wie Technikbegriff strikt auf die materialistische Dimension beschränkt bleibt. Dieser Reduktionismus erlaubt es ihm denn auch, angeblich »vor-technische« Medien wie Buch, Malerei oder die szenischen Künste von seiner Kritik auszunehmen, sie vielmehr zu einem positiven Gegenmodell zur Medien-Kultur unseres Zeitalters zu stilisieren. Zudem bleibt seine Auseinandersetzung mit dem Medialen im Kern auf den Kanon der visuellen Artefakte beschränkt. Er

1 Kloock, *Von der Schrift- zur Bildschirmkultur*, S. 121.

übt zwar gelegentlich auch an den auditiven (Radio) und quasiliteralen (Telegraphie) Medien Kritik, doch spielen diese keine nennenswerte Rolle in seiner Perspektive auf Medialität. Dezidiert *ausgespart* ist bei Virilio jede Kritik an Schrift und Literatur: »Ich liebe vielleicht die Poesie zu sehr, um den Willen zu haben, Schrift zu dekonstruieren. Es kommt mir fast etwas barbarisch vor ...«[2] So sind es zuvorderst die (technischen) Bild-Medien, an denen sich seine Medienkritik festmacht – ein durchaus signifikanter Umstand, wie sich zeigen wird.

Als Kontrastfolie seines Bild- und Medienskeptizismus dient Virilio die Propagierung einer vorgängigen, »natürlichen«, also angeblich noch *nicht* kulturell überformten optischen Wahrnehmung. Der somit wieder einmal reklamierte Verlustprozeß an Unmittelbarkeit artikuliert sich für ihn im »Übergang vom Sehen zur Visualisierung«, im Schritt *»von einem substantiellen zu einem akzidentellen Sehen«*.[3] Einmal abgesehen von der schon notorischen Neubewertung der eigenen Kategorien (hier: des Akzidentellen), mutet Virilios Glaube an einen ahistorischen »Reinzustand« des Sehens reichlich naiv an, sollte es sich doch längst auch außerhalb der Kunst- und Medienwissenschaften herumgesprochen haben, daß natürlich *jede* Kultur die anthropologischen Fundamente des Sehens mit je eigenen Konnotationen geformt und spezifiziert hat.[4] Nicht minder unfundiert ist Virilios Annahme, daß die »natürlichen« Bilder der Malerei sich durch ihre Nicht-Reproduzierbarkeit auszeichneten, sie »einmalig« seien.[5] Auf der Grundlage derart irriger Ausgangs-

2 Interview mit Paul Virilio, ebd., S. 218.

3 Virilio, *Die Sehmaschine*, S. 41.

4 Vgl. hierzu als Überblicksdarstellung: Thomas Kleinspehn, *Der flüchtige Blick. Sehen und Kultur in der Neuzeit*, Reinbek bei Hamburg 1989.

5 Dies liegt in der Tradition der verkürzten, weil rein materialistischen Perspektive Benjamins auf die Reproduktionsmedien der Moderne. Vgl. Walter Benjamin, *Das Kunstwerk im Zeitalter seiner technischen Reproduzierbarkeit. Drei Studien zur Kunstsoziologie*, Frankfurt am Main 1977. Tatsächlich ist bereits die Zentralperspektive der Renaissance ein Reproduktionsmedium der Malerei, wie auch Peter Gendolla feststellt. Vgl. ders., *Zeit*, S. 73 ff.

überlegungen entwickelt er dann eine Basisdichotomie von »natürlicher« versus »technischer« Bildproduktion, wobei erstere noch gleich zweifach an Körperlichkeit gebunden gewesen sei: an die eigene Materialität wie an den Körper des bildproduzierenden Künstlers. Hingegen machen nach Virilio »die Seh-Instrumente … den Körper des Künstlers in dem Maße überflüssig, wie das Licht das Bild hervorbingt«.[6] Diese Differenz von Hervorbringen/Erscheinen und Verschwinden wird von ihm als konstitutiv für die angesprochene historische Zäsur in der Bildproduktion und -rezeption begriffen. Das betrifft zum einen die rezeptionsästhetischen Parameter, die Virilio durch zunehmende physische Absenz geprägt sieht: Brauchten die Künste noch »Zeugen«,[7] war das Theater noch durch die physische Kopräsenz von Akteuren und Zuschauern definiert, so wird im Kino zuerst der Akteur durch sein Abbild ersetzt, und in der »Fernseh-Stadt« setzt sich das Betrachterkollektiv nur noch virtuell zusammen.[8] Diese Genealogie des medialen »Verschwindens« bleibt für Virilio allerdings nicht auf die Ebene einer wachsenden Uneigentlichkeit des Rezeptionsaktes beschränkt, sondern sie wird hinsichtlich der Produktionsebene ontologisiert:

»Bis zur Erfindung der fotografischen Platte gab es für uns eine Ästhetik des Erscheinens. Die Dinge kamen aus dem Sein [!], sie kamen aus dem Stein der Skulptur, aus dem Leinwand der Malerei, aus der architektonischen Konstruktion. Ihr Verschwinden bedeutet ihren Verfall. Bis zur Erfindung der Fotografie hat der Mensch seit Tausenden von Jahren, seit den Höhlenmalereien, sich darum bemüht, Formen erscheinen zu lassen, die Realität auftauchen zu lassen. Und plötzlich kehrt sich alles um: Die Dinge existieren durch ihre Eigenschaft des Verschwindens, … durch ihr unmittelbares Verschwinden, durch ihr einfaches und reines Verschwinden.«[9]

6 Virilio, *Die Sehmaschine*, S. 49.

7 Ebd., S. 11.

8 Vgl. hierzu ebd., S. 148 ff.

9 Virilio, zit. nach: Die Ästhetik des Verschwindens. Ein Gespräch zwischen Fred Forest und Paul Virilio, in: Florian Rötzer (Hg.), *Digitaler Schein. Ästhetik der elektronischen Medien*, Frankfurt am Main 1991, S. 339.

Hier waltet unverkennbar die traditionelle Metaphysik der Unmittelbarkeit und des Materiellen, gekoppelt mit einer emphatischen Aufladung der handwerklichen Künste, denen ganz im Geiste des Neoplatonismus die Befähigung zugesprochen wird, die »reine« Welt der Ideen in der ästhetischen Nachahmung erscheinen zu lassen. Die dem zugrundeliegende Verklärung des Künstlers zum Nachahmer der göttlichen Schöpfung wird durch die medialen Apparaturen als im Kern bedroht begriffen, weswegen deren vorgeblich anti-metaphysisches Profil als in ihrer technischen Fundierung bereits unwiderruflich determiniert dargestellt wird – ein so geläufiger wie überstrapazierter Topos in der Ästhetikgeschichte der Neuzeit. Neu ist hieran allein die Begrifflichkeit, mit deren Hilfe Virilio diese metaphysische Impotenz der »technischen« Medien nachzuweisen versucht. Doch erweist selbst diese sich als unglücklich gewählt: Denn daß ausgerechnet das photographische und in seiner Nachfolge das kinematographische Bild die Dinge nicht mehr erscheinen, sondern »verschwinden« lassen soll, ist wenig überzeugend. Wie substanzlos und undurchdacht diese Polarisierung von technischen Medien und Phänomenalität ist, verrät aber Virilio selbst wieder einmal am deutlichsten:

»Was Ästhetik des *Verschwindens* ist, sieht man am besten am Kino, genauer gesagt, an der Photo-Kinemato-Graphie. Damit das Kino möglich wurde, mußte zuerst die Momentaufnahme erfunden werden, die die Mikro-Transformationen *überhaupt erst sichtbar* werden läßt.«[10]

An anderer Stelle wiederum bescheinigt Virilio Etienne-Jules Marey, dem Erfinder der Chronophotographie, wie Georges Méliès, dem Ahnvater des kinematographischen Illusionismus, sogar ausdrücklich, sie hätten das »Nicht-Gesehene der verlorenen Augenblicke« zur »*Grundlage der Produktion der Erscheinung*«[11] gemacht. Es ist also nicht wirklich das angeblich andere Verhältnis zur Phänomenalität, das Virilio den »technischen Bildern« jede Substantialität absprechen läßt, sondern zum einen sicher

10 Virilio/Rötzer, Die Ästhetik des Verschwindens, S. 200 f. Hervorhebungen von mir, d.V.

11 Virilio, *Ästhetik des Verschwindens*, S. 18.

seine tiefsitzende Abneigung gegen die visuellen Darstellungsformen der Moderne insgesamt. Er selbst muß zwar einräumen, daß die von ihm diskreditierte »Fragmentarisierung des Blickes« durch Montage und Cadrage keineswegs ein Privileg des Films ist, sondern auch die darstellende Kunst der Moderne auszeichnet. Also bezichtigt er gleich die ganze moderne Ästhetik einer den Medienartefakten geschuldeten Inklination zur »Ästhetik des Verschwindens«.[12] Daß in diesem Zuge immer wieder die Futuristen als Paradebeispiel für die Negativtendenzen moderner Kunsttheorie und -praxis herhalten müssen,[13] ist so naheliegend wie daher unoriginell. Deren ästhetische wie programmatische Glorifizierung von Geschwindigkeit, Bewegung, Krieg, Destruktion des Traditionellen und Männlichkeitskult drängt sich natürlich als Beleg für Virilios Kulturkritik geradezu auf. Doch stellt der Futurismus eben nur *eine*, zudem für das frühmoderne Kulturspektrum keineswegs paradigmatische Spielart moderner Ästhetiken dar, so daß Virilios Gleichsetzung von Futurismus und Moderne schlechthin eine unzulässige Nivellierung der pluralen ästhetischen Konzepte *gerade* der Moderne darstellt.[14] Zudem differenziert Virilio nicht hinreichend zwischen einzelnen *ästhetischen Programmen der Moderne* und einer übergeordneten *ästhetischen Moderne*, die in gewisser Hinsicht tatsächlich im Paradigma des Films ihren adäquaten Ausdruck fand.[15]

In Virilios Ontologisierung einer ästhetischen Phänomenalität manifestiert sich neben seiner Ablehnung der Moderne aber auch sein Widerstand gegen die befürchtete Absetzung des Künstlers durch die maschinelle Herstellung von Bildern. Hier-

12 Virilio/Rötzer, Die Ästhetik des Verschwindens, S. 201.

13 Vgl. exemplarisch Virilios Ausführungen in: *Fahren, fahren, fahren …*, S. 15 f.

14 Eine Überblicksdarstellung des Verhältnisses von Futurismus und Moderne bietet: Maurizio Calvesi, *Der Futurismus*, Köln 1987.

15 Vgl. hierzu die komprimierte Darstellung von Vivien Sobchack, The Scene of the Screen. Beitrag zu einer Phänomenologie der »Gegenwärtigkeit« im Film und in den elektronischen Medien, in: Hans Ulrich Gumbrecht/K. Ludwig Pfeiffer (Hg.), *Materialität der Kommunikation*, Frankfurt am Main 1988, S. 416-428.

in jedoch reartikuliert Virilio nur noch einmal das Unbehagen des frühen 19. Jahrhunderts am historischen Gang in die Automation der Produktionsprozesse, das dann zur Etablierung des subjektiven Künstlergenies in der romantischen Kunstprogrammatik führte.[16] Am Vorabend unseres Jahrhunderts schien es freilich so, als hätten die medialen Apparaturen endgültig das Aus über dieses, allerdings hochgradig *epochenspezifische* Konzept von Ästhetik gesprochen,[17] und just diese, historisch aber längst überholte Sichtweise reproduziert Virilios rückwärtsgewandte Klage über den Verlust des Auratischen in der modernen Bildproduktion noch einmal: »Nicht mehr ein Künstler drückt sich aus, sondern Licht ›schreibt‹ sich ein. Mit der Photographie ist das Bild nicht mehr subjektiv, handwerklich und elitär, sondern objektiv, demokratisch und industriell. Bilder ›gehen in Serie‹.«[18]

Alles in allem kommen Virilios diesbezügliche Ausführungen nicht über den Diskussionsstand der frühen Moderne hinaus, was sich paradigmatisch an seiner Ablehnung der Bewegungsphotographie ablesen läßt.[19] Nicht nur, daß Virilio hierbei die Künstler der Jahrhundertschwelle ohne jede historische Distanz als veritable Zeugen gegen den falschen Illusionismus der Apparatur aufruft, sondern er selbst bedient sich teilweise wortwörtlich der gleichen Argumente, die schon damals laut wurden: daß die technisch-wissenschaftliche Bewegungsfixierung die wahrhaftige Bewegung verfälsche; daß sie zu einer Überbetonung des Details auf Kosten jenes Ganzen neige, das allein der ästhetisch-subjektive Blick des Künstlers noch wiederzugeben wußte; daß schließlich die mechanische Bewegungswiedergabe in der Kinematographie die Dauer als konstitutives Moment der Bewegung

16 Vgl. hierzu Götz Pochat, *Geschichte der Ästhetik und Kunsttheorie. Von der Antike bis zum 19. Jahrhundert*, Köln 1986, S. 469-530.

17 Dies ist eben Benjamins Perspektive auf die vorgeblich entauratisierende Potenz der technischen Reproduktion, die Virilio hier ohne Abstriche übernimmt.

18 Kloock, *Von der Schrift- zur Bildschirmkultur*, S. 133.

19 Vgl. hierzu vor allem: Virilio, *Die Sehmaschine*, S. 13 ff.

fundamental verfehle etc.[20] Nicht zufällig orientiert sich auch Virilios Argumentation, daß die Erzeugung multipler innerer, mentaler Bilder durch die optischen Medien und deren monodimensionale Visualität zerstört werde, stark an der damals maßgeblichen Lebensphilosophie Bergsons.[21] Nicht zufällig kulminiert auch Virilios (physiologisch schlicht unhaltbare) These, die Bewegungsvielfalt des menschlichen Auges müsse vor dem technischen Bild »erstarren«, auf einen »Zustand von strenger … Unbeweglichkeit eingeschränkt«[22] bleiben und werde somit gleichgeschaltet, immer wieder in dem Kafka-Zitat »Das Kino steckt das Auge in eine Uniform.«[23] All dies mag vor gut 100 Jahren noch ein so erregender wie legitimer Debattengegenstand gewesen sein, doch hätte wohl erwartet werden dürfen, daß Virilio die zwischenzeitlich eingetretenen, weitaus nüchterneren Realitäten der Medienproduktion und -nutzung wenigstens zur Kenntnis nimmt.

Die Traditionslinie eines frühmodernen Unbehagens an der Medienkultur bildet indes selbst noch die Betrachtungsfolie, vor der sich Virilio in den letzten Jahren immer stärker mit den elektronischen und digitalen Bild-Medien beschäftigt hat. Auch diese werden von ihm als Instrumente einer fortschreitenden Ent-Menschlichung des Sehens begriffen, die in der »Visionik«, einem »Sehen ohne Blick« und in »synthetischen Bildern, die *von der Maschine für die Maschine* hergestellt werden«,[24] kulminie-

20 Eine gute und komprimierte Darstellung der damaligen Debatte bietet Joachim Paech, Bilder von Bewegung – bewegte Bilder. Film, Fotografie, Malerei, in: Monika Wagner (Hg.), *Moderne Kunst. Das Funkkolleg zum Verständnis der Gegenwartskunst*, 2 Bde. Reinbek bei Hamburg 1991, Bd. 1, S. 237-264.

21 Vgl. hierzu Virilio, *Die Sehmaschine*, S. 16 ff; sowie Virilio, Ästhetik des Verschwindens, S. 24 f. Henri Bergsons Theorie der mentalen Bilder ist vor allem entwickelt worden in: Henri Bergson, *Materie und Gedächtnis. Eine Abhandlung über die Beziehungen zwischen Körper und Geist*, Jena 1914.

22 Virilio, *Die Sehmaschine*, S. 41.

23 Franz Kafka, zit. nach: Virilio, *Fluchtgeschwindigkeit*, S. 128.

24 Virilio, *Die Sehmaschine*, S. 135 ff.

re. Virilio entwirft dabei das Szenario einer subjektlosen Bildproduktion und -verarbeitung, die nur noch zwischen digitalen Artefakten zirkuliert und von diesen im Sinne eines rezipierenden Bewußtseins quasi eigenständig wahrgenommen wird. Klaus Beck hat Virilio zu Recht vorgeworfen, er verkenne »den elementaren Unterschied zwischen der Datenverarbeitung durch triviale Maschinen und Menschen, die über ein hohes Maß an kognitiver Autonomie und Lernfähigkeit verfügen. Diese undifferenzierte Betrachtungsweise hat nicht nur weitreichende ethische Konsequenzen, sie führt auch sachlich zu falschen Schlüssen.«[25] In der Tat sitzt Virilio den Wunschträumen und Werbestrategien der Computerindustrie insgesamt auf, nimmt allzu wörtlich, was seit einigen Jahren an numinosen Behauptungen über Virtualität, Simulation und Substitution des Faktors Mensch lanciert wird. Doch lassen sich solch inhaltsleeren Schlagworte und euphorisch übersteigerten Prophezeiungen nur zu gut für jene kulturpessimistische Genealogie der Medien instrumentalisieren, die Virilio entwirft und deren Tenor eben von der Furcht vor einem Verschwinden des Menschen in der Bildmaschinerie beherrscht wird.[26]

25 Beck, *Soziale Konstruktion von Zeit*, S. 338.

26 Insgesamt gehen Virilios Verständnis und Kenntnisse der »neuen« Medien nicht entscheidend über das Niveau mittleren Laientums hinaus, werden von ihm vielmehr grundlegende kommunikations- und medienwissenschaftliche Differenzierungen einfach ignoriert. Doch mag Virilios forciertes Operieren mit entlegenen Fachtermini aus der Informatik und Neurobiologie bei einem durch die rasanten Entwicklungen der Medientechnologie legitimerweise verunsicherten Lesepublikum den fatalen Eindruck erwecken, hier teile sogar ein Sachkundiger ihre tiefsitzenden Ängste vor dieser »schönen neuen Welt« der Monitore, Mikrochips, virtuellen Räume und Echtzeit-Kommunikationen. Fraglos tut kritische Aufklärung dessen, was sich gegenwärtig als »mediale« und vor allem als »digitale Revolution« in unserer aller Lebenszusammenhänge abspielt und noch abspielen wird, not; fraglos gibt es hierbei Entwicklungen zu verzeichnen, die so bedenkenswert wie bedenklich sind – doch handelt es sich hierbei um derart komplexe Sachverhalte, daß Virilios Halbwissen zu diesem Thema mit Sicherheit *keinen* Beitrag zur

Bezeichnenderweise ist seine Kritik an den »neuen« Medien essentiell nicht unterscheidbar von derjenigen, die er schon an der Photographie geübt hat: Eliminierung des menschlichen Faktors, Auflösung der Differenz von Realität und Illusion, Automatisierung und Industrialisierung des Sehens, Verlust der auratischen Kunstdimension, De-Materialisierung der Produktions- und Rezeptionsebene, Nivellierung der individuellen Wahrnehmungsvielfalt – so lauten die nämlichen Vorwürfe. Das jeweils jüngste Medium erscheint Virilio offenbar immer als *die* Inkarnation des destruktiven Potentials der Medialität schlechthin, wodurch den nun »älteren«, zuvor aber genauso vehement bekämpften Medien dann mit einemmal doch wieder positive Attribute zugedacht werden können.[27]

Dieser symptomatische Mangel an *tatsächlicher* Differenzierung der einzelnen Medien und ihren je spezifischen Produktions-, Rezeptions- und Wahrnehmungsformen zeigt aber bereits, daß man Virilios Medienontologie nicht als ernsthaften Beitrag zu einer wissenschaftlich fundierten Mediengeschichte lesen sollte.[28] Letztlich bleibt auch Virilios Medienphilosophie ein primär metaphorisch überformter Diskurs, dienen ihm Medien- wie Wahrnehmungstheorie nur als weitere Projektionsflächen für seine immergleichen Themen. Und so stößt man denn unter der Oberfläche seiner Medienkritik auch wieder auf die altbekannten Argumentationszusammenhänge: Nivellierung der Distanzen und Absetzung des Raums als Basiskategorie menschlichen

notwendigen Ent-Euphorisierung *und* Ent-Dämonisierung der sogenannten »Neuen Medien« leisten kann.

27 Vgl. hierzu Paul Virilio, Der Medienputsch, in: *Lettre International*, Heft 25/1994, S. 30-32. Dort bescheinigt Virilio dem Film mit einemmal ein *positives* Erinnerungspotential.

28 Daß dies in der Medienwissenschaft dennoch teilweise geschieht, dürfte in erster Linie auf die noch nicht vollzogene Konzeptualisierung von Methodik und Gegenstandsbereich dieser jungen Wissenschaftsdisziplin zurückzuführen sein und weniger auf eine tatsächliche Substantialität der Virilioschen Thesen. Vgl. zu diesem Problemfeld Rainer Bohn/Eggo Müller/Reiner Ruppert (Hg.), *Ansichten einer künftigen Medienwissenschaft*, Berlin 1988.

Handelns durch die Inthronisation von Zeit und Mobilität als höchstem Wert – *und* Verlust eines vorgeblich »unmittelbaren« Weltzugangs, hier: durch ein technisch produziertes und distributiertes Bild. Erneut erweist sich der Zivilisationsprozeß mit seiner strukturbedingten Zunahme an uneigentlichen Verkehrsformen als historische Angriffsfläche der Virilioschen Kulturkritik und entsprechend sieht er Gefahr überall dort im Verzuge, »wo die Realzeit der Direktübertragungen sich gegen den realen Raum einer Landschaft durchsetzt, ... da, wo sich konsequenterweise *das Bild gegen das physisch präsente Ding und Wesen durchsetzt*«.[29] Bildlichkeit – und daher auch mediale Visualität – erscheint Virilio quasi als Inbegriff der Uneigentlichkeit, als Inkarnation des historischen Verlustprozesses an direktem, physischem Umgang mit Welt. Daß der hier wieder einmal beschworene unmittelbare, also wohl als ein *sensomotorischer* projektierte Zugriff auf Realität allerdings – jenseits jeder Frage nach Für und Wider des Zivilisationsprozesses – nur ein retrospektiv installiertes Idealbild menschlichen Weltzugangs darstellt und mit den empirisch nachgewiesenen Modalitäten der Onto- wie der Soziogenese nicht in Einklang zu bringen ist, sei hier nur angemerkt.[30]

Für das Verständnis von Virilios negativer Affektion gegen Bildhaftigkeit und Visualität allgemein ist allein entscheidend, daß aus seiner Perspektive durch das Bild die Präsenz des Physischen historisch abgelöst worden ist. Sein Einspruch gilt somit der *Repräsentation der Dinge im Bild.* Da er dieses Veto aber dezidiert nicht auf die Schrift ausgedehnt sehen möchte, offenbart sich

29 Paul Virilio, *Rasender Stillstand. Essay*, München/Wien 1992, S. 66.

30 Ein sensomotorischer Weltzugang kann, wie die empirischen Studien von Jean Piaget erwiesen haben, eben nur für prä-kognitive und damit prä-kulturelle Entwicklungsphasen veranschlagt und daher wohl kaum zum kulturdifferenzierenden Merkmal erkoren werden. Virilio also hält an einer Option der Unmittelbarkeit fest, die sämtliche Erkenntnisse der Entwicklungspsychologie, historischen Anthropologie und Kognitionswissenschaft geflissentlich außer acht läßt. Vgl. hierzu Jean Piaget, *Der Aufbau der Wirklichkeit beim Kinde*, Stuttgart 1974.

hierin eine durchaus signifikante Anlehnung an die Geistestraditionen der jüdisch-christlichen Kultur: Virilio plädiert unverblümt für ein neues *Bilderverbot*, sympathisiert offen mit dem »Sehverzicht bestimmter Religionen«[31] und hält es für geboten, eben »*nicht alles sichtbar zu machen*«.[32] Die Moderne setzt er gleich mit dem »kulturellen Zwang zum Sehen, der scheinbar verbunden ist mit der Überbelichtung des Sichtbaren im Zeitalter des bewegten Bildes«.[33] Daher fordert er im Gegenzug ein »*Recht auf Blindheit*«[34] [!] ein.

Krasser könnte der Selbstwiderspruch zu seinem Postulat einer modernen und medialen »Ästhetik des Verschwindens« allerdings gar nicht ausfallen: Mit einemmal wird das eben noch als positives Gegenbild errichtete »jahrtausendealte Bemühen, die Dinge erscheinen zu lassen«, nun seinerseits mit einem Bannstrahl belegt. Zudem wird das ethisch gefärbte Argument nicht gerade plausibler dadurch, daß Virilios harsche Kritik an (technisch hergestellter) Sichtbarkeit ihn selbst keinesfalls davon abhält, unentwegt auf den dergestalt inkriminierten Bildschirmen des Fernsehens zu erscheinen. Allerdings weist gerade dieser Widerspruch ins Zentrum der eigentlichen Motorik von Virilios Plädoyer für Nicht-Sichtbarkeit. Begreift man nämlich die Akzentuierung dieses Themas als auf dem Moment der Sichtbar*machung* liegend, so wird einsichtig, daß sich hinter der Ablehnung der (technischen) Visualität nichts anderes verbirgt als Virilios panische Angst vor dem durchdringenden panoptischen Kontrollblick, der hier mit Sichtbarkeit und (Über-)Belichtung generell gleichgesetzt wird.[35] Auch in Virilios notorischen Invek-

31 Virilio, *Fluchtgeschwindigkeit*, S. 126.

32 Virilio, *Die Eroberung des Körpers*, S. 71.

33 Virilio, *Fluchtgeschwindigkeit*, S. 126.

34 Ebd., S. 135. Wieder einmal muß man sich fragen, ob Virilios Diktion nicht zu oft die Grenzen einer ethischen Diskursführung überschreitet. Selbst wenn das propagierte »Recht auf Blindheit« lediglich metaphorisch gemeint sein *sollte* – bei Virilio kann man sich da nie ganz sicher sein –, so stellt die Formulierung doch eine so naive wie geschmacklose Forderung dar.

35 Als nach wie vor maßgeblicher Theoretiker des panoptistischen

tiven gegen »den Wunsch nach Helligkeit, der bis an seine äußerste Grenze getrieben wird«,[36] und in seinen Mahnungen vor der kollektiven Blendung durch den »Lichtexzeß«[37] artikuliert sich immer wieder *seine Angst vor dem Erblickt-Werden*. Das scheinbar widersprüchliche Moment seiner hohen Tele-Präsenz ist tatsächlich nur eine subtilere Figuration des Verschwindens *gerade* im (Über-)Präsentsein. Da Virilio ja glaubt, daß es im Zeitalter des Panoptismus und der »Über-Belichtung« ohnehin kein wirkliches Versteck im klassischen Sinne mehr geben könne,[38] besteht aus seiner Sicht die einzige Möglichkeit, sich überhaupt noch zu verbergen, darin, sich demonstrativ an der Oberfläche des (Allzu-)Sichtbaren aufzuhalten. Es ist dies exakt jener dialektische Umschlag im Verhältnis von Unsichtbarkeit und Sichtbarkeit unter den Bedingungen omnipräsenter Visualität in der Moderne, die Edgar Allan Poe in seiner berühmten Erzählung *Der entwendete Brief* paradigmatisch formuliert hat: Ein gesuchtes Objekt wird zunächst nicht gefunden, weil es dort versteckt ist, wo niemand nach ihm sucht, weil es nämlich offen vor aller Augen liegt. Virilio, der Poes Detektivgeschichte nachweislich kennt, da er daraus zitiert,[39] scheint sich diese Figur zur *Strategie seines eigenen Verschwindens in/hinter der medialen Omnipräsenz seiner Person* erwählt zu haben.

Generell kommt in den von Virilio diskreditierten technischen Bildmedien zu den angstbesetzten Aspekten des Sichtbar- und Ausgeleuchtetwerdens noch das Moment der Mobilität hinzu.

Programms in der Neuzeit muß natürlich Michel Foucault gelten. Siehe hierzu Michel Foucault, *Überwachen und Strafen. Die Geburt des Gefängnisses*, Frankfurt am Main 1976; sowie ders., *Die Geburt der Klinik. Eine Archäologie des ärztlichen Blicks*, Frankfurt/Berlin/Wien 1976. Virilio läßt mehrmals eine etwas affektiv wirkende Ablehnung Foucaults erkennen, so etwa in Virilio/Rötzer, Die Ästhetik des Verschwindens, S. 201; oder in: Virilio/Lotringer, *Der reine Krieg*, S. 57.

36 Virilio, Ästhetik des Verschwindens, S. 82.

37 Virilio/Lotringer, *Der reine Krieg*, S. 87.

38 Vgl. hierzu ebd., S. 89.

39 Virilio, *Die Sehmaschine*, S. 104.

Und folgerichtig kritisiert Virilio gerade am Filmmedium »das Zusammenspiel von Auge und Motor, das in der Kamera stattfindet«.[40] Als positiver Gegenentwurf wird daher die vorgängige »Ruhigstellung der Bewegung« in den bildenden Künsten herausgestellt und nunmehr wiederum konstatiert: »Bewegungslosigkeit macht sichtbar.«[41] Mit dem nun ex negativo also doch wieder imkriminierten »Verschwinden der Dinge« in den Medien der »bewegten« Bilder ist von Virilio letztlich dieses Ineinandergreifen von Visualität und Mobilität gemeint. Wo dieses sich aber ereignet, wird für ihn »echtes« Sehen unmöglich gemacht:

»Die vollendetste Kunst war zweifellos die arrangierte Landschaft des *Stillebens*. Deshalb vielleicht, weil seine bewegungslose Welt an die Ruhestellung eines aufgebahrten Toten [!?] erinnert, den man ganz nach Gutdünken so lange betrachten kann, wie man will, weil er sich nicht bewegt. ... Die Revolution des Motors, die die Bilder in Bewegung versetzte, hat diese ruhende Organisation zerstört, und mit ihr die Ruhe des Sehens, den Stillstand der klarsichtigen Betrachtung.«[42]

Mobilität bleibt ein derart negativ besetztes Konzept in Virilios Mythologie, daß ihm demgegenüber sogar die Immobilität des Toten, die Leichen*starre,* noch als Positivbestimmung erscheint. Der Vorwurf einer Zerstörung dieser (fragwürdigen) Ruhe durch Mobilisierung, den Virilio an die Medien richtet, bezieht sich aber nicht allein auf die technische Erzeugung von Bewegungsillusionen, sondern umfaßt auch die Mobilisierung der Aufnahmeapparatur durch Travellings, Schwenks oder durch ihre Installation auf Vehikeln, Schienen, bewegten Körpern. Durch die dergestalt aufgezeichneten Bilder nämlich sieht Virilio eine »*Mobilisierung* unseres Wahrnehmungsfeldes« und in der Folge dessen eine »*Motorisierung der Erscheinungen*«[43] bewirkt. Diese soll nun unserem Sehen – einer anthropologischen Bezugsgröße mithin – eine quasi *wider*natürliche Mobilität verleihen (was natürlich eine contradictio in adjecto darstellt). Somit liegt die immanente Destruktivität der medialen Bilderzeugung für Viri-

40 Virilio, *Ästhetik des Verschwindens*, S. 64.

41 Virilio, *Die Eroberung des Körpers*, S. 79.

42 Ebd., S. 80.

43 Virilio, Fluchtgeschwindigkeit, S. 134.

lio darin begründet, daß die Medien versuchen, »*den Blick mit einem Motor zu versehen*«.[44] Daß dies weniger einen realen Umstand bezeichnet als eine Metapher darstellt, in der Virilios Negativaffektionen gegenüber Sichtbarkeit und Mobilisierung idealtypisch verschmelzen, dürfte offenkundig sein.

Indem Virilio nun auch in der Mediengenese nur eine weitere Manifestation des Siegeszuges technisch produzierter Bewegung erkennt, sind die weiteren Implikationen dieser Betrachtungshinsicht schon vorgezeichnet: Auch Mediengeschichte wird reduktionistisch als Beschleunigungsprozeß von Bildfolgen und Übertragungsraten gelesen, die mit den sogenannten »Echtzeit«-Medien zu einem »Null-Intervall«[45] geronnen seien. Parallel zu dieser zeitlichen Verringerung des Intervalls registriert Virilio die Etablierung einer durch die Medien auf Dorfformat geschrumpften Welt, also jenes (McLuhansche) »global village«, in dem jegliche topographische Distanz durch die Ubiquität des medialen Zugriffs obsolet geworden zu sein scheint. Indem nun inzwischen vor allem die elektronischen Medien ihre Bilder und Töne von weit entfernten Territorien binnen Sekundenbruchteilen über den ganzen Globus streuen, kommt es nach Virilio zu einer Neudefinition des Bildstatus, der sich nicht länger am kommunikativen Gehalt des Gezeigten orientiert, sondern sich in der abstrakten Information des Übertragungsvorgangs schon erschöpft hat:

»Die Bedeutung dieser Bilder liegt nur noch in ihrer Übertragungsgeschwindigkeit, in ihrer Unmittelbarkeit. Diese Bilder funktionieren nur noch wie Signale, das heißt was zählt, ist ihre Plötzlichkeit und die Reaktion der Zuschauer.«[46]

Der Vorwurf einer semantischen Entleerung des Gezeigten zugunsten des Zeigevorgangs selbst ist allerdings wenigstens schon so alt wie die kritische Fernsehtheorie ihrerseits.[47] Dennoch kann man die grundsätzliche Berechtigung dieser Kritik nicht in

44 Ebd., S. 131.

45 Ebd., S. 74.

46 Kloock, *Von der Schrift- zur Bildschirmkultur*, S. 135.

47 So etwa bei Günter Anders, Die Welt als Phantom und Matrize, in: ders., *Die Antiquiertheit des Menschen*, Bd. I, S. 369-401.

Frage stellen, sondern sie cum grano salis sogar noch auf die meisten Formen der Telekommunikation – inklusive der vielbeschworenen Netzwerkkommunikation unserer Tage – ausdehnen. Hier nämlich scheint der Transit, konkret: der Daten- und Bildertransfer, in der Tat über das Territorium zu triumphieren, gerät die Beschleunigung der Zeichen in vielen Kontexten tatsächlich zum Selbstzweck. Und in der uneigentlichen Topographie des Cyberspace und des Internets scheint jene Transurbanität der »mittelbaren Stadt/cité mediaté«,[48] die Virilio schon seit langem beschreibt, erste wahrnehmbare Konturen anzunehmen.

Insofern muß man sogar konstatieren, daß Virilios Zentralgedanke einer Auflösung des Räumlichen im Hinblick auf die Uneigentlichkeit der Fernseh-, Radio- und Computernetzwerke insgesamt plausibler erscheint als in bezug auf seine inhaltsgleichen Ausführungen zum »Land der Geschwindigkeit«,[49] in dem sich der Transitreisende aufhalte. Denn bei jeder, und sei sie noch so rasant vollzogenen Reise bleibt doch eine gewisse Restanbindung an die durcheilten oder überflogenen Territorien wenigstens so lange verhanden, wie der Körper des Reisenden selbst in dieser physischen Realität verankert bleibt. Bei der Telekommunikation in heutigen Maßstäben hingegen wird die Option des Räumlichen in der Tat durch Instantanität und Telepräsenz auf den Status einer zu vernachlässigenden Größe reduziert, und man ist gewissermaßen »in der Zeit«, hält sich in einer fiktiven Weltstadt der Kommunikation auf, deren räumliche Dimensionalität (vorübergehend) irrelevant wird.

Virilio selbst allerdings beharrt vehement auf einer transhistorischen *Identität* von Vehikel und Medien, die von ihm nicht nur als Strukturisomorphie, sondern als ontologische Identität begriffen wird, wie wir schon anhand seiner Thesen über die Logistik feststellen konnten. Die Industrialisierung der Fortbewegung fällt für ihn in eins mit einer Industrialisierung der Wahrnehmung, denn in beiden Entitäten verkoppeln sich für ihn Mobilisierung, Wahrnehmungsformung, Bildproduktion

48 Virilio, *Revolutionen der Geschwindigkeit*, S. 41.

49 Virilio, *Fahren, fahren, fahren …*, S. 19.

und natürlich militärische Intentionen zu einer unauflösbaren Synthese, entsteht ein nicht weiter differenzierbares »neues Zusammenspiel von Prothesen: jene neuen Mischformen, die Auge, Motor und Waffe miteinander verbinden«[50] – ein Zusammenspiel, versteht sich, das im bekannten Sinne auf die Zerstörung des Territorialen abzielt. Tertium comparationis von Fahrzeug und technischem Bild-Medium ist ihm das Moment des Fremd-Bewegtseins, ermöglicht durch »das Auftauchen des Motors, ... eines doppelten Projektors, der Geschwindigkeit erzeugt und zugleich (kinematische und kinematographische) Bilder verbreitet«.[51] Vehikel wie Moving-Image-Medien (Film, Fernsehen, Animation) sind für Virilio somit nichts anderes als »Prothesen« sowohl der Eigenbewegung als auch der Eigenwahrnehmung, deren illusionierender Charakter in ebendieser Suggestion kollektiver (Pseudo-)Mobilität und (Pseudo-)Visualität liege. Als logischen Fluchtpunkt dieser Entwicklung sieht er deshalb die Substitution selbst noch der Transportmittel durch die Medien an, die er darum auch als »das letzte Vehikel«[52] bezeichnet. Die ständige Steigerung von externer Mobilität und Geschwindigkeit schlägt an ihrem Kulminationspunkt zwangsläufig in eine neue Bewegungslosigkeit um. Denn wo es keine Distanzen mehr gibt, gibt es keine Ziele mehr, und der Mensch ist wortwörtlich zum Auf-der-Stelle-Treten verdammt:

»*Das Zeitalter der intensiven Zeit* ist nicht mehr das der physischen Transportmittel. Es ist ... ausschließlich dasjenige des Telekommunikationsmittels, anders gesagt: *dasjenige des Auf-der-Stelle und der häuslichen Bewegungslosigkeit.*«[53]

Dies nun ist ein ganz zentraler Aspekt in Virilios Geschichtsbild: Unbestreitbares Telos der Geschichte ist für ihn letztlich ein »rasender Stillstand«, ein »Standbild« – denn: »Im Zentrum der Geschwindigkeit ruht die Trägheit.«[54] Und diese Trägheit wird

50 Virilio, *Ästhetik des Verschwindens*, S. 63.
51 Ebd., S. 56.
52 Vgl. das gleichnamige Kapitel in: Virilio, *Rasender Stillstand*, S. 36-68.
53 Ebd., S. 44.
54 Virilio, *Revolutionen der Geschwindigkeit*, S. 30.

unter anderem als diejenige des zur Paralyse verdammten Subjekts antizipiert, das vor den Bildschirmen und Monitoren zu einer Art »Körperbehinderten-Voyeur«[55] degeneriert ist: ein in den eigenen vier Wänden Inhaftierter, der zur Realität nur noch über phantasmatische Bildwelten Pseudo-»Kontakt« hält, deren falsche Mobilität und deren verfälschendes Bild der Welt er allerdings schon längst nicht mehr durchschauen kann; ein immobiler Höhlenbewohner, der die Schatten an der Wand bereits für die Realität hält.[56] Oder sollte man sagen: ein Eingebunkerter, der angesichts der permanent in sein Versteck hineinprojizierten Kriegsbilder vor Angst gelähmt ist und sich nicht mehr nach draußen traut, um zu überprüfen, ob der Krieg nicht vielleicht doch schon längst zu Ende ist …?

Wie dem auch sei: Im Zeitalter der sprichwörtlichen Couch-Potatoes, Inter- und Cybernauten und Otaku-Kids[57] sowie der sich gerade erst etablierenden Telekommunikationsdienste wie Homebanking, Teleshopping und Cybersex kann man diesen Prognosen Virilios einen hohen und durchaus beklemmenden Gegenwartsbezug attestieren. In den genannten Phänomenen der heutigen Medienpraxis zeichnet sich in der Tat eine zunehmende Ersetzung eigener Mobilität durch die sinnentleerten Bewegungen der Zeichen, Bilder und Daten ab, die zu unser aller »letztem Fahrzeug« zu werden drohen: »Wir gehen nirgends hin, wir begnügen uns damit, aufzubrechen und Lebendiges abzubrechen, zugunsten der Leere und der Schnelligkeit.«[58]

Was die historische gewachsene Analogie von Medien und Vehikeln angeht, so manifestiert sich diese für Virilio exempla-

55 Virilio, *Rasender Stillstand*, S. 50.

56 Dies stellt zugleich eine Neuakzentuierung des gängigen Höhlen-Topos der Philosophiegeschichte (von Platon bis Hans Blumenberg) dar, der traditionell allerdings eher als *Metapher* für die Vergeblichkeit der menschlichen (nicht der medialen) Seinsschau figuriert.

57 Unter Otaku-Kids versteht man eine ursprünglich zuerst in Japan aufgetretene Form der Jugendkultur, deren Protagonisten ihr (abgedunkeltes) Zimmer nicht mehr verlassen und nur noch über Telekommunikationsmittel überhaupt Kontakt zur Außenwelt halten.

58 Virilio, *Fahren, fahren, fahren …*, S. 80.

risch in den identischen Sensationen räumlicher Desorientierung, des Schwindels und der Auflösung gewohnter Wahrnehmungskontexte durch die Geschwindigkeit der Bewegung(sillusion), wie sie sowohl die ersten Kinovorführungen als auch die ersten Eisenbahnfahrten bei ihren Zeitgenossen hervorgerufen haben.[59] In diesen körperlichen Reaktionen zeigt sich für Virilio aber auch eine Art gesunder Abwehrleistung der – bis dahin ja vorgeblich »natürliche« Bewegung und »natürliches« Sehen gewohnten – Menschen dieser Epoche; eine Form des Widerstands gegen ihre »Depersonalisierung«,[60] welche durch die von außen aufoktroyierte Mobilisation des Körpers und der Sinne bewirkt werde.

»Die Bewegung, die das Fahrzeug vermittelt, zerreißt und foltert den Körper, dem seine Eigenbewegung genommen wird – eine sensorische Deprivation des Passagiers. Mitgefahren, mitgefangen – die Gewalt der Fahrt läßt uns keinen anderen Ausweg als weitere Beschleunigung und Verlust des Unmittelbaren. Durch ihre Gewalt wird die Geschwindigkeit gleichzeitig *Geschick* und *Ziel*.«[61]

Das Zusammenspiel all dieser Faktoren bewirkt die von Virilio als »Motorisierung der Erscheinungen« beschriebene Modifikation der visuellen Wahrnehmung hin zu einem flüchtigen, abstrakten Sehen, das die konkreten Merkmale der betrachteten Umwelt zu Geschwindigkeitsphänomenen, Lichtreflexen und Schemen fragmentarisiert. Hierfür benennt er die schon erwähnten Zeugen des 19. Jahrhunderts, die angesichts der nicht mehr differenzierbaren Sinneseindrücke beim Blick aus dem Eisenbahnabteil damals tatsächlich den Eindruck eines sich verflüchtigenden Raumes, sich auflösender Formen zu Protokoll gaben.[62] Daß diese neuen Sinneseindrücke, die aus den veränderten Fortbewegungsmöglichkeiten des letzten Jahrhunderts erwuchsen, tatsächlich hohe Analogien zur späteren kinematographischen Sichtweise aufwiesen, letztere in gewisser Weise so-

59 Vgl. hierzu vor allem Virilio, *Ästhetik des Verschwindens*, S. 65 ff.
60 Virilio, *Fahren, fahren, fahren* …, S. 26.
61 Ebd., S. 80.
62 Vgl. hierzu vor allem ebd., S. 22 ff.

gar präfigurierten, und daß es hierüber in der Tat zu einer Art »Industrialisierung der Wahrnehmung« gekommen ist, all dies gilt in der Medienforschung als so altbekannt wie unumstritten – wenn man dort auch die fraglichen Zusammenhänge weniger kausalistisch und monodimensional interpretiert, als Virilio dies tut.[63]

Zwar kann man generell die Mehrzahl von Virilios Beobachtungen zu Aspekten der Medialität vielleicht nicht gerade als originäre Denkleistungen bezeichnen, ihnen jedoch auch nicht vorwerfen, sie seien – isoliert betrachtet – in empirischer Hinsicht falsch oder unzutreffend. Wenn ich ihnen oben dennoch keine nennenswerte Relevanz für eine wissenschaftliche Mediengeschichtsschreibung attestiert habe, so ist das weniger in Virilios Materialien als in seiner *unzulässigen Art der Interpretation dieser Materialien* und der *unentwegten Durchsetzung empirischer Fakten mit metaphorischen Bedeutungshinsichten* begründet. Virilios Hang zu unhaltbaren Umkehrschlüssen und undifferenzierten Pauschalisierungen wirkt fatal, so etwa, wenn er die skizzierte Analogie von Wahrnehmungsprägungen durch Medien und Vehikel dahingehend ontologisiert, daß »mit zunehmender Be-

63 Vielmehr geht man davon aus, daß es durch eine ganze *Vielzahl* von Veränderungen in den frühmodernen Lebensräumen (rasante Zunahme des Großstadtlebens, neue Verkehrsformen, Aufkommen des Warenhauses, Beginn der Weltaustellungen etc.) zu einer massiven Reizüberflutung gekommen ist, in deren Folge sich ein flüchtigeres, beweglicheres und zugleich abstrakteres Sehen etablieren konnte, das *dann* seinen zeitgemäßen Ausdruck in den mobileren, fragmentarischen Darstellungsformen *aller* Künste und *schließlich* seine konsequente medienästhetische und -technische Ausformulierung in den bewegten und montierten Bildern des Films fand. Virilios reduktionistische Ableitung verfehlt insofern den tatsächlichen Komplexitätsgrad der diesem Wahrnehmungswandel zugrundeliegenden kulturellen Motoriken. Als Einführung in dieses Thema empfiehlt sich: Wolfgang Schivelbusch, *Geschichte der Eisenbahnreise. Zur Industrialisierung von Zeit und Raum im 19. Jahrhundert*, München 1977; sowie Hans J. Scheurer, *Zur Kultur- und Mediengeschichte der Fotografie. Die Industrialisierung des Blicks*, Köln 1987.

schleunigung … das Reisen zum Filmen«[64] werde oder er »das Vorbeiziehen der Bilder an der Windschutzscheibe des Autos« als tatsächliche »Medien-Perzeption«[65] beschreibt.

Derartige *Verwechslungen von Metapher und Substanz* sind bei Virilio aber so notorisch wie die plane Überschreibung eines phänomenologischen Befunds auf ontologische Dimensionen. *Allein dies aber* ermöglicht es ihm, aus den historischen Wahrnehmungsirritationen der Zugreisenden eine ganze Ontologie des Verschwindens zu (re)konstruieren: »Zusehends beginnt alles sich zu bewegen, das Sehen löst sich allmählich auf und bald auch die Materie und die Körper.«[66] So wird im Verlauf des Arguments aus einer Metapher das Postulat eines realen Verfalls, die Uneigentlichkeit einer Sinneswahrnehmung wird materialistisch umgedeutet.

Dahinter steckt mehr als nur mangelnde intellektuelle Disziplin oder methodische Unzulänglichkeit, sondern hier offenbart sich ein Hang zur *intentionalistischen Weltauslegung*: Virilio ist nachgerade fixiert darauf, in jeder Quelle, jedem Zitat, jedem historischem Material den unumstößlichen Beweis seiner dromologischen Theoreme zu finden, und für diesen Zweck wird der singuläre Referenzpunkt, teilweise hemmungslos, instrumentalisiert. Wir werden diesen Gedanken noch vertiefen müssen, doch sei hier schon darauf verwiesen, daß jeder naheliegende Einspruch, jede offenkundige Relativität oder Inplausibilität des eigenen Belegmaterials von Virilio dahingehend negiert wird, daß ein »Verkennen« der wahren Zusammenhänge vielmehr selbst schon wieder Indiz dafür ist, daß die Menschen den »Terrorismus der Militärklasse … nicht erkennen. Sie erkennen ihn nicht wieder in jenem Teil ihrer Identität und ihres Bewußtseins, der militarisiert ist.«[67]

Exemplarisch läßt sich diese Strategie am hier relevanten Themenzusammenhang studieren: Es ist äußerst auffällig, daß Viri-

64 Virilio, *Ästhetik des Verschwindens*, S. 67.
65 Virilio, *Fahren, fahren, fahren …*, S 39.
66 Virilio, *Ästhetik des Verschwindens*, S. 56.
67 Virilio/Lotringer, *Der reine Krieg*, S. 24.

lios Kronzeugen für die »Deformation« unserer Wahrnehmung durch das Tempo der Vehikel und Medien bevorzugt aus dem 19. Jahrhundert stammen, dürften vergleichbare Erfahrungswerte aus unserer Gegenwart doch wohl kaum zu belegen sein. Zeigt sich nun hieran doch eigentlich die hochgradige historische Relativität dieser Wahrnehmungsirritationen, was zugleich jede Ontologisierung dieser Zeitzeugnisse verbietet, so hat Virilio jeder Relativierung seiner Ableitungen dadurch vorgebaut, daß er kurzerhand postuliert, die historische Rückläufigkeit der fraglichen Sensationen gehöre zu den (von den Dromokraten) so erwünschten wie eingeplanten Gewöhnungseffekten: »Der kinematische Motor hat uns daran gewöhnt, das Geheimnis der Bewegung dieser Welt, die vergeht, natürlich zu finden ...«[68] Es liegt also nur am fortgeschrittenen Zustand unseres Mobilisiert-Seins, »daß sich bald niemand mehr über die durch die Schnelligkeit hervorgerufenen Sehstörungen wundern wird: die lokomotorische Täuschung wird als Wahrheit des Sehens gelten, genauso wie die optische Täuschung als Wahrheit des Lebens gilt«.[69] Das ist selbstredend reiner Solipsismus und stellt zugleich ein unübertreffliches Immunisierungsargument dar, das Virilio unverwundbar gegen jede relativierende Kritik macht.

Virilios Umgang mit konkretem historischen Material erweist sich nicht nur hier als intentionalistisch bestimmt, wo nicht gar verzerrt. Da er zudem strikt teleologisch, also immer auf einen bestimmten Geschichts*sinn* und *-zielzustand* ausgerichtet denkt, kann ihm jeglicher Wandlungsprozeß nur als genuiner Bestandteil dieses vorab fixierten Ablaufs der Geschichte erscheinen. So interpretiert er denn auch die doch ganz anders gegründete, nämlich kulturgeschichtlich, also *immanent* generierte Transformation der Wahrnehmungsgewohnheiten in der frühen Moderne als Resultat eines so gewaltsamen wie intendierten Eingriffes *exogener*, geschichtsmächtiger Subjekte. Und da er keine anderen Geschichtsmotoriken außer Krieg und Beschleunigung gelten lassen *will*, steht vorab fest, daß sowohl der Wandel der Sehge-

68 Virilio, *Ästhetik des Verschwindens*, S. 111.
69 Ebd., S. 56 f.

wohnheiten als auch die Installation einer Kultur der visuellen Artefakte allein und ausschließlich einer weiteren Militarisierung der Menschheit dient:

»Militär- und Kommunikationstechnik gehen damit eine zwingende ›Mesalliance‹ ein. Für Virilio gibt es keine Kommunikation ohne Destruktion, keine für eine Gesellschaft relevante Informationserzeugung, -verteilung und -speicherung jenseits eines kriegerischen Zusammenhangs, jenseits einer wie auch immer zu bewertenden militärischen Logistik. Eine friedliche Vergesellschaftung von Kommunikation und Information scheint unmöglich und findet … an keiner Stelle Virilios Aufmerksamkeit.«[70]

Eine Differenzierung in Kriegs- und Friedenszeiten wird von Virilio ja ohnehin abgelehnt, sodaß eine Unterscheidung der spezifischen Hinsichten von militärischer und nicht-militärischer Mediennutzung in diesem Modell schlicht entfällt: *Alles dient dem Krieg und alles ist Krieg.* Damit ist Mediengeschichte überschußlos eine (Teil-)Geschichte des Krieges – und Visualität nichts anderes als eine Waffe.

70 Kloock, *Von der Schrift- zur Bildschirmkultur*, S. 121.

Blick- und Bilderkriege: Das Auge als Waffe

Vor der skizzierten Betrachtungsfolie liest Virilio nun Medien- und Kommunikationsgeschichte ganz im Stil einer Verschwörungstheorie: nämlich als reine Evolution von Machtstrategien, die sich über die Parameter Überwachung, Zwangsmobilisation und Zusammenballung der Individuen auf engstem (Zeit-)Raum generieren. Kapitelüberschriften wie »Der Staatsstreich der Information«, »Der Medienputsch«, »Das Gesetz der Nähe« oder »Die Umweltkontrolle« sprechen eine unmißverständliche Sprache.

Die Tatsache, daß einige moderne Medien (zum Beispiel Teile der Fernsehtechnologie, Computernetzwerke, Infrarotphotographie) aus militärischen Forschungszusammenhängen entwachsen oder zuerst im militärischen Anwendungsbereich eingesetzt worden sind, dient Virilio – wie auch seinem deutschen Pendant Friedrich Kittler – als unumstößlicher Beweis dafür, daß alle Medien »Abfallprodukte militärstrategischer Programme [sind]. Abfallprodukte, die in Zwischenkriegszeiten für Unterhaltung sorgten, letztlich aber nichts anders bewirkten als die Rüstung der menschlichen Sinne für ein neues Geschwindigkeitsniveau, was stets auch ein neues Gewaltniveau bedeute.«[1] Die möglichen – und im übrigen weitaus zahlreicheren – *Gegen*beispiele aus der Mediengeschichte (Film, Photographie, optische Telegraphie) werden geflissentlich übergangen bzw. so umgedeutet, daß man doch noch Beweise für »die Verbindung der Errungenschaften der modernen Kriegsmaschinerie, den Flugzeugen, mit denen der Überwachungsapparatur, der Luftphotographie, dem kinematographischen Photogramm«[2] gefunden zu haben glaubt.[3]

1 Stefan Kaufmann, *Kommunikationstechnik und Kriegsführung 1815-1945. Stufen telemedialer Rüstung*, München 1996, S. 12. Vgl. die zu Virilio analogen Argumente Kittlers in: *Film Grammophon Typewriter*, S. 7.

2 Virilio, *Krieg und Kino*, S. 158.

3 So deutet Virilio auch schlicht die (allerdings in der Tat strittige)

Zweifellos ist die Spannbreite der Indizien für eine »Osmose«[4] gerade von Film- und Militärtechnologie, die Virilio in seinem wohl berühmstesten Buch mit dem programmatischen Titel *Krieg und Kino. Logistik der Wahrnehmung* vorführt, auf den ersten Blick so verblüffend wie überzeugend. Erst bei näherer Betrachtung merkt man allerdings, daß etliche dieser Beispiele ihren Belegcharakter eher fragwürdigen Verkürzungen verdanken: Die Tatsache, daß berühmte Filmkünstler (Ford, Hawks, Fuller, Griffith, Vertov) ihre Talente für Kriegsdokumentationen zur Verfügung stellten, überhöht Virilio ebenso wie die politische Verstrikkung namhafter Regisseure (Rosselini, Eisenstein, Riefenstahl) in Propaganda- und Agitationszwecke zum Beweis dafür, daß »der Krieg zur dritten Dimension des Kinos geworden«[5] sei. Läßt sich nun zudem noch belegen, daß nicht nur die Futuristen, sondern auch die »Kriegs-Filmer« ein Interesse am Autorennsport oder der Fliegerei besaßen, so scheint für Virilio die Beweisaufnahme vollendet zu sein – auch wenn dafür schon einem so trivialen Umstand wie dem, daß der Filmemacher Jean Renoir im ersten Weltkrieg Mitglied einer Bomberstaffel war, der Status hoher Signifikanz zugesprochen werden muß.[6]

Von ähnlich strittiger Evidenz sind die von Virilio bemühten phänomenalen Analogien zwischen Waffen und optischen Arsenalen sowie zwischen deren Terminologien.[7] Mareys sogenannte

Frage nach dem Erfinder des Films dahingehend um, daß er nunmehr den (völlig unbekannten) amerikanischen Aeronauten Langley ins Spiel bringt, um somit der herkömmlichen Filmhistoriographie vorwerfen zu können, sie wolle »diese Wechselbeziehung zwischen der Erfindung des Kinematographen und der Luftfahrt zuerst … verwischen und dann völlig verschwinden … lassen« (Virilio, *Rasender Stillstand*, S. 53 f.). Die Affinitäten Virilios zur intentionalistischen Weltauslegung der Verschwörungstheoretiker können angesichts solcher Konstruktionen nicht länger geleugnet werden.

4 Virilio, *Krieg und Kino*, S. 114.

5 Ebd., S. 184.

6 Vgl. hierzu ebd., S. 31.

7 Ganz in Virilios Tradition deutet auch Thilo Koenig Phänomenologie und Terminologie der Photographie als Indiz ihres destruktiven Po-

»photographische Flinte«, ein auf einen Gewehrlauf aufmontierter Serien-Photograph, dessen Repetiermechanismus als (ein) Vorläufer des filmischen Transportsystems gelten muß, zählt zu Virilios Kardinalbelegen für eine unmittelbare Identität beider mechanischer Systeme und ihrer Anwendungsfelder.[8] Demgegenüber mahnt Siegfried Zielinski zu Recht die Berücksichtigung der tatsächlichen, weitaus unspektakuläreren Hintergründe dieser technischen Innovationen an:

»In technikhistorischer Perspektive war die Erfindung des Fortschaltmechanismus für die intermittierende rotierende Filmbewegung kein isolierter Sonderfall lediglich in einer Genese der Kinoapparatur. Sie läßt sich auch nicht ... unikausal verkoppeln mit Innovationen aus einem einzigen anderen Bereich gesellschaftlicher Entwicklung, etwa dem Kriegerischen, so verführerisch diese Interpretation auch in der Perspektive einer antimilitaristischen Geschichtsbetrachtung sein mag. Drängt sich doch die Analogie von der photographischen Flinte oder dem photographischen Revolver und der in etwa gleichzeitigen Erfindung des Trommelrevolvers und des Maschinengewehrs förmlich auf. Mechanismen wie der für den schnellen, regelmäßig unterbrochenen Transport der photographischen Einzelbilder wurden für die verschiedensten industriellen Praxen der Zeit entwickelt und angewendet. ... Die Artefakte für das Töten und das Schießen von Photographien in schneller Folge waren – eher marginale – Vergegenständlichungen im Prozeß der Verfeinerung beweglicher Elemente von Maschinen, wie sie für die Metall- oder Stoffverarbeitung oder die Werkzeugherstellung verwendet wurden.«[9]

Virilio aber reiht als Beleg seiner These Fundstück an Fundstück aneinander, zeigt, wie Kameras auf Maschinengewehre montiert, Beobachtungskameras auf Flugzeugen installiert oder sogar der

tentials: Thilo Koenig, Wenn Blicke töten. Laden, zielen, schießen – über das kriegerische Vokabular der Photographie, in: *Die Zeit* vom 17. 4. 1992, S. 64.

8 Vgl. hierzu Virilio, *Revolutionen der Geschwindigkeit*, S. 27.

9 Siegfried Zielinski, *Audiovisionen. Kino und Fernsehen als Zwischenspiele in der Geschichte*. Reinbek bei Hamburg 1989, S. 65. Die historische Spur dieses Mechanismus läßt sich sogar zurückverfolgen bis zur Entwicklung der Uhrenhemmung. Vgl. hierzu Gendolla, *Zeit*, S. 40 ff.; sowie Kirchmann, *Verdichtung, Weltverlust und Zeitdruck*, S. 338-345.

Auslösemechanismus von Bordwaffe und Kamera miteinander synchronisiert werden.[10] Zudem kann er sich erneut auf eine beachtliche Anzahl vorgängiger Denker berufen, die das Photographieren gleichfalls als in sich aggressiven Akt betrachten und in der Kamera eine genuine Waffe sehen.[11] Virilio verweist vor allem auf das Anvisieren des zu treffenden Objekts, was Jäger, Krieger, Photograph und Kameramann gemein ist.[12] Die Schlußfolgerung aus seiner Analyse der Form- und Verwendungsanalogien von Medien, Kameras und Waffensystemen lautet daher: »Für den Krieger geht die Funktion des Auges auf in der Funktion der Waffe«,[13] wofür er vor allem das Zielfernrohr des Scharfschützen als emblematische Figuration anführt.

Im geometrisch und perspektivisch geordneten Bildraster, das mit der Renaissance symbolische Funktion und paradigmatisches Instrument einer neuzeitlichen Rationalisierung des Sehvorgangs wie des Blickfeldes wurde,[14] glaubt Virilio bereits das Grundmuster eines im wortwörtlichen Sinne *ziel*orientierten Sehens erkennen zu können:

> »Zieleinstellung, Blickwinkel, toter Winkel, toter Punkt, Expositionszeit: in der Visierlinie kündigte sich schon die Fluchtlinie an, mit deren Hilfe der Staffeleimaler – der nicht selten, wie Dürer oder Leonardo, auch Militäringenieur und Belagerungsfachmann war – die Perspektive schuf.«[15]

Das maschinell verstärkte Sehen ist Virilio damit immer ein in Grunde destruktiver Vorgang, und die territoriale Zerstörung von Feindesland geht für ihn daher folgerichtig mit dessen visu-

10 Vgl. hierzu vor allem die Bildseiten in *Krieg und Kino.*

11 Vgl. hierzu Koenig, Wenn Blicke töten, S. 64.

12 Vgl. hierzu Paul Virilio, *Krieg und Fernsehen*, München/Wien 1993, S. 45.

13 Virilio, *Krieg und Kino*, S. 35.

14 Zu den tatsächlichen, komplexeren Hintergründen, die zur Genese der Zentralperspektive führten, vgl. den immer noch maßgeblichen Text von Erwin Panofsky, Die Perspektive als »symbolische Form«, in: ders., *Aufsätze zu Grundfragen der Kunstwissenschaft*, hg. von H. Oberer und E. Verheyen, Berlin ²1974, S. 99-167.

15 Virilio, *Krieg und Kino*, S. 89 f.

eller Okkupation in eins. So werden Bild- wie Kommunikationsmedien in Virilios Argumentation also gleich in mehrfacher Hinsicht als unverzichtbare Instrumente (moderner) Kriegsführung dargelegt: Sie dienen zum einen der Steigerung von Geschwindigkeit, Effizienz und Reichweite von Kommunikation und Logistik im Kampfgeschehen selbst; sie bewerkstelligen in der paradigmatischen Koppelung von Geschütz und Kamera eine quasi doppelte Eroberung des feindlichen Territoriums durch Einschüsse *und* strategisch verwertbare Bildaufzeichnungen; und sie stellen die notwendige Anschaulichkeit und Aufklärung des Feindgebietes überhaupt ersther – ein Aspekt, dem wir uns gleich noch ausführlicher widmen werden.

Als dritte Komponente dieser technologischen Allianz der Destruktion macht Virilio die Fortbewegungsmittel und, was die Kriege unseres Jahrhunderts angeht, zumal die Luftfahrzeuge aus.

> »Film und Luftfahrt traten gegen Ende des neunzehnten Jahrhunderts gleichzeitig in Erscheinung. Seit 1914 ist die Luftfahrt eigentlich kein Mittel mehr zum Fliegen [?] …, sie wird zu einer Sehweise oder vielmehr zum eigentlichen Mittel des Sehens überhaupt.«[16]

Das von Virilio propagierte Wechselspiel der genannten Entitäten ist dabei äußerst vielschichtig: Durch den Einsatz vielfältiger *Fahrzeuge* wird die Zerstörungskraft der Waffen potenziert bzw. werden neue Waffensysteme überhaupt erst möglich gemacht; die *Waffen* ihrerseits stiften optische Sensationen in Gestalt von zerbombten Landschaften, Atomblitzen, Leuchtgarben oder Flakfeuer; die *Vehikel* reißen die Limitierungen des unbewaffneten Auges nicht minder nieder als die optischen Instrumente, indem sie vollständig neue Perspektiven auf die Welt ermöglichen oder deren äußere Erscheinungsform durch das Tempo der Fahrt oder des Fluges zerstückeln; die *optischen Medien* wiederum werden zu Waffen in Form von Aufklärungssatelliten, Zielfernrohren, Radargeräten, Infrarotkameras und der ganzen Bandbreite extremer Makro- und Mikrophotographie etc. – und sie dokumentieren zugleich das ganze Ausmaß der Zerstörung oder liefern symbolische Munition für propagandistische Zwecke.

16 Ebd., S. 30.

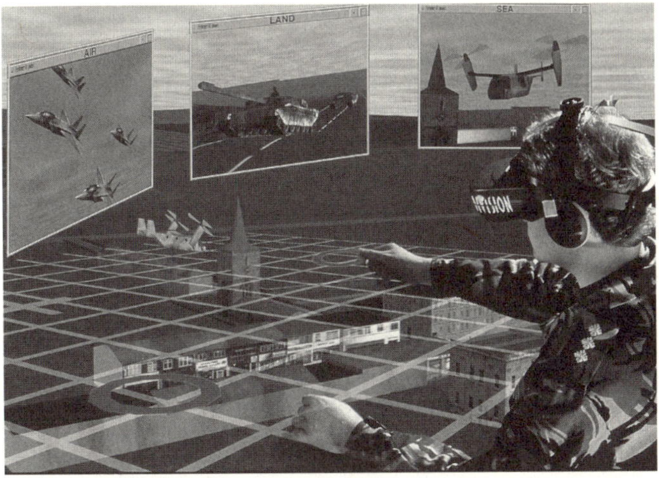

Das Manöver als mediale Inszenierung: Mit Cyber-Brillen versetzen sich Kommandeure in das virtuelle Schlachtfeld.

Mobilisation: Die »Mesalliance« von Medium, Vehikel und Geschoß. Photographenwagen von Mathew M. Bradys in Virginia während des amerikanischen Bürgerkrieges (um 1864).

Krieg ist für Virilio somit die Kontrolle und gewaltsame Aneignung bzw. Herstellung von Wahrnehmungsfeldern – und dies sowohl in der konkreten militärischen Auseinandersetzung selbst als auch in Bezug auf jene Industrialisierung des Sehens, die Virilio als unmittelbare Vorbereitung auf den Krieg bzw. als dessen nahtlose Fortsetzung in vorgeblichen Friedenszeiten versteht. Dies eben meint sein Konzept einer »Logistik der Wahrnehmung«: Sinn und Bestimmung der technischen Innovationen gerade des späten 19. Jahrhunderts liegen nicht wirklich in ihrer zivilen, aber auch nur peripher in ihrer unmittelbar militärischen Nutzung als Kampf- oder Versorgungsinstrumente; sondern ihre entscheidende Wirkung entfalten sie hinsichtlich einer durch sie neu bestimmten Rationalisierung, Technisierung und Fragmentarisierung des Wahrnehmungsaktes, die dann natürlich nicht auf die konkreten Kriegsphasen beschränkt bleibt. Daher lautet Virilios so prägnantes wie irritierendes Fazit: »*Krieg ist Kino und Kino ist Krieg.*«[17] Analog gilt dieser Satz für alle anderen Bildmedien: Photographie, Fernsehen, Video, Simulationsmedien, Computerspiele etc. *sind* Krieg und vice versa. Konzentrieren wir uns aber im wesentlichen auf Virilios Analyse des Films *als* Krieg, weil hier die Struktur seines Arguments, das dann mit geringen Modifikationen auch auf alle anderen Medien fortgeschrieben wird, besonders deutlich wird.

Unbestritten ist der Film historisch sehr früh in seinem propagandistischen Potential erkannt und von den politischen Machthabern jedweder Couleur entsprechend instrumentalisiert worden: Lenin wie Goebbels begriffen sehr rasch die ungeheuren Möglichkeiten des Films als Massenmedium und forderten und förderten daher die Entstehung einer den jeweiligen politischen Interessen zuarbeitenden Filmindustrie. Doch nicht nur totalitäre Regime, sondern auch demokratische Regierungen wußten und wissen sich des Films als Propaganda- und Manipulationsinstrument zu bedienen. Genauso unbestritten ist die Tatsache, daß sich die Instrumentalisierung des Films zu Zwecken der Ideologisierung und Indoktrination weit in das Spektrum des fiktiona-

17 Ebd., S. 47.

len Films hinein erstreckt(e), dort sogar seine größten, weil unterschwelligsten Wirkungen zeitigt(e).[18] Die Rolle des Films als entsprechendes Politikum und Kriegsinstrument ist zweifellos eine wichtige *Teil*geschichte dieses Mediums. Die unzulässige Totalisierung dieses Verhältnisses durch Virilio unterschlägt aber ebendiesen Tatbestand des Partikulären.

Daß er entsprechend selbst jedwede filmische *Dokumentation* von Kriegsereignissen schon als propagandistisch verstellt liest, hat nur am Rande damit zu tun, daß eine zweifelsfreie Entscheidung über die Grenze zwischen »reinem« Dokumentarismus und intentionaler Fälschung in *jeder* Repräsentationsform schwierig zu treffen ist, sondern liegt schlicht darin begründet, daß in Virilios Denksystem eine realitätsadäquate Abbildung durch technische Medien schon grundsätzlich ausgeschlossen ist. Denn schließlich ist für ihn der Film nichts anderes als eine *»unseren physiologischen Wahrnehmungsorganen auferlegte Täuschung«*,[19] ist daher *jegliche* filmische Praxis in sich bereits militant. Insofern will Virilio auch die Instrumentalisierung des Films für Kriegszwecke als reines Manifestwerden des immanenten Destruktions- und Fälschungspotentials des Filmischen schlechthin verstanden sehen – eine Perspektive, die dann auf alle nachfolgenden Bildmedien fortgeschrieben wird und somit das Postulat einer destruktiven *Substanz* alles Medialen zur alleinigen Betrachtungsfolie wählt.

Seine diesbezügliche Beweisführung blendet allerdings aus, daß die Inbeschlagnahme medialer Artefakte für politischen Mißbrauch und militärische Zwecke keineswegs auf den Film oder spätere Bildmedien beschränkt blieb, sondern (gerade!) den Rundfunk, die Presse und auch die für Virilio so sakrosanten Medien Literatur und Theater nicht minder erfaßte. Schließlich orientiert(e) sich die fragliche Vereinnahmung aus naheliegen-

18 Vgl. hierzu Siegfried Kracauer, *Von Caligari zu Hitler. Eine psychologische Geschichte des deutschen Films*, Frankfurt am Main 1984; sowie in der Tradition dieses Ansatzes: Karsten Witte, *Lachende Erben, toller Tag. Filmkomödie im Dritten Reich*, Berlin 1995.

19 Virilio, *Ästhetik des Verschwindens*, S. 59.

den Gründen zuvorderst an der Funktion des *Massenmediums* – ein Status, der dem Film aber nicht exklusiv zu eigen ist. Schon allein von daher ist es unsinnig, eine prominente Rolle des Films für politisch-militärische Nutzungsprofile in einer wie auch immer gearteten »Substanz« des Filmischen begründet oder gar prädeterminiert zu sehen. Dies aber unternimmt Virilio, wenn er zur Logistik der Wahrnehmung ausführt:

»Da die modernen Kriegsparteien darauf abzielten, die Gesamtheit dieser [Wahrnehmungs-]Felder zu besetzen, liegt die Feststellung nahe, daß der ideale *Kriegsfilm* nicht unbedingt irgendein bestimmtes kriegerisches Geschehen wiedergeben müßte, da der Film, vom Moment an, da er in der Lage ist, Überraschungen – technische, psychologische – hervorzurufen, selbst in die Kategorie der Waffen gehört.«[20]

Das hier angeführte Moment der Überraschung bezieht sich ersichtlich auf Walter Benjamins berühmtes Diktum von der »physischen Chockwirkung«[21] der technischen Struktur des Films, worin Benjamin allerdings ein Äquivalent zur modernen Ereignisdichte und insofern ein *notwendiges* Anpassungsmoment der Wahrnehmung an sich wandelnde Lebensumstände sah – und nicht etwa ein Waffenpotential. Für Virilio aber manifestiert sich letzteres in den filmkonstitutiven Effekten einer »psychotropen Verrückung, der Störung der Chronologie«,[22] eben in der sequentiellen Ablösung des einen Bildes durch das nachfolgende und der Fragmentarisierung von Raum und Zeit durch Montage. Daß sich hierin – wie in Benjamins Überlegungen exemplarisch artikuliert – primär eine zeitadäquate Darstellungsform mobilisierter Raum- und Temporalbezüge manifestiert, kann sich Virilio nicht wert- und zweckfrei vorstellen, sondern er sieht darin den spezifischen Beitrag des Mediums zur Mobilisierung und damit zur Zerstörung des Territoriums – und das ist für ihn allemal: Krieg. Entsprechend reduktionistisch wird nun jedes Moment der Filmgeschichte gelesen, und dies führt dann zu Befunden wie diesem:

20 Virilio, *Krieg und Kino*, S. 14.
21 Benjamin, *Kunstwerk*, S. 39.
22 Virilio, *Krieg und Kino*, S. 49.

»Das Starsystem wie die Erfindung des Sexsymbols sind die Folgen einer Logistik der Wahrnehmung, ... [denn] der obszöne Blick des militärischen Eroberers auf den Körper der ferngerückten Frau gleicht dem, den er auf das vom Krieg verwüstete Gelände wirft. Er nimmt den Voyeurismus des Regisseurs vorweg, der den Star wie eine Landschaft abfilmt.« [23]

Nicht minder irritierend ist auch Virilios These, daß das Weiß in den Filmen der Gebrüder Lumière oder in der Garderobe eines Fred Astaire allein dazu diene, den Körper verschwinden zu lassen und ihn in einen reinen, *hypnotischen* Lichteffekt zu transformieren: »Die Produktion von Lichteindrücken schlägt um in reine Faszination, die die bewußte Wahrnehmung des Zuschauers auflöst und ihn in Trance oder in einen ähnlichen pathologischen Zustand versetzt.«[24] Fazit: Kino ist eine reine Attacke auf die Sinne, und dies ist insofern intendiert, als durch die Figuren der Blendung, Hypnotisierung, Mobilisierung und Beschleunigung ebenjene Wahrnehmungsraster gesetzt und eingeübt werden, die analog zu den Strukturen des Krieges sind.

Unter diesem Blickwinkel betrachtet Virilio auch die historisch nachfolgenden Bildmedien wie Fernsehen, Video oder Computer. Die jeweils konstitutive Technik und ästhetische Spezifik des Artefakts wird als ein Destruktionsmoment abgebildet und die Analogie zur Kriegssituation auf dieses Moment hin *konstruiert*. Waren dies beim Film die Aspekte der Montage, des Lichts und der mobilen Bilder, so ist es bei der Photographie die Stillsetzung der Bewegung und das Ausschnitthafte des Bildes, beim Fernsehen die Instantanität der Live-Übertragung, bei den digitalen Medien die Aufhebung der Distinktionen von Realität und Virtualität etc. Doch wird man auch dieser Vorgehensweise

23 Ebd., S. 39 ff. Ganz im Gegensatz zu Virilios These einer modernen *Approximation* durch den Blick ist sich die Kulturwissenschaft darüber einig, daß die Aufwertung des Augensinns in der Neuzeit einen Akt der *Distanzierung* darstellt. Vgl. hierzu Norbert Elias, *Über den Prozeß der Zivilisation. Soziogenetische und psychogenetische Untersuchungen*, 2 Bde., Frankfurt am Main 1976, Bd. I, S. 280 ff.

24 Virilio, *Krieg und Kino*, S. 18. Vgl. auch Virilio, *Ästhetik des Verschwindens*, S. 60 ff.

den Vorwurf des reinen Zirkelschlusses nicht ersparen können: Ausgehend von der unbewiesenen Grundannahme, daß jedes mediale Profil nur das spezifische Gewaltpotential des jeweiligen Artefakts offenbare, wird die je evidente Besonderheit des fraglichen Mediums zu einer Figuration des Krieges in Analogie gesetzt, die wiederum *so* allgemein gefaßt ist, daß schlechterdings alles und damit auch das jeweils inkriminierte mediale Merkmal darin schon aufgehoben ist. Was zunächst nichts anderes beweist, als daß man natürlich *jedem* Merkmal und *jeder* Eigenschaft eine militante Potenz zusprechen kann, solange man nur das Begriffsfeld des Militanten weit genug absteckt. Die Grenzen und Aporien dieser Vorgehensweise werden wir weiter unten anhand von Virilios Ausführungen zum zweiten Golfkrieg von 1991 en detail studieren können.

Betrachten wir aber zunächst die andere Hälfte der Gleichung, jene, die besagt, daß der Krieg ein Lichtspiel, eine Bilderinszenierung, ein visuelles Spektakel sei. Nach Virilio bewirkt das moderne Zusammenspiel oder gar die *Fusion* der drei Faktoren Fahrzeug, Waffe und Kamera nämlich auch eine radikale Wandlung der militärischen Praxis; und zwar insofern, als es fortan im Krieg weniger darum geht, »*materielle* – territoriale, ökonomische – Eroberungen zu machen als vielmehr darum, sich der *immateriellen* Felder der Wahrnehmung zu bemächtigen«.[25] Dem Siegeszug der optischen Arsenale wird von Virilio somit eine identische Auswirkung auf die Kriegsführung bescheinigt wie schon der Hegemonie des Zeitfaktors: Das Territoriale verliert für die militärische Dimension an Relevanz gegenüber dem Abstrakt-Immateriellen, sei dies Zeit, sei dies (mediale) Visualität. Wobei diese beiden Faktoren wiederum durch die Geschwindigkeit wieder aufeinander bezogen werden, denn spätestens mit dem ersten Weltkrieg, so glaubt Virilio, galt:

> »Optische und motorische Illusion verschmolzen im kinematischen Rausch des Blitzkriegs. Was diesen kennzeichnete, war die Geschwindigkeit, mit der Gegenstände, Bilder, Töne verbreitet wurden.«[26]

25 Virilio, *Krieg und Kino*, S. 13.
26 Ebd., S. 168.

Erneut analog zu seiner Argumentation hinsichtlich der strategischen Absetzung des Territoriums zugunsten des Projektils im »Zeit-Krieg« konstatiert Virilio auch für die visuelle Dimension einen Übertritt in die vektorielle, also auf Distanz operierende Kriegsführung:

»Das Mann gegen Mann, der physische Zusammenprall verlor seine grundsätzliche Bedeutung; an seine Stelle trat das Abschlachten auf Distanz, bei dem der Gegner unsichtbar blieb. Damit wurde die optische Sicht unabdingbar, die teleskopische Vergrößerung, der Kriegsfilm, die photographische Erfassung des Schlachtfeldes.«[27]

Mit diesen Aufgaben nun ist das menschliche Auge überfordert: zum einen, weil es die fraglichen Distanzen gar nicht mehr überblicken kann, zum anderen, weil ihm dabei immer neue Sichthindernisse, Camouflagen und Blendwerkzeuge in den Weg gestellt werden. Dienten die materiellen Verteidigungswälle noch dem Schutz der Körper und Bauten, so markieren für Virilio die Schützengräben des ersten Weltkriegs bereits den Übergang zu einer Defensivtaktik des Sich-Verbergens und Sich-Versteckens vor den gegnerischen »Augen«, die nun aber schon zunehmend instrumenteller Art sind. »Das Sehen mit den Augen und die direkte Sicht sind in immer größerem Maß optischen und optisch-elektronischen Verfahren gewichen«,[28] bis diese Tendenzen im weiteren Verlauf des 20. Jahrhunderts in der Etablierung immaterieller optischer Abwehrwälle und Angriffswaffen kulminieren sollten. Sichtschutz geht nun vor Körperschutz, Durch-Sicht tritt an die Stelle des militärischen Durchstoßes. Die Entwicklung neuer Kriegstechnologien und -strategien konzentriert sich fortan auf einen optischen Rüstungswettlauf zwischen Blick-Waffen und -Panzern, Aufklärung und Tarnung, Methoden der optischen Täuschung und Irreführung und Instrumenten des Aufspürens und Entdeckens: Radar, Radarabwehrsysteme, Sonar, »intelligente« Raketensysteme, Potemkinsche Dörfer, Beobachtungssatelliten, Tarnkappen-

27 Ebd., S. 156.
28 Ebd., S. 155.

bomber etc. Der Krieg wird zum »Versteckspiel mit dem Gegner«[29] und kulminiert logischerweise in der Herstellung von »Waffen, die selbst unsichtbar, sichtbar machen«.[30]

Kriegsstrategie besteht nunmehr zuvorderst in der Verfeinerung der »Kunst, sich dem Blick des anderen zu entziehen, um selbst sehen zu können«.[31] Denn solange der Gegner gar nicht erst ausgemacht und verortet werden kann, wird jeder Schußwechsel obsolet, stößt jeder Angriff ins sprichwörtlich Leere. Folglich geht es bei der militärischen Auseinandersetzung laut Virilio immer mehr, wenn nicht nahezu ausschließlich »um einen Krieg um Bilder bzw. um die Verwaltung und Organisation von Blicken [sic!]. Dabei stellt sich für Virilio heraus, Wahrnehmung, Erkennung wird wichtiger als Munition.«[32] Mehr noch: Die Herstellung besserer Sichtbedingungen *ist* schon die Munition in den modernen Kriegen.

In einem Kontext, der derart fundamental von den Figuren des Sehenkönnens und -verhinderns, der Aufklärung und der Blendung determiniert wird, kommt dem *Licht* naturgemäß eine besondere Bedeutung zu. Virilio fixiert das Jahr 1904, als im Russisch-Japanischen Krieg zum erstenmal ein *Scheinwerfer* eingesetzt wurde, als Startpunkt des ersten »Lichtkriegs«.[33] Von hier aus beginnt eine Linie, die Virilio über die Atombombenabwürfe auf Hiroshima und Nagasaki bis zu den lasergesteuerten Waffensysteme unserer Tage zieht – eine Linie des Lichteinsatzes für Kriegszwecke in Gestalt von »Leuchtspurmunition, den Leuchtraketen, dem Feuerwerk zur Illumination des Niemandslandes, zum Erkennen nächtlicher Ziele, schließlich … die vergrößerte Reichweite der Scheinwerfer … und der Flugabwehr«.[34] Flankiert wird diese Dialektik von »falscher Erleuchtung« und Blendung des Gegners durch den mystisch überhöhten Gebrauch des

29 Ebd.
30 Ebd., S. 159.
31 Ebd., S. 89.
32 Kloock, *Von der Schrift- zur Bildschirmkultur*, S. 123.
33 Virilio, *Krieg und Kino*, S. 153.
34 Ebd., S. 157.

Lichts für propagandistische Zwecke, wie er etwa im »Lichterdom« eines Albert Speer manifest wurde.[35]

Da in Virilios Denken Licht und Geschwindigkeit in einer nicht recht nachvollziehbaren Art und Weise verquickt sind und er häufig vom »Licht der Geschwindigkeit«[36] und an anderer Stelle sogar davon spricht, daß *»die Geschwindigkeit das Licht des Lichts«*[37] sei, wird das destruktive Potential beider Entitäten für ihn im atomaren Lichtblitz besonders sinnfällig. Hiroshima ist ihm Symbol einer zweifachen Blendung, durch Geschwindigkeit wie Licht gleichermaßen, eine »Überbelichtung«, wie sie sich in den fürchterlichen Schattenumrissen niederschlägt, die die Opfer auf den umliegenden Wänden hinterließen.[38] Die endgültige Fusion von Licht und Waffe, Auge und Geschwindigkeit ist aus Virilios Perspektive mit den elektronischen, bildverarbeitenden und lasergestützen Systemen der heutigen Militärtechnologie erreicht:

»Die Projektile erwachen, allenthalben öffnen sie die Augen: Selbstsuchgeräte, Infrarot- oder Laser-Steuerungen, mit Videokameras ausgestattete Sprengköpfe, die das, was sie sehen, den Piloten und den Überwachern am Boden vor ihren Geräten übermitteln. Die Fusion ist vollzogen, die Konfusion vollkommen, nichts unterscheidet mehr die Funktion der Waffe von der des Auges; das Bild des Projektils und das Projektil des Bildes werden eins: Aufspüren und Treffen, Verfolgen und Zerstören; das Projektil ist ein Bild, eine Signatur auf einem Schirm, und das ferngesehene Bild ein mit Lichtgeschwindigkeit sich bewegendes Überschallprojektil.«[39]

Die Verwendung der Metaphern von »erwachenden« und »die Augen öffnenden« Projektilen zeigt schon, daß hier nicht mehr zweifelsfrei festzustellen ist, wo die Grenze zwischen empiri-

35 Vgl. hierzu Virilio, *Revolutionen der Geschwindigkeit*, S. 31. Zur Verwendung mythischer Figurationen in der NS-Ästhetik generell vgl. Peter Reichel, *Der schöne Schein des Dritten Reiches. Faszination und Gewalt des Faschismus*, München/Wien ^{3}1996.

36 Virilio, *Ästhetik des Verschwindens*, S. 56.

37 Virilio, *Rasender Stillstand*, S. 72.

38 Vgl. hierzu Virilio, *Revolutionen der Geschwindigkeit*, S. 35.

39 Virilio, *Krieg und Kino*, S. 180.

scher Feststellung und bildhafter Rede genau verläuft bzw. ob eine solche für Virilio überhaupt (noch) existiert. Spricht Virilio hier nur gleichnishaft um der höheren Anschaulichkeit oder des poetischen Effektes willen, oder begreift er die konstatierte endgültige Fusion von Auge und Waffe als letztlich empirischen Sachbestand? Und wie verhält es sich überhaupt mit der empirischen Relevanz dieser Thesen jenseits einer oberflächlichen Evidenz?

Die Antworten derjenigen, die sich mit den historischen wie aktuellen Zusammenhängen von Medien- und Militärtechnologien wissenschaftlich auseinandergesetzt haben, fallen durchaus uneinheitlich aus: Thilo Koenig verweist darauf, daß es heutzutage tatsächlich schon Bordkanonen geben soll, die sich automatisch nach dem Anvisieren des Pilotenauges ausrichten sollen.[40] Spricht dies zunächst für die Gültigkeit von Virilios Thesen, so kommt andererseits die materialreiche und methodisch fundierte Untersuchung Stefan Kaufmanns über *Kommunikationstechnik und Kriegführung 1815-1945* doch zu anderen Ergebnissen.[41] Auf jeden Fall für den von ihm untersuchten Zeitraum kann Kaufmann nachweisen, daß Kriegsführung sich *weder* in der Produktion von Geschwindigkeit generiert *noch* daß militärisches Waffenpotential in der von Virilio attestierten Weise in Medientechnologie aufgeht. Kaufmann konstatiert daher: Virilios »beschleunigtem Blick auf die Vergangenheit … entgehen zwangsläufig die historischen Faltungen historischer Prozesse und sicher auch gegenwärtiger Lagen.«[42]

Doch wird, unabhängig von Urteil und Gewichtung der einzelnen Militärhistoriker, niemand Virilio ernsthaft das Verdienst absprechen wollen, im Benennen der medialen Dimensionen der modernen Kriegstechnologie einen wichtigen Teilaspekt sowohl der Kriegs- als auch der Mediengeschichte aufgezeigt zu haben – aber eben nur einen *Teil*aspekt und nicht das jeweils Ganze des Krieges und der Medialität, wie Virilio behauptet.

40 Koenig, Wenn Blicke töten, S. 64.

41 Kaufmann, *Kommunikationstechnik*, S. 376-381.

42 Ebd., S. 380.

Auch für diesen Bereich seiner Dromologie gilt: *Virilio verwischt, was als spezifischerer Beitrag fraglos so verdienstvoll wie faszinierend gewesen wäre, in den Unschärfen seiner unzulässigen Verallgemeinerungen und Umkehrschlüsse.* Die Permanenz, mit der er dies betreibt, läßt aber keinen anderen Schluß zu als den, *daß ihn die singuläre Relevanz seiner Thesen weitaus weniger interessiert und zufriedenstellt als die Beweisführung einer universellen Gültigkeit seiner Dromologie im ganzen.* Wo aber der Argumentation im Grunde nur die Aufgabe zuwächst, die transhistorische Allgemeingültigkeit des eigenen Denkmodells an jedem nur denkbaren Objekt zu demonstrieren, geht die Spezifik dieses Objekts zwangsläufig verloren.

Nirgends hat sich diese Problematik bislang derart exemplarisch gezeigt wie bei Virilios Analyse des zweiten Golfkrieges. Im Grunde wäre dieser Krieg nämlich ein geradezu idealer Beleg für die Gegenwartsrelevanz der Thesen zum Krieg als optischem Versteckspiel aus *Krieg und Kino* gewesen. Doch wertet Virilio ihn gerade auf diese Aspekte hin so gut wie gar nicht aus, was doch so naheliegend wie legitim gewesen wäre. Der Grund für diesen merkwürdigen Verzicht liegt offenbar darin, daß der zweite Golfkrieg sich eben in einem Zeitalter zuträgt, in dem der Film als Leitmedium längst durch das Fernsehen und die digitalen Bildmedien abgelöst worden ist. Soll die grundsätzliche Relevanz der Dromologie nicht in Abrede gestellt werden, muß Virilio also nachweisen, daß *dieser* Krieg nicht mehr die logistischen Merkmale der Film-, sondern der *Fernseh*wahrnehmung aktualisiert. Deren immanentes Profil hatte er aber schon vorab als durch andere Aspekte gekennzeichnet definiert: Als militante Eigenschaft des Fernsehens schlechthin gilt Virilio nämlich die – schon in *Die Sehmaschine* diagnostizierte und dort als Verlust einer unverzichtbaren Zeitdifferenz zwischen Ereignis und Repräsentation begriffene – »paradoxe Logik … der Präsenz des Objektes in *Echtzeit*«,[43] also das Phänomen der temporalen Instantanität, der Aktualität des elektronischen Bildes. Aus der Binnenlogik der Dromologie folgt somit zwangsläufig, daß ein Krieg, der sich im Zeitater der Fernsehberichterstattung ab-

43 Virilio, *Die Sehmaschine*, S. 145.

spielt, in Echtzeit übertragen werden *müsse*, ja, daß die *eigentliche* Kriegshandlung sich in ebendieser Nivellierung des Zeitabstands zutrage. Und so liest Virilio auch die Operation »Desert Storm«:

»Der Zweck aber, um den es hier geht, ist nicht mehr die Beendigung eines Konflikts um irgendein Land, sondern es ist in erster Linie das *Ende der Zeiträume*, die dringliche Notwendigkeit einer absoluten Nähe zwischen den militärischen und zivilen Protagonisten, mit dem erklärten Ziel, die Zeitspanne zwischen Intention und Aktion so weit wie möglich zu annullieren.«[44]

Dies (ver)führt Virilio nicht nur zu der Behauptung, Kriegsgerät und – führung seien im Golfkrieg zu »Nebensächlichkeiten geworden, was zählt, ist ihre Darstellung in Echtzeit«,[45] sondern auch zu der Einschätzung, hier handele es sich »dank der durch Satelliten ermöglichten Allgegenwärtigkeit und dank der durch militärische Telekommunikationstechniken ermöglichten Augenblicklichkeit [um einen] überbelichteten und den Blicken ausgesetzten Krieg«.[46] In grotesker Verkennung der Tatsache, daß nun ausgerechnet *dieser* Krieg von allen des 20. Jahrhunderts derjenige gewesen ist, der wohl dem striktesten Bilderverbot überhaupt unterlag, ja, daß von diesem Krieg nur extrem wenige Aufnahmen tatsächlicher Kriegshandlungen veröffentlicht worden sind,[47] behauptet Virilio, dieser Konflikt werde per »Direktübertragung vom Fernsehen«[48] vermittelt. Mehr noch: Der

44 Virilio, *Krieg und Fernsehen*, S. 16.

45 Ebd., S. 17.

46 Ebd., S. 35.

47 Vgl. hierzu Jürgen Felix/Peter Zimmermann (Hg.), Medien-Krieg. Zur Berichterstattung über die Golfkrise, in: *Augenblick. Marburger Hefte zur Medienwissenschaft*, Heft 11/1991; Philip M. Taylor, *War and the Media. Propaganda and Persuasion in the Gulf War*, Manchester/New York 1992, und John R. MacArthur, Operation Wüstenmaulkorb, in: *Die Zeit* vom 26. 2. 1993, S. 44. Eine Auseinandersetzung mit Virilios Blick auf den zweiten Golfkrieg bietet: Morten Kansteiner, Virtuelle Echtzeit. Paul Virilio, die Medien und der altmodische Golfkrieg, in: *Der Schnitt*, Heft 1/1996, S. 32 f.

48 Virilio, *Krieg und Fernsehen*, S. 78.

zweite Golfkrieg sei zum »Weltkrieg« geworden durch seine »unmittelbare Übertragung in alle privaten Haushalte«.[49] Aufgrund der hypnotischen Wirkung dieser Echtzeitbilder aber würden über kurz oder lang die Fernsehzuschauer »zu ›Fußballfans‹ auf den Rängen der Stadien degradiert werden, die auf gelungene Aktionen ihrer Mannschaft reagieren«, und so prognostiziert Virilio unter Anspielung auf die Tragödie im Brüsseler Heysel-Stadion »einen zivilen, bürgerkriegsähnlichen Konflikt in Europa und anderswo«.[50]

Virilio zeigt sich (nicht nur hier) außerstande, seine vorgefaßte Meinung über den Zusammenhang von Fernsehen und Krieg überhaupt noch an der Elle der Realität zu überprüfen, sondern sieht nur das, wovon er vorab schon überzeugt ist. Dies führt zu hermetischen Zirkelschlüssen, die die damit in Beschlag genommene Realität in einer Art und Weise derart intentionalistisch lesen und verzerren, daß sowohl der Vorwurf der maßlosen Übertreibung (Ausbruch eines Bürgerkrieges) als auch der der gefährlichen Verharmlosung (Kriegsgerät als Nebensächlichkeit) nicht ohne weiteres von der Hand zu weisen sind.

Dies gilt unter anderem auch für die – in ihrer Überspitzung wieder haltlose – These von der *Ersetzung* des materiellen Krieges durch die Immaterialität der optisch geführten Auseinandersetzung. Denn letzten Endes werden in Kriegen immer noch vor allem territoriale Eroberungen unternommen, sterben Menschen, werden Städte zerbombt. Und seit dem jugoslawischen Bürgerkrieg ist wohl auch die anhaltende Bedeutung des Stellungskrieges, den Virilio schon für historisch überholt angesehen hatte, nicht mehr wegzudiskutieren. Virilios reduktionistische Gleichsetzung des Krieges mit seinen zeitlichen und visuellen Komponenten erweckt bisweilen den fatalen Eindruck, als solle »der von den kriegsführenden Parteien propagierte Eindruck des ›sauberen Krieges‹ … auf diese Weise ‚wissenschaftlich‹ unterstützt«[51] werden. Auch wenn dies sicher nicht Virilios Inten-

49 Ebd., S. 41.
50 Ebd., S. 36.
51 Beck, *Soziale Konstruktion von Zeit*, S. 337.

tion ist, so ist seine allzusehr auf die Beweisführung der eigenen Thesen kaprizierte Darstellung des Krieges als einer reinen Schlacht der Blicke und Bilder aber durchaus dafür prädestiniert, derartige Irritationen bei seinen Lesern auszulösen oder sogar denkbar zynische Perspektiven auf die Kriegsrealitäten zu eröffnen.

All dies ist aber in der Natur dieses hermetischen, über zirkuläre Identitätsbehauptungen sich definierenden Systems bereits begründet. Wo nämlich ohnehin *alles* Krieg, wo *jegliches* medial unterstützte Sehen schon Destruktion ist, wo *jeder* Film den Status des Krieges erhält, wo selbst der Eisenbahnfahrt schon bescheinigt wird, sie foltere und zerreiße den Körper des Passagiers – *da hebt sich das unverzichtbare Dinstinktionspotential von Wahrnehmung tatsächlich auf.* Und damit geht *das Bewußtsein für die nach wie vor sehr realen Unterschiede* zwischen Krieg und Nicht-Krieg, dem Auge und dem Maschinengewehr, dem Film und dem Leben, der Bahnreise und der Folter, kurz: *das Wissen um die grundlegende Differenz von Metapher und Substanz* auf Dauer verloren – am Ende sogar noch für den Erfinder dieser Sichtweise selbst. Für Virilio ist schließlich alles *eins*, und damit ist ihm alles gewissermaßen auch *nichtig*. »Krieg ist Kino und Kino ist Krieg«, ist Technik, ist Licht, ist Mobilisation, ist Versteckspiel, ist Beschleunigung, ist Politik, ist Stadtplanung, ist ist ist … In dieses hermetisch abgeriegelte Denk-Gebäude aber kann – und *darf* ganz offenbar – nichts von außerhalb eindringen: keine Gegenrede, kein relativierendes Gegenbeispiel, keine abweichende Realität, nicht einmal ein einziger *Blick*.

Approximation als Krieg oder Die Welt als Dromologie und Vorstellung

Die Rekonstruktion der Virilioschen Theoreme ist unverkennbar immer wieder an Grenzen gestoßen, ist – um im Bild zu bleiben – an den hermetischen Mauern dieses Denk-Gebäudes aus Zirkelschlüssen, unbewiesenen Behauptungen und unentwegten Widersprüchen insofern abgeprallt, als diese zunächst auf keinen konzeptionellen Nenner zu bringen sind. Wie eingangs vermerkt, läßt sich daraus eine kohärente Argumentationslinie nur zu dem Preis abstrahieren, die jeweils gegenläufigen oder in sich widersprüchlichen Passagen schlicht ausgeblendet zu halten. Eine im herkömmlichen Sinne systematisierende Zusammenfassung der Dromologie müßte sich daher in dem Fazit erschöpfen, daß für Virilio eben alles irgendwie mit Krieg und Beschleunigung zu tun hat – was den Begriff der Systematik logischerweise bis zur Nichtigkeit aushöhlen würde.

Da also die äußerst limitierte Furchtbarkeit einer *re*konstruierenden Arbeit an Virilios Texten offenkundig geworden ist, gilt es jetzt noch einmal, die Erkenntnisse unserer *de*konstruierenden Analyse der Virilioschen Stilistik aufzugreifen und zu fragen, inwieweit diese wiederum einen *andersgearteten* Verständniszugang zu den vorgestellten inhaltlichen und methodischen Paradoxien und Idiosynkrasien ermöglichen können.

Wenngleich man *in erster Linie* fragen müßte, warum bislang keine der mir bekannten Publikationen zu Virilio die extreme Irrationalität dieses Diskurses auch nur angesprochen hat, so soll uns dieses Versäumnis der wissenschaftlichen Kritik nicht von der Frage abhalten, warum Virilio *selbst* eigentlich die Widersprüche, Ausblendungen und Realitätsinadäquanzen seiner Thesen nicht registiert und nachträglich revidiert hat. Die einzig denkbare Antwort auf diese Frage scheint mir in der Vermutung zu bestehen, daß *ihm* alles in seiner Dromologie Gesagte in der Tat einheitlich, zusammenhängend, logisch und zwingend vorkommen muß. Also scheint es wenigstens *aus seiner Perspektive* eine Kongruenz des von ihm Konstatierten sehr wohl zu geben – auch wenn wir diese Kongruenz sicher nicht auf der Ebene der Empirie oder der diskursiven Stimmigkeit werden ausmachen können.

Und in der Tat gibt es gewissermaßen *einen* Brennpunkt, an dem all diese disparaten Beobachtungen und Sätze zusammenlaufen – einen Punkt, der allerdings erst dann einsichtig werden kann, wenn man sich endgültig von der Option verabschiedet hat, Virilios Ausführungen zielten auf empirische Sachverhalte ab: Krieg, Technik, Geschwindigkeit, Politik, Transport- und Verkehrswesen, Medialität und Visualität stellen in diesen Texten – auch wenn deren Autor dies ersichtlich anders wahrnimmt – keine realen Entitäten dar, sondern sind reine *Metaphern.* Sie bezeichnen erst recht keine distinkten Entitäten, sondern sind *Synonyme*, deren tertium comparationis ihr (von Virilio so empfundenes) *gemeinsames kinetisches Grundmuster*, ihre analoge Bewegungsrichtung, eben: ihr *Vektor* ist. Der vorgebliche Außenbezug seiner Thesen löst sich daher immer wieder in der stereotypen Beschwörung des nämlichen vektoriell-kinetischen Grundmusters auf, auf das alles, aber auch wirklich alles zurückgeführt wird: Selbst die Funktion der Abschreckungspolitik reduziert sich für Virilio letztlich darauf, daß sie »zur Auflösung all dessen [führt], was uns *trennte* und *differenzierte* und diese Nicht-Differenz ist für uns mit einer politischen Erblindung gleichzusetzen«.[1] Dies kennen wir nahezu wortgleich bereits aus der Diskussion über Urbanismus und topographische Nähe, und zeigt, daß es in all den divergenten Gegenstandsbereichen der Dromologie immer wieder nur um diese Klage über den Wegfall der Distanzen geht. Der Verlust des räumlichen Abstands wird verallgemeinert und als Bedrohung ontischer, zeitlicher oder visueller Distanzen in den verschiedensten Variationen thematisiert und durchgespielt.

Virilios Weltsicht ist dabei auf die Wahrnehmung des immergleichen Vektors im schlechthin Differenten verengt, ohne daß dabei die realen Unterschiede zwischen den dergestalt relatio-

1 Virilio, *Geschwindigkeit und Politik*, S. 187.

nierten Phänomenen überhaupt noch Beachtung finden würden. Die Bewegungsrichtung dieses Vektors ist in seinem *Näher-Kommen*, im *Räume-Durcheilen auf ein bestimmtes Ziel hin* und dem dadurch generierten *Schwinden oder gar Wegfallen der Abstände* definiert. Insofern erklärt sich die zentrale Bedeutung der Geschwindigkeits-Metapher für Virilio tatsächlich aus dem zitierten Umstand, daß »alles, was uns etwas näher bringt, gewissermaßen eine Figur der Geschwindigkeit« ist. Der zeitliche Parameter wird hierbei mit seiner räumlich wahrnehmbaren Manifestation gleichgesetzt und avanciert darüber zur naheliegenden Metapher für den Vektor der Approximation.

Auf nichts anderes aber reduziert sich auch Virilios Hypostasierung des Blicks, erst recht jenes instrumentell verstärkten, damit durchdringenderen und mobileren Kamera-Blicks: Auch dieser wird, wie schon seine Assoziation mit einem Motor zeigt, primär als eine *immaterielle Form der Approximation* begriffen. Und noch in Virilios Kritik der *Geraden* waltet die nämliche Figur einer Warnung vor dem denkbar direktesten Annäherungsvektor.

Dieser Vektor nun, so scheint Virilio zu glauben, ist omnipräsent und unentwegt auf *ihn* gerichtet und wird von ihm daher offenbar als zutiefst bedrohlich – eben als *Kriegserklärung* – empfunden.[2] Nirgends tritt das vielleicht derart deutlich zutage wie in der oben zitierten These, daß »Menschenraub und Entführung die eigentlichen Motive für beschleunigte Fortbewegung sind.« Unschwer ist in diesem Satz die Biographie ihres Verfassers, konkret: die frühkindliche Bedrohung der Deportation durch die Gestapo, wiederzuerkennen, nur daß sie hier zum Seinsbefund schlechthin ontologisiert wird. Virilio verallgemeinert also die eigene Traumatisierung zum Welterklärungsmodell, kann zwischen singulärer Erfahrung und generellem Seinszustand offenbar nicht hinreichend differenzieren und genausowe-

2 Erinnern wir uns auch noch einmal daran, was Virilio zur Legitimation und Genese seiner Philosophie angeführt hat: »Der Krieg ist gegen mich, ganz und gar gegen mich« (Virilio/Rötzer, Die Ästhetik des Verschwindens, S. 199). Bereits hier zeigt sich eine stark personalistische Wahrnehmung und Aneignung der Kriegsthematik, die nicht frei von narzißtischer Färbung ist.

nig zwischen Metapher und Substanz dessen, was Krieg für ihn bedeutet (hat).

Daraus folgt aber auch, daß die von Virilio propagierte Relation zwischen Krieg und Approximation anders gelesen werden muß: Nicht der Krieg manifestiert sich, wie Virilio behauptet, in all den aufgeführten Mobilisationsfunktionen und deren vektorieller Annäherung, sondern *alles, was ihm (zu) nahe kommt, wird von Virilio als Kriegszustand erlebt und formuliert. Nicht der reale Krieg ist oder generiert Approximation, sondern jede Annäherung ist für Virilio bereits ein Krieg.* Es gibt mithin nicht jene »mythische Dimension« eines alles umfassenden »Kriegs-*Raums*, die räumliche Dimension eines totalen Krieges«,[3] die Virilio entdeckt zu haben glaubt, sondern die räumliche Allgegenwart des Krieges ist Virilios privater Mythos.

Ebenso ist Sehen und Erblicktwerden nicht die entscheidende Dimension der realen Kriegsführung, sondern Virilio empfindet die Vorstellung des Gesehenwerdens als Kriegshandlung, und diese Bedrohungspotenz wird im Zeitalter von Aufklärungssatelliten, Infrarot-Optiken und mikroskopischer Photographie natürlich ins Extrem übersteigert. Nur deshalb also sind der Dromologie alle Sehinstrumente Waffen, weil *jedes* optische Instrument die von Virilio ohnehin schon als lebensbedrohlich empfundene Gefahr des Erblicktwerdens nochmals erhöht. *Metapher und Substanz, Empirie und Phobie, Objektivität und subjektive Vorstellungswelt, Innen und Außen werden in der Welt der Dromologie einfach umgekehrt.*

Es wäre daher Aberwitz, Virilios Philosophie des Krieges für eine diskursive Auseinandersetzung mit der Empirie des Krieges zu halten: Hier geht es um eine *strikt hermetische Privatmythologie*, deren synonyme Zentral*metaphern* wie Krieg, Geschwindigkeit, Mobilisation, Medium etc. mit jenen *Kategorien* gleichen Namens allein im Sinne partieller, eben »akzidenteller« Überschneidung überhaupt noch Berührungspunkte aufweisen. In Virilios Texten erfahren wir nicht wirklich etwas über die Relevanz von Annäherung, Mobilisation und Beschleunigung für die

3 Virilio/Lotringer, *Der reine Krieg*, S. 8.

Die Räume des Paul Virilio: Der Bunker als uneinnehmbare Festung.
Bunker am Atlantikwall, photographiert von Paul Virilio

Realität des Krieges, sondern wir werden Zeuge einer *fortwährenden Verschiebung individueller Kriegstraumata in ein mythisch überhöhtes Theorie-Gebäude, das selbst zugleich Instrument eines Bannungsversuchs dieser Ängste ist.*

Letzten Endes scheint allein eine *völlig immobile Welt* Virilio überhaupt noch Rettung vor der destruktiven Macht des Vektors versprechen zu können, eine Welt, in der *alles dauerhaft auf Distanz bleibt.* Allein aus dieser Dynamik erklärt sich die teilweise ins Absurde überhöhte Angst vor jeglicher Mobilität und die damit einhergehende Aufwertung der Immobilität zum erstrebenswerten Seinszustand, die Virilio selbst die »Ruhestellung eines aufgebahrten Toten« noch als Positivum erscheinen läßt. Wo aber Mobilität derart panisch besetzt ist, *muß* jede Form von Veränderung und damit auch der Wandlungsprozeß der Geschichtlichkeit dem gleichen Bannstrahl anheimfallen: Die kulturkritische Polemik Virilios gegen eine sich (schnell) wandelnde Welt ist somit nur eine weitere Projektionsfolie seiner Sehnsucht nach einem Ort des Wandlungsresistenten, nach einer Welt, in der sich nichts mehr bewegt – nach einer Welt im *Stillstand.*

Solange das aber – aus naheliegenden Gründen – nicht der Fall ist und sein kann, hält der »Kriegszustand« an, befürchtet Virilio offenbar immer noch, erblickt, aufgespürt, ergriffen und deportiert zu werden, auch wenn sich diese Bedrohung längst vom Konkreten in ein diffuses Allgemeines verschoben hat. Vielleicht ist letzteres aber sogar noch schwerer zu ertragen, denn wohl nicht von ungefähr zitiert Virilio so häufig ein norwegisches Sprichwort, das besagt: »Die Angst ist grausam, ... sie tötet nie, beeinträchtigt aber das Leben.«[4] So bleibt Virilio nichts anderes, als einerseits mit der eigenen Arbeit gegen diese Angst anzuschreiben, in der ohnmächtigen Hoffnung, dadurch eine Beendigung dieses spezifischen »Krieges« herbeiführen zu können – *und sei es, indem er selbst den Lauf der Welt symbolisch arretiert* in der Formulierung von Thesen, die für sich transhistorische und damit wandlungsresistente Gültigkeit in Anspruch nehmen.

4 Virilio, *Der negative Horizont*, S. 41.

In einer klassischen Projektion unterstellt Virilio daher auch dem modernen Mobilitätsprimat ein heimliches »Verlangen nach Trägheit [und den] Willen, die Welt auf einen einzigen, identischen Ort zu reduzieren«.[5] Denn als weitere Option bleibt Virilio noch genau dies: die symbolische Reduktion der Welt auf einen einzigen Schutzraum. Und im Bau eines solchen Refugiums wird Virilio versuchen, genau das zu praktizieren, was der (reale) Krieg ihn gelehrt hat: »Im Krieg hat man gesehen, wie wichtig Verstellung, Tarnung und Verschwinden waren – jeder Krieg wird mit List geführt.«[6] Wie nun Virilios »Kriegslist« konkret aussieht, davon haben wir bereits bei der Analyse seines Stils einen ersten Eindruck gewonnen: Nach dem (intrapsychischen) Verlust des Territoriums, dem Ende der Architektur und des Urbanen ist das symbolische Haus namens Dromologie Virilios einzig verbleibender Schutzbunker. Und angesichts der von ihm konstatierten Veränderungen der Kriegstaktik hin zur Schlacht der Blicke muß dieser Schutzbunker nicht nur abgeschlossen und kryptisch verwinkelt, sondern überdies noch *uneinsehbar* sein. Nichts, so hatte ich es formuliert, darf in dieses Gebäude eindringen – nicht einmal ein Blick. Allein aus dieser Schutzfunktion heraus erklären sich der Solipsismus, die Hermetik und die Unfähigkeit zur Relativierung der eigenen Sichtweise, die dieses Gebäude kennzeichnen: Es handelt sich um *Abwehr-Figuren eines sich radikal von der Welt abschließenden Denkens, das schließlich nur noch in den eigenen vier Wänden behaust ist* – just so, wie Virilio es für die künftigen Mediennutzer prophezeit hat. Es handelt sich hierbei – um in diesem Bild zu verweilen – ferner um die notwendigerweise dicken Schutzmauern und Sichtblenden, hinter denen ihr Autor sich tarnen, verstecken und verschwinden kann, wie wir dies schon als Funktionsbestimmung seines kryptischen Stils erkennen konnten. Wenn es bei Virilio um eine *Ästhetik des Verschwindens* geht, so spricht er in seinen diesbezüglichen Ausführungen also im Grunde nur über seine eigene Schreibpraxis.

5 Virilio/Lotringer, *Der reine Krieg*, S. 67.

6 Ebd., S. 90.

Die Vielzahl der hier aufgeführten Projektionsleistungen verdeutlicht schon, daß es in der Konsequenz dieser *dromologischen Fluchtbewegung* schließlich zu einer radikalen Umkehrung des Verhältnisses von Innen und Außen kommen mußte – eine Umkehrung, die Virilio signifikanterweise als Auswirkung der elektronischen Medien auf die Architektur (!) unter der Kapitelüberschrift »Das Gesetz der Nähe« (!) abhandelt: »Dieses Prinzip gilt selbst für die in der Architektur zentralen Begriffe INNEN und AUSSEN, die allmählich ihre Bedeutung verlieren.«[7] Wo sich aber in einem *Denk*gebäude das Verhältnis von Innen und Außen umzukehren oder gar ganz aufzulösen droht, da wird zugleich die Relation von Welt und philosophischem Zugriff auf sie auf den Kopf gestellt. Und genau dies kennzeichnet den Blick, den Virilio aus seinem symbolischen Schutzbunker heraus auf die »vorbeirasende« Welt wirft. Intention und Bestimmung seiner Dromologie generieren sich gerade *nicht* in der Bezugsaufnahme zur Realität einer außertextuellen Welt, *sondern die Dromologie stellt eine phantasmatische Immunisierungsmethode dar, deren (Flucht-) Motorik gerade darin begründet ist, eine Realität sui generis zu kreieren.* Das hermetische Text-Gebäude selbst wird zur autonomen, zur eigentlichen Welt und glaubt darüber, der Realität ihrerseits jene Strukturen vorgeben und einprägen zu können, die letztlich aber nur die des dromologischen Zirkels selber sind. In diesem Sinne handelt es sich hierbei auch um eine *symbolische Ermächtigungsfigur* gegenüber einer als bedrohlich erlebten Außenwelt.

Wir hatten diese Verschiebung schon anhand von Virilios Thesen zum zweiten Golfkrieg aufzeigen können, wollen das Prinzip aber im Zusammenhang mit einer weiteren Variante des Virilioschen Konzepts des »Verschwindens« noch einmal vertiefend darlegen: Im Kontext seiner Überlegungen zum transpolitischen und -nationalen Staat postuliert Virilio eine hieraus erwachsende »Politik des Verschwindens« bzw. die Errichtung einer »Gesellschaft des Verschwindens«.[8] Darunter subsumiert er kurzerhand sowohl die vor allem in den totalitären Regimen

7 Virilio, *Fluchtgeschwindigkeit*, S. 79.

8 Vgl. hierzu: Virilio, *Der negative Horizont*, S. 229 ff.; sowie Virilio/Lotringer, *Der reine Krieg*, S. 89.

Südamerikas praktizierte spurlose Beseitigung mißliebiger Personen, als auch das »Verschwinden in der Zeit-Ordnung der Fernsehübertragung des Ereignisses«.[9] An dieser Stelle aus *Der reine Krieg* fühlt sich aber sogar Virilios Stichwortgeber Sylvère Lotringer bemüßigt, zu intervenieren:

Frage: »Beides kann man nicht einfach vertauschen. Zum einen gibt es die absolute Trägheit, sie läßt die Fernsehzuschauer er-starren ... Die Menschen in Südamerika hingegen sind einfach vom Erdboden verschwunden. Doch ihre Passivität gehört nicht zum technischen Apparat selbst. Es handelt sich schlicht und einfach um polizeiliche Liquidierung.«
Virilio: »Es gibt da qualitative Unterschiede. Doch wirft dieses Phänomen irgendwie [!?] Licht auf die terroristische Praxis und den Staatsterrorismus, wie er in Lateinamerika mit der Technik des Verschwindens entwickelt worden ist. Man praktiziert nicht mehr [?] die Konzentration, die Einsperrung in Lager, die deutsche Variante, sondern man läßt Menschen einfach verschwinden. Ein Taschenspielertrick, soziale Magie. Das ist die Gesellschaft des Verschwindens.«
Frage: »Was verstehst du genau unter Gesellschaft des Verschwindens?«
Virilio: »Bis zum zweiten Weltkrieg – bis zu den Konzentrationslagern – sind die Gesellschaften durch Einsperrung, durch Einschließung im Sinne Foucaults, gekennzeichnet. Die große Transparenz der Welt, ob durch Satelliten oder auch bloß durch Touristen [?], hat dazu geführt, daß die Orte den Blicken, der Presse und der öffentlichen Meinung übermäßig [?] ausgesetzt sind. Seitdem verbieten sich deshalb Konzentrationslager [?]. In dieser Welt der Allgegenwärtigkeit läßt sich nichts isolieren [!]. Selbst wenn es noch Lager gibt, erfordert die Über-Belichtung der Welt, daß man Einschließung und Einkerkerung langsam hinter sich läßt [?]. Man muß eine andere Art von Repression finden, nämlich das Verschwinden.«[10]

Es bedarf im Sinne der herausgearbeiteten *Wahrheit des Textes* keiner allzugroßen Spekulation darüber, ob und inwieweit sich sein Autor hier *eigentlich* nur über die Beweggründe seiner eigenen Einbunkerung oder seines eigenen Verschwindes ausläßt. Dennoch fällt es angesichts der Ungeheuerlichkeiten, die Virilio

9 Virilio/Lotringer, *Der reine Krieg*, S. 87.
10 Ebd., S. 89.

hier als *außertextuelle Wahrheit* auszugeben sucht (und mutmaßlich sogar als solche empfindet), zunehmend schwerer, sich diesem Diskurs noch *sine ira et studio* zu nähern. Doch wird selbst diese Passage in ihrer naiven Bedenken- und Geschmacklosigkeit und in ihrer Tendenz zur Geschichtsfälschung noch überboten durch die folgende Textstelle aus *Der negative Horizont,* in der Virilio erneut versucht, den von ihm postulierten Übergang von einer Gesellschaft der Präsenz zu jener des Verschwindens zu »belegen« – allerdings am schlechthin un-denk-barsten Objekt überhaupt:

»Der *Gelbe Stern* hob den Juden aus der anonymen Menge hervor [???], das *weiße Kopftuch*, das die ›Locas‹ der Plaza de Mayo tragen, beschwört die Verweigerung der Trauerarbeit, die Verneinung der Witwenschaft. Auf das Zeichen der Zugehörigkeit [???] folgt das Signalement der Verschwundenen, ihre Todeserklärung. Es handelt sich also um eine radikale Umkehrung: Während der politische [?] Staat ein Bürgerrecht [?] und eine nationale Identität [?] beinhaltete, schließt der transpolitische Staat in diametralem Gegensatz dazu einen Verlust der Identifizierung, eine zunehmende Diskreditierung jeder rechtens bestehenden Staatsbürgerschaft mit ein.«[11]

Das einzige, womit man Virilio für derartige Zeilen noch entschuldigend in Schutz nehmen kann, ist das Eingeständnis, daß diese Philosophie sich längst von jedem Bezug zur außertextuellen Realität verabschiedet hat. Er merkt offenbar gar nicht, *was* er da eigentlich über den Judenstern sagt, weil ihn die Realität nicht als solche interessiert, sondern einzig und allein *in ihrer Funktion als Belegmaterial seiner Dromologie*. Entscheidend ist für ihn nicht, ob seine Philosophie einen Beitrag zum Verständnis der Welt bieten kann, sondern allein, ob die Mauern der Dromologie intakt bleiben – lies: ihr umfassender Wahrheitsanspruch ohne Abstriche auf absolut *jedes* Objekt ausgedehnt werden kann. Und wo diese beiden Größen nicht so recht zusammenkommen wollen, baut sich Virilio das Bild der Wirklichkeit so zusammen, daß es den Thesen seiner Dromologie doch wieder eingepaßt werden kann. Würde ihm dies nicht gelingen, dann

11 Virilio, *Der negative Horizont*, S. 230.

wäre er – so befürchtet er offenbar, denn anders sind derartige Instrumentalisierungen nicht mehr zu begründen – seines Schutzraums beraubt. Und der erscheint ihm allemal wichtiger als ein an der Empirie der Fakten sich orientierender Blick nach draußen. Dies erklärt aber auch den eklektischen und willkürlichen Zugriff auf vorgängige Diskurse, mit denen die Textwände der Dromologie gespickt sind: Auch an den von Virilio zitierten Denksystemen, historischen Begebenheiten, ästhetischen wie wissenschaftlichen Diskursen interessiert ihn nur, ob und was davon zur weiteren Stärkung der dromologischen Schutzmauern dienen kann. Der Blick auf alles außerhalb des Bunkers bleibt strikt intentionalistisch, auf Vereinnahmung ausgerichtet, alles ist hier nur wortwörtlicher Baustein für eine obsessive Text-Architektur.

Das ist fraglos ein hartes Urteil über diese Philosophie, und dies um so mehr, als noch und *gerade* in der Massivität ihrer Realitätsabgewandtheit zugleich die Massivität der dieser Fluchtdynamik zugrundeliegenden Traumatisierung unmißverständlich mit aufscheint. Ja, das Ausmaß der hierfür konstitutiven Angst vor Entdeckung könnte geradezu die Frage aufwerfen, ob man über die Dromologie nicht besser den barmherzigen Mantel des Schweigens decken und dieses Gebäude eben *nicht* bis auf seine Grundfesten und Brandmauern hinab dekonstruieren sollte. Doch ist die Fluchtbewegung nur die eine Seite dieser Philosophie. Zu ihrer anderen Seite zählt der Angriff (wenngleich auch dieser, wie der Text uns gelehrt hat, »aus der Angst resultiert«). Auch wenn es also der Verteidigung dienen mag, so ist Virilios Diskursführung ihrerseits sehr wohl ein aggressiver Akt, Ausdrucksform und Waffe eines Autors, der nach seiner eigenen Wahrnehmung immer noch mitten im Krieg lebt. Daher schießt Virilio aus den Sichtschlitzen seines Bunkers – um dieses Bild ein letztes Mal zu benutzen – durchaus scharf auf alles, »was sich da draußen bewegt«. Und seine Angriffswaffen rekrutieren sich dabei aus just jenem Arsenal der »dromokratischen« Herrschaftsinstrumente: Blendung, agitatorische Rhetorik, Hypnotisierung, Überrumplung durch Tempo, Fragmentarisierung, Verzeichnung der Realität etc.

Insofern kann ich in Virilios Texten – entgegen seinen eigenen Forderungen und Behauptungen – gerade *keine* »wissenschaftliche und philosophische Demut« erkennen. Ganz im Gegenteil kommen in seinen Schriften immer wieder Querschüsse zustande, die weniger Text»unfälle«, sondern schlicht *ethische und geschmackliche Entgleisungen* darstellen: So verhöhnt Virilio die Kampfanzüge, die die GIs im zweiten Golfkrieg gegen Giftgasangriffe schützen sollten, als »Karnevalskostüme« und stellt völlig abstruse Verbindungen zu den zeitgleich stattfindenden Modeschauen in Paris her, die in der Vermutung enden, es würden sich nun wohl die »großen Modeschöpfer wie gewohnt in die Golfregion begeben, um dort den Kunden ihre neuen Modelle vorzustellen«.[12] Mögen derartige Invektiven sich durch die offensichtliche Willkür ihrer assoziativen Kombinatorik selbst desavouieren, so entweichen Virilios (g)eifernder und agitatorischer Rhetorik aber auch Passagen wie die über die Invasion der Alliierten 1944, die ihrerseits nichts anderes als eine höchst bedenkliche Geschichtsklitterung darstellt:

»Die alliierte Invasion hat einmal mehr das Problem des Realismus von gefilmten Zeugnissen aufgeworfen. Bekanntlich bedeckten keineswegs [?] meterweit Eingeweide den Strand der Normandie, und militärisch war die Invasion eine bemerkenswerte und schwierige Invasion nicht wegen der – sehr schwachen [?] – deutschen Streitkräfte, sondern wegen der katastrophalen Wetterbedingungen und der Komplexität der normannischen Landschaft. Die alliierten Befehlshaber schickten, um durch Zahlen beeindrucken zu können [?], ihre Leute in spektakuläre Selbstmordunternehmen [?], wie die Erstürmung der Pointe du Hoc, ehe [?] Zanuck 1962 mit sechs Regisseuren, fünfzig Stars und zwanzigtausend Statisten seine Wochenschau-Fiktion auf der Île de Ré und in Spanien drehte, auf Stränden, die mehr hermachten als die der Arromanche, und so eine Schlacht unsterblich machten, die eigentlich gar nicht stattgefunden hat. [?]«[13]

Wer immer wieder *so* mit der historischen Wahrheit umspringt, muß es sich auch gefallen lassen, daß die Wahrheit seiner Texte

12 Virilio, *Krieg und Fernsehen*, S. 66.

13 Virilio, *Krieg und Kino*, S. 86.

(und damit sein Refugium) ausgeleuchtet wird. Denn auch wenn wir feststellen mußten, daß Realitätsbezug nicht die wirkliche Betrachtungshinsicht der Dromologie ist, so gibt ihr Verfasser selbst solche Passagen als historisches Faktum aus, was in den Händen von Revisionisten tatsächlich bedenkliche Folgen zeitigen könnte. Und: Auch wenn diese Philosophie eine *der* Angst und eine *aus der* Angst geborene ist, so ist sie eben auch eine, die ihrerseits Angst zu verbreiten sucht, was ihr kraft ihres als wissenschaftlichen Analyse getarnten apokalyptischen Diskurses bei weiten Leserkreisen wohl auch gelungen ist, wie ihre Rezeptionsgeschichte nahelegt. Der (wissenschafts)ethische Imperativ bei einer kritischen Analyse der Dromologie kann daher nicht lauten, Virilios Schutzgebäude intakt zu lassen, *sondern den Blendungscharakter dieser Rhetorik zu enttarnen* und daran zu erinnern, daß es in Virilios Texten immer nur *eine* Wahrheit zu besichtigen gibt – die Wahrheit seiner Texte als einer Welt sui generis.

Endzeiten: Die Wiederkehr des Stillstands

Um eine weitere semantische Tiefenschicht der Dromologie dekonstruieren zu können, gilt es, sich einer gewissen Ambivalenz in Virilios Blick auf die von ihm kritisierten Phänomene bewußt zu werden. Selbst seine Anhänger kommen nicht umhin, irritiert festzustellen: »Es ist nicht ganz klar, ob er von dem, was er auftauchen sieht, fasziniert ist oder nicht.«[1] Auf der einen Seite beschwört Virilio in seinen Zukunftsszenarien das Schreckensbild einer vom Untergang bedrohten Menschheit herauf, werden sämtliche von ihm beobachteten Tendenzen immer an ihr mögliches Extrem weitergedacht: »Die Beschleunigung ist buchstäblich DAS ENDE DER WELT.«[2] (Wobei das französische *fin* neben »Ende« auch »Ziel« bedeuten kann!)

So scheint es – unabhängig davon, ob man diese Prognosen teilt oder nicht – zunächst keinen Zweifel daran geben zu können, daß Virilio sich als ein Mahner vor den vom ihn befürchteten Folgen unserer Kultur der Beschleunigung, Medien und Motoren versteht. Doch selbst in dieser Hinsicht bleiben seine Texte im angesprochenen Sinne zwie-spältig, flechten sich immer wieder signifikante Formulierungen ein, die mehr Faszination als Furcht beim Gedanken an die drohende Gefahr verraten. Denn wie anders könnte man es interpretieren, daß einem so vehementen Kritiker der Beschleunigung die Formulierung unterläuft, »viel sicherer als jede andere Art von Auseinandersetzung wird die Geschwindigkeit uns von dieser Welt erlösen« (!) und daß sie daher »ein letzter Krieg«[3] sei? Ist dies ironisch oder metaphorisch gemeint? Welche innere Haltung zum Gegenstand seiner Rede artikuliert der Text hier?

So unbestreitbar wie die Tatsache, daß der bekennende Christ

1 Altwegg/Schmidt, *Französische Denker*, S. 182.

2 Virilio, *Fahren, fahren, fahren …*, S. 30.

3 Virilio, *Geschwindigkeit und Politik*, S. 184.

Virilio in seinen Büchern mehr als einmal in einen stark predigerhaften Duktus verfällt, ist seine offenkundige Orientierung an den Inhalten der christlichen Heilslehre generell: Seine extreme Polarisierung von Schrift und Bild weist nicht von ungefähr bemerkenswerte Affinitäten zur Tradition des jüdisch-christlichen Bilderverbots auf, bezieht aus diesem mutmaßlich sogar starke innere Motivation und Legitimation. Selbst seine Ablehnung der Beleuchtung entwächst – neben den biographischen Motiven – zu einem gewissen Teil einem theologisch inspirierten Vorbehalt: Da das Buch Genesis, wie alle Schöpfungsmythen,[4] einen unmittelbaren Zusammenhang zwischen Lichtwerdung und Entstehung der Zeit entwirft, liest Virilio das (Schöpfungs-)Licht als Ausdruck einer unmittelbaren »Wahrheit« im metaphysischen Sinne, die durch den künstlichen Realismus der Beleuchtung verfälscht werde.[5] Ein weiteres, von Virilio erstaunlich oft benutztes biblisches Motiv ist das der Wüste als eines Orts der Versuchung, Introspektion und Initiation oder Neugeburt. Schon hier allerdings wird das theologische Bild von Virilio überschußlos mit topographischen Realitäten abgeglichen, etwa indem Howard Hughes' Leben in der Wüstenstadt Las Vegas in den Kategorien dieser Tradition interpretiert wird,[6] oder indem die Hochgeschwindigkeitsversuche auf Wüstensand als metaphysische Versuchung konnotiert werden.[7]

Formale Manifestation solch *ungebrochener* Übernahme christlicher Mytheme in die eigene Argumentation ist die häufige Verwendung von Bibelzitaten in seinen Texten, die Virilio als gleichwertige Diskursbausteine neben wissenschaftlichen und philosophischen Quellen heranzieht. Doch bei allem, insofern zunächst unspezifischen Rückbezug auf die biblischen Schriften fällt doch auf, daß das Buch der *Apokalypse* bei Virilio einen besonderen Stellwert einnimmt: zum einen als Textquelle und Bildreservoir – zum andern offenbar als geschichtsphilosophi-

4 Vgl. hierzu Gendolla, *Zeit*, S. 10-18.

5 Vgl. hierzu Virilio, *Fluchtgeschwindigkeit*, S. 192 f.

6 Vgl. hierzu Virilio, *Ästhetik des Verschwindens*, S. 30 f.

7 Vgl. hierzu Virilio, *Der negative Horizont*, S. 198 ff.

sches Grundmuster. Gleich mehrfach wird in Virilios Schriften direkt auf die biblische Apokalypse rekuriert bzw. diese zitiert,[8] und der *Ästhetik des Verschwindens* ist als Motto die apokalyptische Mahnung des Apostels Paulus vorangestellt, daß »die Gestalt dieser Welt vergeht«.[9]

Daß Virilios Denken apokalyptisch gefärbt sei, gilt geradezu als Allgemeinplatz und Standardformulierung unter seinen Interpreten, doch sagt das in aller Regel zunächst nicht allzuviel über Grad und Verbindlichkeit dieses Einflusses aus. Man wird jedoch erste Zweifel bekommen, ob nicht das Attribut »apokalyptisch« vielleicht weniger eine abgestandene Metapher der Kritiker als vielmehr doch die heimliche *Substanz* des Virilioschen Denkens darstellt, wenn Virilio selbst sich zu den Beweggründen seiner Arbeit wie folgt äußert: »Es geht hier um apokalyptische Fragen. Damit meine ich nicht, daß wir alle eines Tages sterben, nein, sondern daß der Sinn der Welt zum Ende gekommen ist. Und das ist schon da.«[10] Erinnert sei auch noch einmal an seine Ankündigung der Todesstrafe als Motivation, sich mit der Technik auseinanderzusetzen, da wir »ja keine Zeit mehr haben«. Unentwegt wird ein nahendes, wenn nicht unmittelbar bevorstehendes Ende der Welt und der Zeiten heraufbeschworen, teils sogar ausdrücklich und sicher nicht zufällig auf das Jahrtausendende hin terminiert: »Am Ende dieses Jahrhunderts endet die Zeit der endlichen Welt.«[11]

Die Ballung derartiger Jenseits- und Endzeit-Bilder in Virilios Werk ist zu eklatant, als daß dessen Ausrichtung auf einen posthumanen Endzustand der Weltgeschichte noch in Frage gestellt werden könnte. Virilio entwirft immer wieder Figuren eines *anderen* Raums, einer *anderen* Zeit als Telos des von ihm erwarteten Geschichtsverlaufs: »Der Krieg löst den Bezug zu Zeit und

8 Vgl. hierzu Virilio, *Fahren, fahren, fahren …*, S. 95; sowie Virilio/Lotringer, *Der reine Krieg*, S. 38.

9 Virilio, *Ästhetik des Verschwindens*, S. 7.

10 Interview mit Paul Virilio, in: Kloock, *Von der Schrift- zur Bildschirmkultur*, S. 223.

11 Virilio, *Geschwindigkeit und Politik*, S. 185.

Raum auf; es eröffnet sich ein Zeit-Jenseits, eine Hyper-Zeit, zu der der Mensch niemals Zugang finden kann.«[12]

Dieses jenseitige Territorium wird nun sehr unmittelbar in Bezug gesetzt zur Etablierung jener uneigentlichen Megalopolis, die nach Virilio die klassische Stadt abgelöst hat: Virilio spricht von dieser modernen Stadt »in der Zeit« als einem »Jenseits der geographischen Stadt«, wobei für ihn »diese Jenseits-Stadt … eine Stadt der toten Zeit«[13] ist. Die Art und Weise, wie hier Zustände temporaler wie spatialer Auflösung evoziert werden, läßt die eigentliche, *mythische* Fundierung des Virilioschen Stadt-Bildes klarer hervortreten: Es ist das biblische Urbild der Stadt, wie es vor allem als zentrale Vision der Apokalypse des Johannes zu den wirkungsmächtigsten Bildmotiven des jüdisch-christlichen Kulturkreises überhaupt zählt.[14] Wobei es, zumal im Offenbarungstext, um die Korrelation *zweier* archetypischer Städte geht: »ein Urbild der Glorie und ein Urbild der Verdammnis: Jerusalem und Babylon sind ihre Namen. Die Stadt Gottes und die Stadt des Satans.«[15] Die Inthronisation Jerusalems, »der heiligen Stadt auf dem Berge, darin alle Erlösten versammelt sind«, freilich vollzieht sich erst als »Paradies des Zeit-Endes, der glücklichen Ankunft«, also erst »am Ende der Zeiten, unter dem neuen Himmel und auf der neuen Erde, nach den schrecklichsten Kriegen« (!) wird »eine Stadt, eine einzige Stadt, die Stadt schlechthin sich erheben … als Ort und Symbol des Friedens, der Erlösung« in Gestalt des »Ewigen Lebens«.[16]

Auf diese Ewige Stadt, diese Stadt am Ende der Zeit nimmt Virilio mehrfach sehr direkt Bezug, zuweilen in (scheinbar) ironischen Volten, indem er suggeriert, die qua Beschleunigung, Vehikel und Medien geschaffene globale Metropole der Moderne begreife sich selbst womöglich als eine solche Ewige Stadt:

12 Virilio/Rötzer, *Die Ästhetik des Verschwindens*, S. 200.

13 Virilio/Lotringer, *Der reine Krieg*, S. 11.

14 Vgl. hierzu Dolf Sternberger, *Die Stadt als Urbild. Sieben politische Beiträge*, Frankfurt am Main 1985, vor allem S. 11-20.

15 Ebd., S. 14.

16 Ebd.

»Die neue Hauptstadt ist nicht mehr eine Hauptstadt im Raum ..., sondern eine Stadt am Kreuzungs- und Durchgangspunkt von Zeit, das heißt von Geschwindigkeit. Von nun an ist das vielleicht die Ewige Stadt. Nicht mehr die Hauptstadt einer Region, eines Reiches oder eines Glaubens ..., sondern die Hauptstadt am Ende der Zeit.«[17]

Was hier zunächst nur wie die metaphorische Thematisierung einer potentiellen Hybris der Moderne klingt, bleibt dem theologischen Bild insgesamt doch so stark verpflichtet, daß dahinter eine tiefere Affinität vermutet werden muß. Ein Eindruck, der dadurch verstärkt wird, daß Virilio andernorts gänzlich unironisch moderne Großstädte als Babylon bezeichnet oder das Fluzeug mit dem Turm(bau) zu Babel assoziiert.[18] Deutlicher noch wird die Analogie, wenn Virilio die globale Weltstadt der Zukunft als eine »End-Stadt« bezeichnet und ausführt: »Das Ende der Welt als Territorium wird so von der letzten Stadt verwirklicht.«[19] Bereits an solchen Stellen wird offenkundig, wie stark hier *das theologische Bild zur eigentlichen Substanz des Arguments gerät*. Offenbar (miß)versteht Virilio im Sinne der Eigentlichkeit jene »letzte Stadt« der Moderne als das biblische Babylon, was auch seine extrem negativ übersteigerte Sichtweise auf die Stadt der Gegenwart und Zukunft erklärt.

Wobei aber zu beachten ist, daß im apokalyptischen Denken die Stadt Gottes dialektisch mit der Stadt des Satans verknüpft ist. Erst *nach* Regentschaft und Zerstörung Babylons in der eschatologischen Schlacht nämlich ist die Errichtung der heiligen Stadt auf dem Berge überhaupt möglich. Daher ist auch der Blick des Apokalyptikers auf Babylon von jener merkwürdigen Ambivalenz geprägt, die ihm ohnehin konstitutiv ist, wie Hartmut Heuermann in seiner bemerkenswerte Studie des apokalyptischen Bewußtseins aufgezeigt hat.[20] Neben die puerilen Haß-

17 Virilio/Lotringer, *Der reine Krieg*, S. 66.

18 Vgl. hierzu Virilio, *Die Sehmaschine*, S. 31; sowie Virilio/Rötzer, Die Ästhetik des Verschwindens, S. 201.

19 Virilio, Die Vernichtungs-Maschine, S. 21.

20 Hartmut Heuermann, *Medienkultur und Mythen. Regressive Tendenzen im Fortschritt der Moderne*, Reinbek bei Hamburg 1994, vor allem S. 96-119.

phantasien, die den Untergang der dämonisierten weltlichen Stadt in grausam-lustvollen Visionen imaginieren, tritt die angstgenährte Hoffnung auf Erlösung und Aussetzung alles Zeitlichen, deren Einlösung allerdings fundamental von der vorgängigen Existenz einer derart korrumpierten weltlichen Stadt abhängig bleibt. Babylon und Jerusalem sind also keineswegs synchron existierende Antagonisten, sondern in einem linearen, exakt bestimmten Abfolgeverhältnis aufeinander bezogen. Die von der apokalyptischen Imagination scheinbar zum Zweck der Umkehr angemahnte Verderbnis Babylons entpuppt sich daher als eigentlich zutiefst herbeigesehnter Zustand des Weltenendes, »damit jenseits der fälligen Katastrophe wieder Hoffnung aufkeimen kann und nach abgegoltener Schuld die alten Bilder vom Paradies neuen Glanz ausstrahlen dürfen«,[21] Gottes Ewige (also zeitlose) Stadt endlich errichtet werden kann.

Auch die zunächst verwirrende Vermischung der beiden biblischen Urbilder in Virilios Diskurs klärt sich auf, betrachtet man die Tradition dieser Archetypen genauer: Denn hierzu gehört unabdingbar das Mythem von der als satanisch begriffenen Anmaßung Babylons, sich selbst bereits als Inkarnation des himmlischen Jerusalem auszugeben – just so, wie Virilio dies der modernen Hyper-Stadt unterstellt. Überhaupt entspricht die strukturelle Abfolge, die Virilios Pseudo-Historie des Urbanen entwirft, exakt der biblischen Vorgabe: Ein ursprüngliches Paradies, ein Garten (mithin: ein Bild vegetativ-agrarischen Lebens) wird durch die Einflüsterungen des Bösen und die menschliche Hybris verspielt. Der in die Stadt »geworfene« Mensch erliegt im weiteren den Versuchungen der großen Hure Babylon, die sich zur »großen Stadt« entwickelt, ihren Herrschaftsbereich zum »Reich über die Könige auf Erden« auszudehnen versteht. Sobald sie aber zur Stadt am Ende der Zeiten geworden ist, wird durch Gottes Gericht ihr qualvolles und grausames Ende herbeigeführt – was der Apokalyptiker in so martialischen wie genüßlich ausgemalten Bildern des Schreckens antizipiert, an die Virilios Endzeit-Visionen von »grauenhafter Enge« und »erstickenden Menschen« nicht von ungefähr erinnern.

21 Ebd., S. 96.

Die Kongruenz der Virilioschen Stadt-Figuren mit denen des Offenbarungstextes ist konsequent, gibt es doch gleich in mehreren Hinsichten konstitutive Affinitäten Virilios zur apokalyptischen Imagination. Da wäre zunächst deren ideengeschichtliche Dimension zu erwähnen, wie sie Dolf Sternberger analysiert hat: Er sieht die Genese des Babylon-Bildes im zeitgeschichtlichen Antagonismus zwischen Landwirtschaft und beginnendem Warenverkehr begründet – ein Antagonismus, der dem spezifischen Identitätsentwurf und der kulturellen Mentalität der historischen Apokalyptiker zur Existenzkrise gereichte. Vor diesem Hintergrund gewinnt auch Virilios Bemerkung, gerade in Fragen des Todes fühle er sich »den agrarischen Gesellschaften näher als meinen Zeitgenossen«,[22] durchaus konstitutiven Bedeutungsgehalt. Ich zitiere nachfolgend einen längeren Abschnitt aus Sternbergers Studie, aus dem die Analogie der klassischen apokalyptischen Mentalität zu Virilios Ableitungen des Urbanen unzweideutig hervorgehen dürfte:

»Die feindliche Entgegensetzung von Jerusalem und Babylon drückt so auch etwas aus von dem Gegensatz zwischen … den Viehzüchtern hier, den Handelsleuten dort, zwischen der gesetzestreuen Frugalität der einfachen Sitten hier und dem Luxus des universalen Genusses dort, natürlich auch zwischen Monotheismus und Vielgötterei und schließlich zwischen *beharrender Seßhaftigkeit* und *mobiler Teilnahme am Weltverkehr* ›mit den Heiden und vielen Völkern‹ und all ihrer *Verlockung zur Fremden-Freundschaft*, zur *Vermischung*, zum Wechsel und Wandel der Gesinnungen, all ihrer Gefahr des Charakter-Verlustes im *schweifenden Kosmospolitismus*. Diese Propheten und Seher Israels und des frühen Christentums hielten nicht viel vom »freien Austausch der Ideen‹, die uns Heutigen so teuer ist, die wir *sehr im Unterschied zu ihnen* als *fundamentales Erfordernis des Friedens* betrachten und deswegen weltweit durchzusetzen bestrebt sind. Sie waren *Fürsprecher, ja Eiferer der ›Abgrenzung‹* und *gerade nicht der Kommunikation*. Und sie begnügten sich nicht mit der Verfluchung. Diese Propheten der Gottesstadt schwelgen in *Visionen und Weissagungen der Stadt-Zerstörung*.«[23]

22 Virilio/Lotringer, *Der reine Krieg*, S. 132.

23 Sternberger, *Stadt als Urbild*, S. 16 f. Hervorhebungen von mir, d.V.

Da rundet es das Bild nur mehr ab, daß Virilio dem Handelsverkehr ausgesprochen negativ gesonnen ist und in ihm einen natürlichen Gegner des Urbanen ausmacht: »Zum Handel ist keine Stadt im Sinne von Seßhaftigkeit und festen Gebäuden nötig. Ja, Handel ist gerade das Gegenteil von Seßhaftigkeit.«[24] Genausowenig verwundert es noch, das Argument von der drohenden Vermischung als wahrhaft babylonischem Chaos fast wörtlich bei Virilio wiederzufinden, wenn er auf »das plötzliche babylonische Durcheinander des globalen Dorfes, die unpassende Vermischung des Globalen mit dem Lokalen – für die der Golfkrieg ein eineindeutiges Vorzeichen [!] war«,[25] verweist.

Dennoch ist es insgesamt befremdlich, wie vollständig *alle Konnotationen*, die die historischen Apokalyptiker aus ihrer Polarisierung zweier Gesellschaftsformen ableiteten, in der Dichotomisierung der städtischen Bilder bei Virilio wieder auftauchen. Diese programmatische Übereinstimmung muß man aber, da es sich hier um keine reale Zeitgenossenschaft handelt, auf der Ebene *psychischer Dispositionen* verorten: Wie Heuermann aufzeigt, ist ein apokalyptisches Bewußtseinsmuster keinesfalls auf den engeren ideen- und kulturgeschichtlichen Kontext des jüdäischen und frühchristlichen Gedankenguts beschränkt; vielmehr handelt es sich um einen grundlegenden Modus »emotional-existentieller Krisenbewältigung«, ist Apokalyptik »Ausdruck einer Psychodramatik« und gehört insofern zum Figurenarsenal der »Psychologie einer bedrängten Menschheit«.[26] Psychodynamisch betrachtet, handelt es sich dabei um einen Mechanismus zur Komplexitätsreduktion einer als unerträglich empfundenen Realität, der die Weltwahrnehmung auf einfacher stukturierte Schemata zurückführt, die signifikanterweise häufig als »Rückgriff auf abgesunkene (z. B. magische) Denkmuster«[27] der menschlichen Geistesgeschichte figurieren. Insofern ist mit dem historisch singulären Programm der biblischen Apokalypse zu-

24 Virilio/Lotringer, *Der reine Krieg*, S. 10.
25 Virilio, *Fluchtgeschwindigkeit*, S. 82.
26 Heuermann, *Medienkultur und Mythen*, S. 100.
27 Ebd., S. 52.

gleich eine kontextunspezifische Matrix für regressive Denkformen schlechthin gelegt, das sich mit Virilios textuell ausgelebter Fluchtmotorik in jeder Hinsicht bestens verknüpfen läßt – ein Gedanke, den wir zum Abschluß dieses Kapitels noch einmal aufgreifen werden.

Die konstitutive Relevanz des apokalyptischen Programms auch und gerade für Virilios Geschichtsphilosophie wird allerdings erst vollends deutlich, wenn man neben der topographischen auch die temporale Dimension des Modells mitberücksichtigt. Denn das Geschichtsbild der Apokalypse (und aller historisch nachfolgenden Apokalyptiker) ist streng *deterministisch.* Die apokalyptische – wie auch die hieraus unmittelbar erwachsene eschatologische – Zeitauffassung[28] definiert Geschichte als im Grunde linearen Prozeß zwischen zwei genau definierten Anfangs- und Endzeitpunkten, wodurch der zwangsläufig offene Charakter des Fortgangs der Geschichte konzeptionell negiert wird: Apokalyptische Zukunftsprognostik ist stets »Vorausschau auf den zukünftigen Gang der Welt als Manifestation schicksalshafter Notwendigkeit« und insofern Ausdruck »einer imaginierten Gesetzmäßigkeit der geschichtlichen Entwicklung«.[29] Damit ist zugleich eine radikal dichotome Weltsicht verbunden, die das apokalyptische Denken auch in seiner zeitlichen Dimensionialität determiniert:

»Darin entäußert sich ein mythisches Geschichtsbild, das den Lauf der Welt und das Schicksal der Menschheit unter dem Aspekt einer notwendigen Zäsur betrachtet und zu dieser Zäsur radikal dichotome Konzepte von Vergangenheit und Zukunft, Wohl und Wehe, Gut und Böse betrachtet. Ob als kosmische Geschichte, Heilsgeschichte oder Gesellschaftsgeschichte – das Weltgeschehen erfährt auf jeden Fall einen Einschnitt, der seinen Verlauf in ein wesensverschiedenes Vorher und

28 Aus Platzgründen werden hier die feineren Verästelungen und Differenzierungen zwischen eschatologischen, teleologischen und apokalyptischen Geschichtsbildern nicht weiter berücksichtigt. Daran Interessierte seien verwiesen auf: Rudolf Wendorff, *Zeit und Kultur. Geschichte des Zeitbewußtseins in Europa*, Opladen ³1985; sowie Hans Meier, *Die christliche Zeitrechnung*, Freiburg/Basel/Wien 1991.

29 Heuermann, *Medienkultur und Mythen*, S. 97.

Nachher teilt und deren jeweilige Bedeutung an dieser Zeitenwende bemißt.«[30]

Entscheidend ist hierbei das Postulat eines *Ausgangs* der Geschichte, die nicht weiter bestreitbare Option eines vorab feststehenden End- und Zielzustands, auf den alles Geschehen hinausläuft. Dieser Zielzustand – sei er als das Jüngste Gericht, als Auferstehung Christi, als Inthronisation Jerusalems oder als Wiedereintritt in das Paradies figuriert – ist immer Beendung und *Vollendung* der Geschichte nach Maßgabe einer prästabilierten Ordnung. Nach Vollzug dieser Zeitenwende aber ist Geschichte ausgesetzt, Zeitlichkeit überwunden, Wandlung nicht länger möglich und notwendig. Die Welt ist an ihr absolutes Ziel gelangt.

Die Relevanz dieses Geschichtsmodells muß – wenngleich nicht zwangsläufig in seiner apokalyptischen Ausformung – weit über den theologischen Bereich hinaus als *das* konstitutive Prinzip des abendländischen Zeit- und Geschichtsbewußtseins schlechthin verstanden werden und hat entscheidend zur Entwicklung der abendländischen Handlungsmuster und Kulturformen beigetragen.[31] Es prägt, wie Reinhart Koselleck anmerkt, selbst noch den größten Teil neuzeitlicher Geschichtsphilosophien, insofern diese sich »grundsätzlich mit Ursprungs- und Zielvorstellungen [beschäftigen], sie bestimmen immer wieder die eigene Situation nach allgemein unterstellten Ausgangs- und Endlagen. Insofern sind sie transhistorische Interpretamente.«[32] So sind beispielsweise die marxistische Geschichtstheorie, Hegels Konzept einer Geschichtsvollendung in Gestalt eines absoluten Geistes oder McLuhans Medienontologie nichts als säkularisierte Varianten des eschatologischen Modells – hier allerdings nicht in ihrer apokalyptischen Version,

30 Ebd., S. 97 f.

31 Vgl. hierzu exemplarisch die berühmte Studie von Max Weber, Asketischer Protestantismus und kapitalistischer Geist, in: ders., *Soziologie. Universalgeschichtliche Analysen. Politik*, hg. von Johannes Winckelmann, Stuttgart 1973, S. 375-381.

32 Reinhart Koselleck, *Vergangene Zukunft. Zur Semantik geschichtlicher Zeiten*, Frankfurt am Main 1989, S. 139.

sondern in der Figuration einer Rückkehr in den paradiesischen Urzustand.

Zweifelsfrei ist auch Virilios deterministisches Konzept einer fortschreitenden, auf einen vorab definierten Endzustand unilinear zulaufenden Beschleunigungs-Geschichte in *struktureller* Hinsicht ohnehin eschatologisch geprägt. Doch Virilio gerät das Vorbild der jüdisch-christlichen Verkündigungslehre überdies zur *Substanz* seines Geschichtsverständnisses *und* zur Folie seines Identitätsentwurfs als eines Interpreten des gegenwärtigen und künftigen Zustands der Menschheit: Die gegenwärtige Position der Menschheitsgeschichte auf dem Weg zwischen Anfangs- und Endpunkt des Zeitverlaufs kann, soll und muß in derartigen Modellen an bestimmten Zeichen abgelesen und verortet werden. Denn wenngleich das Kommen einer solchen Zeitenwende unumstößlich feststeht, so bleibt ihr genaues Datum natürlich ungewiß, und damit auch der Abstand der eigenen Gegenwart zum Telos der Geschichte. Die Bestimmung der eigenen Position in Relation zur Endlage aber erst verleiht der je individuellen oder kollektiven Handlung ihre Legitimation, Orientierung und Dynamik, wie Peter Gendolla betont: »*Daß* eine definierte Zukunft angenommen wird, ein kommendes Urteil, gibt dem Leben seinen Zeichencharakter.«[33] Damit erlangt zugleich die Funktion des Deuters und Zeichenlesers – zumal im apokalyptischen Denken – entscheidende Relevanz:

> »Der Apokalyptiker figuriert als ein esoterisch Wissender, der sein Wissen von den letzten Dingen an Nichtwissende vermittelt. Er ist weniger ein Mahner als ein Verkünder, denn was er ›sieht‹, ist die Verkündigung unbezweifelten Fatums. … Der Apokalyptiker selbst wähnt sich meist an der Schwelle des Umbruchs, wo das drohende Unheil sich über unmißverständliche Zeichen kundzutun beginnt, aber die Kettenreaktion fataler Ereignisse noch nicht ausgelöst ist.«[34]

In diesem Kontext wächst bezeichnenderweise gerade der Beschleunigung der Status eines Verkündigungszeichen zu, wird »die Beschleunigung der Zeit … eine eschatologische Katego-

33 Gendolla, *Zeit*, S. 36.

34 Heuermann, *Medienkultur und Mythen*, S. 97 f.

rie.«[35] Vor dieser geistesgeschichtlichen Folie hat sich mit Beschleunigung der welt-zeitlichen Abläufe einst die Vorstellung von deren Endphase und damit die Hoffnung auf die eschatologische Schlacht und die nahende Wiederkehr des Gottesreiches bzw. in der christlichen Lehre von der Auferstehung Christi, verbunden. Vor diesem Hintergrund erklärt sich auch Virilios lustvolle Affektion für die absolute Grenze jeder Beschleunigung, nämlich die Lichtgeschwindigkeit:

»Hier stoßen wir an eine unüberschreitbare Grenze. ... Die Höchstgeschwindigkeit ist erreicht, jenseits davon gibt es nichts. Börsenkrach und Golf-Krieg sind bisher die einzigen Situationen, die die ganze Welt mitgekriegt hat, wo man an die Mauer des Lichts gestoßen ist. ... Es gibt eine Dramaturgie [!], die der Geschwindigkeit ein Ende setzt.«[36]

Und wo die Grenze erreicht ist, da ist das ersehnte Zeiten-Ende nah: Aus dieser Perspektive wird tatsächlich »die Geschwindigkeit uns von dieser Welt erlösen«, insofern sie den »letzten Krieg«, nämlich die eschatologische Schlacht von Harmagedon heraufruft.

Das progressive, auf Zukunftserwartung hin ausgerichtete Moment der apokalyptischen Imagination ist untrennbar mit regressiven Aspekten verbunden, welches »die Visionen einer großartigen Zukunft den Erinnerungen an eine glückliche Vergangenheit unterwirft.«[37] Auch dies erwächst konsequent aus der zeitlichen Dimensionalität des Komplexes, begreift der Apokalyptiker doch das Zeitenende als Rückkehr jenes anfänglichen Unschuldzustands, der als ein gleichfalls zeitloser imaginiert wird. Die kraft des Untergangs Babylons eingeläutete Ankunft des Gottesreiches ist immer auch Rückkehr eines zeitlosen Zustands, der durch das »Intermezzo« der Zeitlichkeit nur unterbrochen worden war. So wird »die irdische, zählbare Zeit von der ewigen Zeit, dem anderen Zustand unterschieden«, degeneriert die Zeitlichkeit als solche zur »Abweichung vom ewigen

35 Koselleck, *Vergangene Zukunft*, S. 34.

36 Virilio, *Revolutionen der Geschwindigkeit*, S. 33 f.

37 Heuermann, *Medienkultur und Mythen*, S. 100.

Sein«.[38] Insofern erweist sich auch Virilios rückwärtsgewandte Sehnsucht nach einem Ort der Zeitlosigkeit als symptomatische Übereinstimmung, gerät ihm das apokalyptische Versprechen einer Rückkehr in den ursprünglichen Zustand der Zeit- und Bewegungslosigkeit zur Geschichtssubstanz und wird in Gestalt des von ihm verkündeten endlichen »Stillstandes aller Bewegungen« zur geschichtsphilosophischen Perspektive seines Denkens erhoben.

In Virilios Weltbild kann die vormalige Immobilität des Territorialen nur noch *nach* dem weltlich-historischen Intermezzo der Beschleunigung in einen neuen, *bleibenden* Zustand der Bewegungslosigkeit überführt und reinstalliert werden, weswegen er – wiederum im Hinblick auf das Ende unseres Jahrhunderts – von einem kommenden »Triumph der Seßhaftigkeit ..., einer endgültigen Seßhaftigkeit diesmal«[39] spricht. Instrumente dieser Rückkehr in den primordialen Stillstand sind ihm natürlich die Medien, Fahrzeuge, Kriegsinstrumente – kurz: alle Mobilisations- und Beschleunigungsformen, da erst eine bis an ihr denkbares Extrem geführte Zeit den nahenden Umschlag in die ersehnte Zeit- und Bewegungslosigkeit avisiert. So ist und bleibt Virilios Blick auf all diese Figuren Babylons notwendiger- und konsequenterweise geprägt von emotionaler Ambivalenz, ist wie bei jeder apokalyptischen Rede »Angstlust ... der durchgängige Tenor der Vision, [verbinden sich] Zittern und Zagen ob schwerer politischer Bedrängnis ... fast symbiotisch mit Freude und Frohlocken ob bevorstehender Erlösung.«[40]

Sollte dennoch Zweifel an dieser Ambivalenz in Virilios Blick auf das selbst prognostizierte Ende der Welt im Atomblitz, der medialen Paralyse oder dem absoluten Licht der Geschwindigkeit bestehen, wird dieser angesichts der Virilioschen Verknüpfung seiner Menetekel mit der bevorstehenden Rückkehr Gottes wohl hinfällig:

38 Gendolla, *Zeit*, S. 34.

39 Virilio, *Rasender Stillstand*, S. 39.

40 Heuermann, *Medienkultur und Mythen*, S. 104. Vgl. auch Michael Balint, *Angstlust und Regression. Beitrag zur psychoanalytischen Typenlehre*, Stuttgart 1959.

»Die Frage nach dem Tod und die Frage nach Gott sind ein und dieselbe. Es geht ums ›Ende‹, ums ›Ziel‹. … Der absolute Tod, der durch die Atomwaffe möglich wird, führt wieder zur Frage nach Gott zurück. Nunmehr ist es nicht mehr nur einem Individuum, einer Gesellschaft oder einer Zivilisation gegeben, sich umzubringen, sich den Tod zu geben, sondern auch der ganzen Gattung. … Gott ist durch die Tür des Schreckens in die Geschichte zurückgekehrt.«[41]

Virilios Affinität zum apokalyptischen Programm geht insgesamt also weit über jenes Maß zwangsläufiger Prägung durch solche mythischen Archetypen hinaus, der alle in unserem Kulturkreis aufgewachsenen Menschen, ob eingestander- oder uneingestandermaßen, nun einmal unterliegen. Auch seine Geschichtsphilosophie ist von der jüdisch-christlichen Endzeitvorstellung nicht nur – im mutmaßlich gleichfalls unvermeidlichen Ausmaß – beeinflußt, sondern geht substantiell in dieser auf. So muß hier also eine tieferliegende, eben psychische Affinität vermutet werden – und dies, wohlgemerkt, völlig unabhängig von jeder Frage nach Virilios Glaubensinhalten im engeren Sinne, die hier natürlich keineswegs zur Disposition stehen. Sondern hier geht es allein um die analytische Dimension seiner Dromologie und die immer wieder auftretenden Ausblendungen und intentionalistischen Verzerrungen außertextueller Realitäten, die in der irritierenden Tatsache, daß Virilio *die mythisch-religiösen Bilder der Jenseits-Stadt und der End-Zeit ohne Abstrich zur realen Substanz historischer Prozesse umdeutet*, nur gespiegelt erscheinen. Damit aber suggeriert er eine Kongruenz von mythischer Imagination und historischem Faktum, hinter der letztlich nur die Kongruenz seiner Realitätswahrnehmung zu jener der Apokalyptiker durchscheint. Auch in deren Visionen »begegnen uns … keine geschichtsadäquaten Wirklichkeiten, sondern intrapsychische Wirklichkeitssurrogate«,[42] denen die Faktizität der Außenwelt lediglich beliebig form- und integrierbares Material für ihre intentionalistische Welt- und Geschichtsauslegung bietet.

Insofern gerät Virilios Inklination zur Apokalypse auch mit-

41 Virilio/Lotringer, *Der reine Krieg*, S. 132 f.

42 Heuermann, *Medienkultur und Mythen*, S. 101.

Ein pointiertes Beispiel für die Vermischung von theologischer Metapher und historischer Faktizität aus dem Abbildungsteil von Virilios *Krieg und Kino*: Die Stadt Jericho nach einer Illustration aus der hebräischen Bibel …

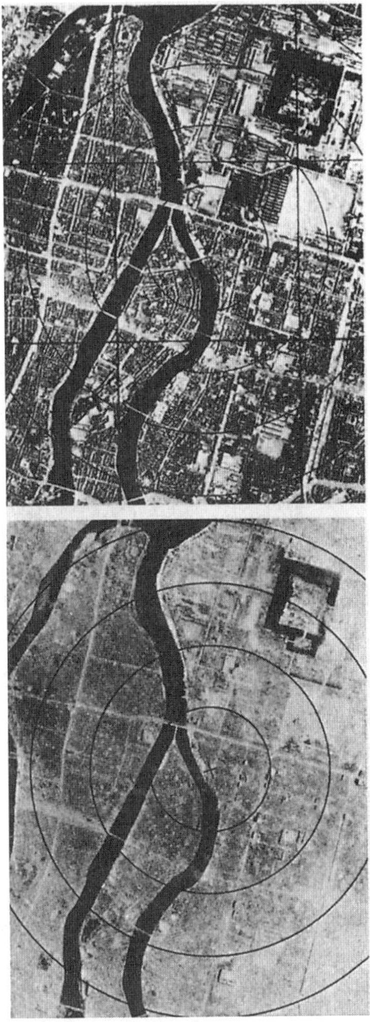

… Luftaufnahmen der Stadt Hiroshima vor und nach dem ersten Atombombenabwurf der Geschichte am 6. August 1945. Über eine künstlich herbeigeführte Formanalogie wird der Untergang der beiden Städte in *einen* semantischen und kausalen Kontext gepreßt, dessen ethische Implikationen fragwürdig genug sind.

nichten in Widerspruch zum hier vorgestellten Modell der Dromologie als eines symbolischen Immunisierungs- und Schutzraums ihres Begründers. Ganz im Gegenteil ist die überschußlose Übernahme des apokalyptischen Programms als heuristisches und geschichtsphilosophisches Grundmuster und als letztlich konstitutiver *Subtext der Dromologie* nur der konsequente Ausfluß einer affinen psychischen Tiefenmotorik.[43] Das individuelle Psychogramm einer panischen Angst vor Mobilität und Nähe findet im apokalyptischen Bewußtseinsmuster eine ideale, weil kollektive Relevanz beanspruchende Projektionsfläche. Virilios Privatmythologie läßt sich umstandslos in das mythische Programm integrieren, weil auch die apokalyptische Psychomotorik – ganz nach dem historischen Vorbild der biblischen Apokalyptiker – einer tiefsitzenden Sehnsucht nach Regression, Unveränderlichkeit, klarer Abgrenzung und Bewegungslosigkeit entspringt:

»Das *primum movens* apokalyptischer Weltdeutung ist der Affekt der Angst – einer Angst, die ... aus einer spezifischen Unfähigkeit resultiert, aktiv die Offenheit der Zukunft zu wagen und geduldig deren Unwägbarkeiten zu ertragen. Es handelt sich, tiefenstrukturell betrachtet, um einen Abwehrmechanismus, der auf Angstsicherung gegen eine als unerträglich bedrohlich empfundene Gegenwarts-Zukunftsrelation gerichtet ist.«[44]

Dies stattet das apokalyptische Bewußtsein durchaus mit einem hypersensiblen Gespür für die realen Problem- und Konfliktkonstellationen ihres Lebensraums aus, nur daß dabei diese Konstellationen ins Katastrophische hypertrophiert und verallgemeinert, unzutreffende Kausalzusammenhänge konstatiert werden und daß die dabei »konzipierten geistigen Lösungen als irreal gelten müssen«.[45] Denn dem apokalyptischen Denken liefert das

43 Dies gilt auch und gerade für die Relevanz einer symbolischen Ermächtigungsfigur über die problematische Außenwelt, denn: »Der Apokalyptiker verfügt über die verhaßte Welt durch eine Vision« (ebd, S. 102).

44 Ebd., S. 99.

45 Ebd., S. 106.

letzte Evangelienbuch wortwörtlich begriffene Lösungsansätze noch für die komplexen Problembereiche der Gegenwart, gerät die Offenbarung zum »Verkündigungsbuch: Politische und Gesellschaftsgeschichte werden nach ihm gedeutet«.[46]

Der Weg in den *Fundamentalismus* ist da nur noch kurz: Sobald die Komplexität der Welt einmal in zwei sauber getrennte Teilbereiche (vorher – nachher, gut – böse) zerlegt ist, wird jedes Widerständige der Realität gewaltsam in dieses bipolare Weltbild gezwängt, und sei es in paranoid anmutenden Figuren einer schleichenden Indoktrination der Menschen und des Seins generell durch das schlechthin Negative. Mehr als einem lieb sein kann, ist auch Virilios Perspektive auf Welt von solch immunisierenden Figuren geprägt. Und die Ankündigung des baldigen Todes für diejenigen, die sich nicht an (s)einer Technikkritik beteiligen, deckt einen Radikalismus der Gesinnung auf, der sich kaum noch mit dem selbstverpaßten Bild eines menschenfreundlichen Mahners zur Deckung bringen läßt. Rhetorik wie Weltbild seines Werkes weisen in einem insgesamt bedenklichen Maße Züge eines *dromologischen Fundamentalismus* auf, die bei entsprechend disponierten Gemütern durchaus fatale Folgen zeitigen könnten.

Doch wird man wohl stets das Ausmaß der dieser Radikalität zugrundeliegenden Angst bei der Bewertung mitberücksichtigen müssen. Wer sich ständig an der – wie angst-lustvoll auch immer besetzten – Schwelle zur End-Zeit wähnt, ist mit herkömmlichen Maßstäben nicht mehr zu messen. Und wenn Virilio auch nur an die Hälfte seiner eigenen Prognosen glaubt, hat er sich schon etliche Male auf das »buchstäbliche Ende der Welt« einrichten und hinterher doch wieder feststellen müssen, daß Babylon immer noch nicht gefallen ist. Doch die bereits gestellte Frage, wieso sich Virilio angesichts seiner durchaus beträchtlichen Zahl an Fehlprognosen – siehe Golfkrieg – eigentlich nicht längst selbst über die Realitätsadäquanz seiner Dromologie befragt hat, verfehlt im Grunde völlig die relevante Tiefenmotorik des apokalyptischen Weltbildes:

46 Ebd., S. 102.

»Daß dieses Drama wieder und wieder inbrünstig herbeiphantasiert wird, aber historisch nicht stattfindet, beweist seinen Ursprung in einer zeitlosen Mythenstruktur außerhalb zeitgemäßer Erkenntnisstruktur. Seelennot ignoriert Beweisnot, und Beweisnot hindert den Apokalyptiker mitnichten daran, an die Apokalypse zu glauben.«[47]

Wie sollte es auch, ist das baldige Eintreffen das babylonischen Untergangs doch just jener zutiefst herbeigesehnte Zustand, der endlich Erlösung von den Qualen der Welt verspricht – Versprechen eines Umschlags in einen Seinszustand, wo der Bunker sich in die Topographie des himmlischen Jerusalems integrieren läßt.

Schließen wir unsere Analyse des Virilioschen Textgebäudes mit einer seiner Prophezeiungen, die zugleich den vielleicht tiefsten Einblick in Virilios Weltbild vermitteln kann: Ausgelöst durch Silvio Berlusconis Sieg bei den italienischen Parlamentswahlen 1994 prognostiziert Virilio wieder einmal, daß »der ganze Planet« verschwinden werde, »wie die Pferde verschwunden sind«, und sagt (natürlich) für die Jahrtausendwende einen »ungeheuren Kollaps der Politik« voraus, gefolgt von einem geheimnisvollen »aber danach …« Auf Nachfrage der Interviewpartnerin präzisiert Virilio dann: »Wir müssen durchs Feuer. Zukunft gibt es nur nach der Zerstörung.«[48]

Hier zeigt sich Virilio einmal gänzlich unverstellt als der Apokalyptiker, der er ist: voll heimlicher Sehnsucht nach dem großen Fegefeuer am Ende der Zeiten, wo Rechtes von Unrechtem endlich geschieden wird. Wer aber wollte ernsthaft daran zweifeln, daß der Dromologe hernach zur *rechten* Seite Gottes sitzen wird?

47 Ebd., S. 106.

48 Virilio, zit. nach: Die Avantgarde des Vergessens. Gespräch von Iris Radisch mit Paul Virilio, in: *Die Zeit* vom 15. 4. 1994, S. 54.

Kritik einer Geschichtsphilosophie als Beschleunigungstheorie

Die heuristische Fruchtbarkeit, wenn nicht gar die unabdingbare Notwendigkeit des hier vorgestellten, dekonstruierenden Zugriffs auf Virilios Œuvre dürfte nach den dadurch gewonnenen Ein-Blicken in die eigentlichen Bedeutungshinsichten der Dromologie evident geworden sein. Insofern dürfte wohl auch kein Zweifel mehr daran bestehen, daß es tatsächlich ein verfehlter Ansatz wäre, Virilios Werk an den Maßstäben philosophischer, geschweige denn wissenschaftlicher Diskurse zu messen oder seine Mythologie als Analyse empirischer Sachverhalte zu rezipieren. Warum dies in der Debatte über Virilio bislang dennoch so geschehen ist, bleibt bis zu einem gewissen Grade unerklärlich. Der einzig erkennbare Grund scheint im eingangs erwähnten hohen Inspirationscharakter dieses Œuvres zu bestehen, der ihm auch unbenommen sein mag. Offensichtlich hat Virilios ganz anders motivierte Arbeit im Sinne einer akzidentellen Gegenwartsadäquanz dennoch einen latenten Diskussions- und Erkenntnisbedarf über die Rolle von Beschleunigung, Krieg und Medien in unserer heutigen Welt aktiviert und mit dazu beigetragen, daß seit gut zehn Jahren eine zunehmende intellektuelle Auseinandersetzung mit medialer und außermedialer Geschwindigkeit zu beobachten ist, die sich in einem rapiden Zuwachs an Kongressen, Veröffentlichungen und Diskussionsforen zu diesen Themengebieten manifestiert.

Abschließend soll daher noch einmal der Frage nachgegangen werden, inwieweit durch die Dromologie somit dennoch bedenkenswerte Perspektiven in den Wissenschaftsdiskurs eingebracht worden sind – natürlich immer unter dem Gesichtspunkt, daß aus den aufgeführten Gründen Virilios Werk selbst *keine* adäquate Methodik für weitergehende Beschäftigungen mit diesem Themenkomplex bereitstellen kann. Es ist aber immerhin denkbar, daß man sich aus Virilios Denkgebäude wie aus einem Steinbruch bedienen, einzelne Bausteine herausgreifen und zum

Bau eigener *Modelle* – keiner Bunker, versteht sich – nutzen kann. Zu fragen bleibt also, ob aus wissenschaftstheoretischer Perspektive eine Modellation von allgemeiner Menschheits- oder spezifischer Kulturgeschichte als Beschleunigungsprozeß *grundsätzlich* einen heuristisch relevanten Ansatz darstellen kann.

Diskussionswürdig in diesem Sinne scheinen mir vor allem zwei Felder der Dromologie zu sein: Neben der Frage nach der Geschwindigkeit ist dies die Überlegung, inwieweit Virilios These einer immanent gewalttätigen Struktur der (modernen) Medien einen Beitrag zu einem neuen Verständnis der Medienkultur und ihrer Auswirkung auf kollektive Verhaltensformen bieten könnte. Befreit man diesen Ansatz von Virilios intentionalistischer Ausdeutung und seinen kausalistischen Kurzschlüssen, so stellt sich die Frage, ob die langanhaltende Diskussion über Gewalt *in* den Medien und *durch* die Medien nicht deshalb auf der Stelle zu treten droht, weil sich die Debatte zu sehr auf die inhaltlichen Aspekte des Medialen kapriziert und darüber dessen strukturelle Dimension außer acht gelassen hat. Wenn – nach der berühmten Formulierung McLuhans – das »Medium die Botschaft ist«,[1] so liegt es nur in der Konsequenz dieses Gedankens, daß unabhängig vom Inhalt des Gezeigten *jedes* mediale Produkt qua struktureller »Militanz« in sich zwangsläufig gewaltsam sein könnte oder sogar sein müßte. Muß also die Diskussion um Gewalt *in* den Medien zu einer Debatte über die Gewalt *der* Medien umzudefiniert werden?[2]

Das zunächst Verführerische dieser Perspektive liegt zum einen darin, daß wohl jeder schon einmal vergleichbare Verbindungen von Medialität mit Militanz und Gewalt assoziiert hat, und sei es angesichts der Brutalität von Horrorvideos, militanten Videospielen oder Splatter-Filmen. Dies erhöht fraglos unsere Akzeptanz für Analysen, die aus solchen Phänomenen unmittelbar auf eine Ontologie des Objektes schließen. Entsprechend merkt

1 McLuhan, *Die magischen Kanäle*, S. 13.

2 Vgl. hierzu exemplarisch Gabriele Meierding, *Psychokiller. Massenmedium, Massenmörder und alltägliche Gewalt*, Reinbek bei Hamburg 1993.

auch Eckhard Nordhofen zur Popularität Virilios oder vergleichbarer Denker an:

»Sind die Beobachtungen scharf gespitzt oder, noch besser, rennen sie die offenen Haustüren unseren mentalen Hauswirtschaft ein, so nicken wir bereitwillig mit dem Kopfe. So ähnlich wollten wir es selber auch schon immer sagen. ... [Dies] ist das Erfolgsrezept dieser Lektüre.«[3]

Zudem bringt diese Perspektive zweifellos eine gewisse ethische wie psychische Entlastungsfunktion für Medienproduzenten wie -rezipienten mit sich, die sich nunmehr ihrer je eigenen Verantwortung für den Umgang mit Inhalten und Formen der Medienprodukte enthoben sehen können. Doch liegt in ebendiesem Reduktionismus auch zugleich das ganze Problem des Ansatzes, der die überaus komplexen Interaktionsformen der Medienrezeption zwischen medialem Artefakt, Programm und Mediennutzern einerseits, kulturellen Leitbildern, sozial definierten Nutzungsprofilen und technischer Implementierung andererseits auf ein schlichtes, monodimensionales Reiz-Reaktions-Schema zu vereinfachen sucht. In der Konsequenz des Ansatzes muß dann wieder substanzlogisch argumentiert, also eine wie auch immer geartete Substanz des jeweiligen Mediums postuliert werden, aus der die fragliche Gewalt dann überschußlos abgeleitet werden könnte. Die Aporien solch substanzlogischer Epistemologien konnten wir zuvor schon bei Virilio beobachten, doch ist sein Beitrag letztlich nur einer unter etlichen vergleichbaren. Schließlich kommen solche Modelle alle wieder bei einer Ontologisierung der Medien-*Technik* an, bis hin zu dem erstaunlichen Befund, der Kathodenstrahl müsse als Ursache für die Gewalttätigkeit des Fernsehprogramms fixiert werden.[4]

So verführerisch und in vielerlei Hinsicht hochwillkommen, weil eben auch Entlastung von komplexeren Fragestellungen versprechend, solche Letztbegründungsversuche auch sein mö-

3 Nordhofen, Was ist die Zeit?, S. 75.

4 So etwa bei Derrick de Kerckhove, Masse, Geschwindigkeit, Tiefe, in: *Interface 1. Elektronische Medien und künstlerische Kreativität*, hg. von K. P. Dencker, Baden-Baden/Hamburg 1992, S. 16 f.

gen – die hochgradige Uneigentlichkeit der Medien verurteilt sie von vornherein zum Scheitern: Was sich in und durch Medien manifestiert, ist allemal eine abgeleitete Größe, deren Ursache gewiß nicht in einer Eigentlichkeit der medialen Entitäten zu suchen ist. Diese sind letztlich nichts als symbolische Repräsentationsformen für komplexe Figurationen historischer, kultureller und sozialer Provenienz und nicht vice versa.[5]

Nicht anders verhält es sich mit der Rolle der Geschwindigkeit oder der Zeit allgemein für die Konstituierung gesellschaftlicher Verhältnisse. Auffällig genug ist allemal, daß Virilio keinerlei Konzeptualisierung von Zeit oder Geschwindigkeit vornimmt, sondern sich auch hierbei eines undifferenzierten Apriorismus bedient. Dabei bedarf gerade eine Auseinandersetzung mit Zeitkonzepten in besonderem Maße einer hinreichenden methodischen Fundierung, ist doch bekanntlich die Frage, was Zeit überhaupt sei, Gegenstandsbereich einer Bibliotheken füllenden Fachliteratur. Der notorische Streit darüber, ob Zeit eine vorkategoriale Bestimmung, also ein reines Seinsprinzip, und/oder eine soziale Konstruktion und Kategorie darstelle, erschwert zudem jede Verständigung darüber, über *welche* Zeit man denn jeweils gerade spricht. Es bietet sich daher an, in Anlehnung an Henri Bergsons Differenzbestimmung von *temps* und *durée*[6] grundsätzlich zwischen zwei wesensverschiedenen Konzepten, einer vorkategorialen und einer kategorialen Zeit zu unterscheiden. Wobei für den hier relevanten Kontext allein die kategoriale Zeit von Belang ist, da nur sie konzeptionelle Parameter wie eben Geschwindigkeit ausbilden kann.

Gegen die These von der Geschwindigkeit als einer transhistorischen oder gar geschichtsmächtigen Größe spricht in diesem Zusammenhang schon die simple Tatsache ihrer hochgradigen Relativität und damit Uneigentlichkeit. Geschwindigkeit kann und darf schon auf der allerersten Betrachtungsebene deshalb

5 Vgl. hierzu vom Verfasser, *Verdichtung, Weltverlust und Zeitdruck*, S. 148 bis 217.

6 Dieses Konzept wurde vor allem dargelegt in: Henri Bergson, *Denken und schöpferisches Werden*, Meisenheim am Glan 1948.

nicht ontologisiert werden, weil sie tatsächlich reines Phänomen, reine Relation zwischen Phänomenen ist – ein *Beobachterkonstrukt zum Zwecke der Relationierung von Geschehnisabläufen.* Als solche ist sie eine soziale Konstruktion und keinesfalls eine transhistorische oder gar anthropologische Gegebenheit sui generis. Empirisch nachgewiesen ist seit den einschlägigen Untersuchungen Jean Piagets, daß die Relationsbestimmung Geschwindigkeit erst und allein im Rahmen der kindlichen Ontogenese – und zwar im Kontext mit anderen Zeit-Parametern wie Dauer, Folge, Gleichzeitigkeit – ausgebildet wird.[7] Hierfür ist die Entwicklung komplexer kognitiver Fähigkeiten unabdingbare Voraussetzung, die unter Anleitung und nach Vorbild der sozialen Bezugspersonen erst erlernt werden müssen. Die Genese zeitlicher Kategorien ist unverzichtbarer Bestandteil eines schrittweise erlernten Weltzugangs in Gestalt operativer Mechanismen, wenngleich dieser Prozeß nicht zwangsläufig in die Herausbildung formal-operationaler, abstrakter Zeitkonzepte (wie eben: Geschwindigkeit ist Weg durch Zeit, $v = c : t$) einmünden muß. Hierauf haben vor allem die anthropologisch-genetischen Studien von Günter Dux aufmerksam gemacht: Ausgehend von Piagets Versuchsanordnungen, ist Dux der Frage nachgegangen, inwieweit die Strukturen der Ontogenese auf soziogenetische Dimensionen übertragbar bzw. dort verifizierbar sind.[8] Seine empirische Feldforschung in sogenannten »rezenten« Populationen weist nach, daß die Ausbildung von Zeitkonstruktionen kulturunabhängig unverzichtbar für die Erstellung individueller wie sozialer Handlungskompetenz ist. Gleichwohl müssen nicht alle Stufen des Piagetschen Modells ausgebildet, konkret: kann auf die Ausbildung formal-operationaler Zeitkonzepte sehr wohl verzichtet werden, wenn der soziale Handlungsbedarf hierfür keine immanente Notwendigkeit bietet. Soziale Handlungsorganisation läßt sich sehr wohl auch auf der Grundlage präoperationaler Zeitkompetenz bewerkstel-

7 Jean Piaget, *Die Bildung des Zeitbegriffs beim Kinde*, Zürich 1955.

8 Günter Dux, *Die Zeit in der Geschichte. Ihre Entwicklungslogik vom Mythos zur Weltzeit*, Frankfurt am Main 1992.

ligen! Das bedeutet aber auch, daß – gegen Virilios Ontologisierung der Beschleunigung zum Geschichtsmotor schlechthin – die Herausbildung einer Kategorie Geschwindigkeit *erst* und *nur* bei gestiegenem Organisationsbedarf, etwa unter den Vorzeichen komplexerer Sozialstrukturen mit erhöhtem Planungsbedarf und verdichteteren Handlungsgefügen vonstatten geht. Mit anderen Worten: Die Genese eines Geschwindigkeitskonzepts geht Enkulturationsprozessen nicht etwa als kausales Moment voraus, sondern entwächst diesen vielmehr als *abgeleitete Größe* in Gestalt einer sozial verbindlichen Konstruktion zur Relationierung von Handlungsabläufen.

Diese Tatsache verweist den fraglichen Komplex in den Geltungsbereich der Figurationssoziologie, also einer historisch-systematischen Theoriebildung, wie sie vor allem in Norbert Elias' Konzeptualisierung des langfristigen Zivilisationsprozesses entwickelt worden ist.[9] Elias perspektiviert dabei das Moment der Interdependenzketten als substanz*loses* Merkmal zivilisatorischer Strukturgenese, das individuellen wie kollektiven Handlungsraum miteinander verflechtet:

»Das Bindeglied, das zu erklären vermag, wie aus den Akten der Individuen die langfristigen Strukturen des Gesellschaftsprozesses erwachsen, sind die *Verflechtungszusammenhänge* oder *Figurationen*, die die Menschen miteinander bilden. Als Figurationen bezeichnet Elias die Interdependenzgeflechte, die die einzelnen Menschen und ihre Motive aneinander binden und sie dazu bringen, in einer ganz spezifischen Weise zu handeln.«[10]

Je ausdifferenzierter und arbeitsteiliger eine Gesellschaft strukturiert ist, desto mehr stehen die beteiligten Menschen in einem Verhältnis wechselseitiger Abhängigkeit voneinander, wobei das sich zunehmend verdichtende Netz der Aktivitäten zugleich erhöhten Absprache- und Planungsbedarf mit sich bringt. *Ein* solches Medium zur Normierung und Sicherstellung kollektiver Handlungsbefähigung ist die Genese *formaler* Zeitkonzepte –

9 Siehe hierzu Baumgart/Eichener, *Elias zur Einführung,* S. 76-85 und S. 108-120.

10 Ebd., S. 102 f.

eine weitere symbolische *und* pragmatische Figuration der Interdependenzketten stellen dann auch die Kommunikationsmedien dar. Beide Formen bleiben im übrigen wechselseitig aufeinander bezogen: Auch Medien sind Zeitinstrumente, Manifestationsorgane des je verabredeten sozialen Konstrukts von Zeit.[11]

Alle von Virilio inkriminierten Erscheinungsformen – Transportwesen, De-Materialisierung, Medialisierung, Globalisierung, Ökonomisierung etc. – sind gewissermaßen *notwendige Ableitungen* aus der zivilisationsgeschichtlich bedingten Verflechtung der Handlungsketten, stellen soziale *Integrations-* und Organisationsmedien und -formen dar, die in dialektischer Wechselbeziehung zur weiteren Differenzierung und Verfeinerung der jeweiligen Handlungsfelder stehen.[12]

Aus der Komplexität des anfallenden sozialen Organisationsbedarfs erwachsen zwar einerseits solche Instrumente zur Komplexitätsreduktion; da aber der Zivilisationsprozeß per defintionem unabschließbar ist, wächst das Moment der Verflechtung dennoch beständig weiter an. Der Determinismus auch dieses Modells ist aber im Unterschied zu Virilios Geschichtskonzept ein *relativer*, geschichtliche Kontinuität wird dabei als Ausfluß einer *Strukturlogik*, nicht einer metaphysisch konnotierten Substanz verstanden. In solcher Prozeßlogik offenbart sich kein geheimes Telos der Geschichte, erst recht keine Verschwörung einer Militärkaste oder sonstiger geschichtsmächtiger Subjekte oder Kollektive, sondern bei der Zeit- wie der Mediengenese handelt es sich schlicht um multiple und miteinander wiederum verflochtene Manifestationsformen der so *substanz- wie subjektlosen Strukturen des Zivilisationsprozesses.*[13] Je miteinander vernetzter in einer komplexen Kulturform Menschen, Gruppen und Aktivitäten sind, desto dichter werden Handlungs- und Wandlungsvielfalt des sozialen Lebens. In dem Maße, wie diese

11 Vgl. hierzu vom Verfasser, *Verdichtung, Weltverlust und Zeitdruck*, S. 346-393.

12 Vgl. hierzu: Gendolla, *Zeit*, S. 47 f.

13 Zum Geschichtsmodell von Norbert Elias vgl. Baumgart/Eichener, *Elias zur Einführung*, S. 76-85.

Interdependenzketten sich aneinanderreihen, entstehen Figuren des Konkurrenz-, Handlungs- und damit eben auch des *Zeitdrucks*:

»Das, was wir das ›Tempo‹ unserer Zeit nennen ..., ist in der Tat nichts anderes, als ein Ausdruck für die Menge der Verflechtungsketten, die sich in jeder einzelnen gesellschaftlichen Funktion verknoten, und für den Konkurrenzdruck, der aus diesem weiten und dicht bevölkerten Netz heraus jede einzelne Handlung antreibt.«[14]

Beschleunigung ist somit uneigentlicher Ausdruck und Ausfluß einer zivilisationsgeschichtlich bedingten Zunahme an Komplexität, Handlungsvernetzung und -dichte und insofern ein Phänomen, das nur für hochentwickelte Kulturformen in Anschlag gebracht werden kann. Die Behauptung einer transhistorischen Omnipräsenz der Geschwindigkeit ist damit sowenig haltbar wie ihre Hypostasierung zum Geschichtsmotor im Sinne einer selbstzweckhaften Ur-Substanz alles Seienden.

Virilios Versuch, die Uneigentlichkeit dieses Prozesses auf *eine* substanzlogisch modellierte Größe »Geschwindigkeit« zurückzuführen, ist das vorläufig letzte Glied in einer langen geistesgeschichtlichen Tradition, die versucht, die strukturelle Komplexität dieses Prozesses zugunsten monistischer Konzepte aufzulösen, *eine* alle anderen Erscheinungsformen *begründende* Substanz dieser historischen Dynamik dingfest zu machen. Nicht zuletzt die gesamte hegelianisch inspirierte Geschichtsphilosophie ist Ausdruck eines solchen Wunsches nach einer reduktionistischen und monokausalistischen Fixierung der Geschichtsdynamik. Nicht von ungefähr gibt sich Virilio denn auch dezidiert anti- bzw. post-marxistisch, versucht er nachzuweisen, daß dessen Geschichtssubstanz aus der seinen tatsächlich nur abgeleitet ist:

»Es war ein Fehler zu vergessen, daß der Reichtum ein Aspekt der Geschwindigkeit ist. ... Meiner Meinung nach ist Macht zunächst an Geschwindigkeit gebunden, der Reichtum kommt erst in zweiter Linie.«[15]

14 Elias, *Prozeß der Zivilisation*, Bd. II, S. 337.
15 Virilio/Lotringer, *Der reine Krieg*, S. 47.

Wie in jedem substanzlogischen Denken ist auch diese Kette unabschließbar, und unsere Analyse hat gezeigt, daß auch Virilio nicht umhin kann, letztlich hinter der Geschwindigkeit doch wieder andere Ur-Substanzen und Kausalitäten anzusetzen. Welcher vorgeblichen Ur-Substanz man nun größere Plausibilität zusprechen möchte, degeneriert zur Frage eines persönlichen Glaubensbekenntnisses: *Metaphysisch* konnotiert bleiben solche Letztbegründungsversuche aber allesamt, auch wenn die fragliche Substanz offenbar immer stärker in den Gefilden uneigentlicher Erscheinungsformen (Zeit, Geschwindigkeit, System, Medialität, absoluter Geist, Ökonomie etc.) dingfest gemacht wird. Doch dürfen nun einmal in historischen Prozessen, zumal solchen dieser Größenordnung, »Tendenzen, die *abhängige* Variablen aufweisen, nicht ontologisiert werden«.[16]

So erweist sich der attestierte aktuelle Reflexions- und Diskussionsbedarf über Zeit und Beschleunigung im Kern als gesamtgesellschaftlicher Wunsch, sich über das momentane Verflechtungs- und Verdichtungsniveau der kollektiven Handlungsketten Klarheit zu verschaffen, möglichst auch eineindeutige Ursachen hierfür finden zu können. Vermutlich hat dieser Bedarf etwas zu tun mit der zunehmenden Globalisierung der Märkte und Handlungsnetze, also mit einem neuen Quantitätsniveau der zivilisatorischen Verflechtung, das aber in der expansiven Dynamik des Zivilisationsprozesses bereits strukturell angelegt ist. Daß sich in diesem Kontext gerade die Beschleunigungshypothese so großer Resonanz erfeuen darf, hat indes wenig mit einer etwaigen konstitutiven Relevanz für die spät- oder postmoderne Kultur zu tun:

> »Die kulturpessimistische These von ›der Beschleunigung‹ erfreut sich in den letzten Jahren einer anhaltenden Popularität, obgleich sie keineswegs neuartig oder gar ›postmodern‹ ist ... Die Erfahrung der alltäglichen Hektik, des Gehetzt-Seins und der Beschleunigung ist nämlich eine genuin moderne und keine postmoderne Erfahrung.«[17]

16 Baumgart/Eichener, *Elias zur Einführung*, S. 80.

17 Beck, *Soziale Konstruktion von Zeit*, S. 335.

Als ausschlaggebend für ein gesteigertes *Bewußtsein* für Beschleunigungsphänomene und ihre Hypostasierung zum Gradmesser kultureller und historischer Befindlichkeit muß in der Tat die spezifische *Semantisierung* der Geschwindigkeit – nicht zwangsläufig ihre faktische Relevanz – in der Herausbildung der Neuzeit angesetzt werden. Wie Reinhart Koselleck material- und kenntnisreich nachgewiesen hat,[18] definiert sich die Neuzeit als erste Epoche überhaupt durch eine Semantisierung der Temporalstrukturen, dient ihr das Bewußtsein, in einer *neuen* Zeit zu leben – einer Zeit nämlich, die sich von vorherigen Zeitaltern durch die Beschleunigung einer geschichtlichen Bewegung *an sich* fundamental unterscheide – als konstitutives Definitionsmoment. Vor allem seit der Französischen Revolution wird die zunehmende Komplexität der veränderten sozialen und politischen Strukturen dahingehend verstanden, *daß die Geschichte selbst sich beschleunigt habe* und dies das entscheidende und definitionsrelevante Merkmal der modernen Zeiten an und für sich sei. Dies stellte das zentrale Moment im Selbstverständnis der Neuzeit, vor allem des 18. und des 19. Jahrhunderts dar, und läßt die Neuzeit zur ersten Epoche werden, die sich derart über temporale Bestimmungen definiert, die den Aspekt der Neuheit als Parameter des Zeitlichen begreift und schließlich als *Fortschritt* semantisiert. Hier – *und erst hier* – wird Geschwindigkeit der historischen Dimension selbst zugeschlagen und darüber zu einer sinnstiftenden Instanz.[19]

Die moderne Semantisierung der Beschleunigung, ihre Ontologisierung zur Geschichtsmacht schlechthin, die Identifizierung von Modernität mit Beschleunigung – all diese Faktoren haben in der Tat entscheidende Voraussetzungen geschaffen für jene technischen, psychosozialen, ökonomischen und vor allem semantischen Prozesse, die dann das 19. Jahrhundert und in der Folge auch das unsere prägen sollten. Die Hypostasierung der Geschwindigkeit schreibt sich seit dem Zeitalter der Französischen Revolution fort in allen entscheidenden Diskursen. *Seither*

18 Koselleck, *Vergangene Zukunft*, S. 300-348.

19 Vgl. hierzu die entsprechenden Zeitzeugnisse ebd.

gilt die Gleichung: Beschleunigung = Revolution = Progressivität *versus* Verlangsamung = Reaktion = Konservatismus.[20] Diese Formel prägt dann auch weiterhin die philosophischen und die ästhetischen Diskurse der Neuzeit, bis hin zur Etablierung einer spezifischen Kultur*kritik* aus dem Geiste der Romantik am Vorabend des 20. Jahrhunderts.

In gewisser Hinsicht kann also noch die heutige Debatte über Geschwindigkeit vor dem Hintergrund ihrer historischen Sinngenese tatsächlich auf den simplen Nenner gebracht werden: Im Für und Wider Beschleunigung spiegelt sich auch immer ein Für und Wider Modernisierung. Daß aber die Strukturlogik des Zivilisationsprozesses jedweden Semantisierungsprozessen *vorgängig* und *übergeordnet* bleibt, ist indes eine historisch belegbare Tatsache, die solche Diskurse schlichtweg zu leugnen versuchen. Derartige Semantisierungsprozesse sind, unabhängig von ihrem Vorzeichen, immer schon Ausfluß *bereits veränderter* Lebensbedingungen, Versuche einer nachträglichen Sinneinschreibung in rein strukturlogisch determinierte Prozesse. Doch sind dadurch freilich auch für apokalyptische wie für utopische Instrumentalisierungen von Geschwindigkeit gleichermaßen günstige Voraussetzungen geschaffen.

Dennoch bleibt zu fragen, warum ein apokalyptischer und im aufgezeigten Sinne irrationalistischer Diskurs wie der Virilios sich so hoher Akzeptanz und Kenntnisnahme erfreuen kann. Ist das tatsächlich nur ein Mißverständnis der eigentlich fundamentalistisch orientierten Philosophie Virilios, oder liegt nicht *gerade* in ihrer intentionalistischen Weltausdeutung, in ihrem Status als Wirklichkeitssurrogat, in ihren Immunisierungstendenzen eine hohe Verführbarkeit? Hartmut Heuermann jedenfalls führt die Faszination, die von apokalyptischen Konzepten ausgeht, unmittelbar auf eine gesamtkulturelle Prädisposition für mythisch verkürzte und simpel strukturierte Erklärungsmuster zurück:

20 Daß die Kategorien »Progressivität« und »Konservatismus« dabei nicht zwangsläufig deckungsgleich sein müssen mit entsprechenden Etikettierungen der parteipolitischen Landschaft, ist evident.

»Was die Auguren für Harmagedon dabei ideologisch ausnutzen, ist die in den westlichen Kulturen verbreitete Krisenstimmung als Ausdruck von Orientierungslosigkeit, Kulturpessimismus und Zukunftsangst. Die regressiven Tendenzen in ihren religiösen Verkündigungen liefern das emotional gestimmte Begleitkonzert zu politisch reaktionärer Agitation.«[21]

Da erfahrungsgemäß jeder kulturelle Komplexitätszuwachs von massiven Erwartungsängsten der beteiligten Menschen begleitet wird, wächst in solchen Umbruchphasen auch der Wunsch nach regressiver Bewältigung der entstehenden Probleme und Umorientierungsgebote. Dann sind einfache Antworten, Schuldzuweisungen und Lösungsangebote gefragt, dann geht der Trend hin zu irrationalen und fundamentalistischen Diskursen und Lebensweisen. In diesem Sinne ist Apokalyptik tatsächlich fester Ideenbestandteil einer »bedrängten Menschheit«, der die Aussicht auf ein nahendes Ende kollektive Erlösung von sich scheinbar bis ins Unendliche steigernder Entfremdung, Verunsicherung und Angst verheißt:

»Einst war dafür die Religion zuständig. Sie lehrte uns, daß Geschichte einen Anfang hat und ein Ziel. Bei der Konjunktur endzeitlicher Prognosen handelt es sich um eine ins Weltliche gewendete Religiösität, die sich nach einer Verheißung sehnt. Weil die des Heils vorerst verbraucht ist, bleibt nur die des Unheils.«[22]

Und da sicherlich auch im kollektiven Maßstab »Seelennot Beweisnot ignoriert«, greifen solche Immunisierungstendenzen um sich – auch innerhalb des wissenschaftlichen und philosophischen Diskurses. Nicht zuletzt weite Teile der Rezeptionsgeschichte Virilios spiegeln in ihrer kritik- und distanzlosen Übernahme der Virilioschen Blendungsformeln eine hohe Bereitschaft für hermetische und realitätsabgewandte Systeme auch auf seiten des wissenschaftlichen Lesepublikums. Doch bleiben

21 Heuermann, *Medienkultur und Mythen*, S. 106.

22 Ulrich Greiner, Endspiele. Warum die Menschheitsdämmerung so beliebt ist, in: *Die Zeit* vom 14. 3. 1997, S. 63. Vgl. hierzu ferner Herzinger/Stein, *Endzeitpropheten*, S. 190-224.

in der Konsequenz einer solchen Willkür und Realitätsflucht des intellektuellen Diskurses in einem Atemzug mit den nunmehr diskreditierten Kriterien von Transparenz, Nachvollziehbarkeit und Plausibilität einer je gefällten Aussage nicht nur die Standards von Wissenschaftlichkeit und intellektueller Verantwortung auf der Strecke, sondern *vor allem sämtliche Möglichkeiten von Kommunikation* – auch *mit* Texten und *über* Texte. Mutmaßlich aber liegt auch das schon in der nämlichen Motorik begründet, die scheinbare Sicherheit hermetischer Denk-Gebäude der Komplexität mühsamer Begriffs- und Theoriebildung *und* dem zeit- und arbeitsaufwendigen Abgleich divergierender Meinungen in der kommunikativen Auseinandersetzung vorzuziehen.

Insofern zeigt sich die eigentliche Gegenwartsrelevanz der Dromologie nicht darin, daß sie uns tatsächlich Einsichten in den Zustand unserer Kultur vermitteln könnte, als vielmehr darin, daß sie den geringen Grad unserer Bereitschaft, sich mit der gewachsenen Komplexität dieser Kultur substantiell auseinanderzusetzen, unfreiwillig spiegelt.

Bibliographie

Angesichts der überbordenden Fülle an Texten Paul Virilios wurden bei der nachstehenden Auswahlbibliographie bevorzugt solche berücksichtigt, die leicht zugänglich und/oder als wesentlich für das Gesamtwerk einzustufen sind. Bei den angesprochenen Mehrfachverwertungen identischer Texte wurden gleichfalls jene Fassungen ausgewählt, die in gut zugänglicher Form, also etwa als Kapitel eines Primärbuches oder als Abdruck in bekannteren Zeitschriften oder Periodika, vorliegen.

1. Buchpublikationen von Paul Virilio

Ästhetik des Verschwindens, Berlin 1986 (Originalausgabe: *Esthétique de la Disparation,* Paris 1980).

Architecture cryptique, Paris 1965 (vergriffen).

Bunkerarchäologie, München/Wien 1992 (Originalausgabe: *Bunker Archéologie,* Paris 1975).

Cybermonde. La politique du pire, Paris 1996.

Défense populaire et luttes écologiques, Paris 1978.

Dialektische Lektionen. Vier Gespräche mit Marianne Brausch. Interview, Stuttgart 1996.

Die Eroberung des Körpers. Vom Übermenschen zum überreizten Menschen, München/Wien 1994 (Originalausgabe: *L'art du moteur,* Paris 1993).

L'espace critique, hg. von Paul Virilio, Paris 1974.

L'espace critique, Paris 1984.

Fahren, fahren, fahren … Berlin 1978 (Sammlung früher Aufsätze Virilios aus den Jahren 1975-1977).

Fluchtgeschwindigkeit. Essay, München/Wien 1996 (Originalausgabe: *La vitesse de libération,* Paris 1995).

Geschwindigkeit und Politik. Ein Essay zur Dromologie, Berlin 1980 (Originalausgabe: *Vitesse et politique. Essai de dromologie,* Paris 1977).

L'insécurité du territoire, Paris 1976.

»Das irreale Monument«. Der Einstein-Turm, Berlin 1992.

Krieg und Fernsehen. München/Wien 1993 (Originalausgabe: *L'écran du désert,* Paris 1991).

Krieg und Kino. Logistik der Wahrnehmung, München/Wien 1986. Taschenbuchausgabe: Frankfurt am Main 1989 (Originalausgabe: *Logistique de la perception. Guerre et cinéma I*, Paris 1984).

Der negative Horizont. Bewegung – Geschwindigkeit -Beschleunigung, München/Wien 1989 (Originalausgabe: *L'Horizion Négatif*, Paris 1984).

Das öffentliche Bild. Bern 1987 (Vortragstext, nahezu identisch mit dem ersten Kapitel aus *Die Sehmaschine*).

Un paysage d'événements, Paris 1996.

Rasender Stillstand. Essay, München/Wien 1992 (Originalausgabe: *L'inertie polaire*, Paris 1990).

Der reine Krieg (zusammen mit Sylvère Lotringer), Berlin 1984 (Originalausgabe: *Pure War*, New York 1983).

Revolutionen der Geschwindigkeit. Berlin 1993 (Auszüge aus dem französischen Ausstellungskatalog *La Vitesse*, hg. von der Fondation Cartier, Paris 1991).

Die Sehmaschine. Berlin 1989 (Originalausgabe: *La Machine de vision,* Paris 1987).

2. Zitierte Interviews und Gespräche mit Paul Virilio

Die Ästhetik des Verschwindens. Ein Gespräch zwischen Fred Forest und Paul Virilio, in: Florian Rötzer (Hg.), *Digitaler Schein. Ästhetik der elektronischen Medien*, Frankfurt am Main 1991, S. 334-345.

Die Ästhetik des Verschwindens. Fragen an Paul Virilio von Florian Rötzer, in: *Kunstforum International*, Band 84, Juli/August 1986, S. 198-201.

Die Avantgarde des Vergessens. Gespräch von Iris Radisch mit Paul Virilio, in: *Die Zeit* vom 15. 4. 1994, S. 53 f.

Interview mit Paul Virilio, in: Daniela Kloock, *Von der Schrift- zur Bild(schirm)kultur. Analyse aktueller Medientheorien*, Berlin 1995, S. 216 bis 223.

Interview mit Paul Virilio von Bion Steinborn, in: *FilmFaust – Internationale Filmzeitschrift*, 3 Teile. 1. Teil: Vom Sehen, Wahrnehmen, Tasten, Fühlen, Erkennen, was wirklich ist – im Zeitalter des Audiovisuellen, in: Heft 89/90, Januar/Februar 1994, S. 22-49; 2. Teil: Die Verschmutzung der Wirklichkeit, in: Heft 91/92, März/Juni 1994, S. 19-41; 3. Teil: Der Schnellste ist immer der Chef, in: Heft 93-100; Januar 1996, S. 45-54.

Warum fürchten Sie einen Cyber-Faschismus, Monsieur Virilio? Ein Interview von Jürg Altwegg mit Paul Virilio, in: *Frankfurter Allgemeine Magazin*, Heft 842 vom 19. 4. 1996, S. 58 f.

3. Auswahl weiterer Aufsätze und Interviews von und mit Paul Virilio

Abrißgenehmigung. Meditation über Kubricks »Full Metal Jacket«, in: *taz* vom 24. 10. 1987, S. 20 f.

Die Ästhetik des Verschwindens, in: *Tumult*, Heft 2, 1979, S. 116-127.

Seinen Augen nicht mehr trauen. Paul Virilio über Zeit, Beschleunigung und (Fernseh-)Bilder, in: *Kunstforum International*, Band 114, Juli/August 1991, S. 270 f.

Der Bildschirm der Wüste, in: *Tumult*, Heft 11, 1988, S. 16-19.

Cinéma français, in: *FilmFaust – Internationale Filmzeitschrift*, Heft 60/61, 1987, S. 10-29.

Cinéma-Vitesse. Gespräch zwischen Paul Virilio und Jean-Paul Fargier, in: *Revue d'Esthétique*, Nr. 10, 1986, S. 37-44.

Un Confort sublimina, in: *Traverses*, Nr. 14/15, April 1979, S. 149-162.

La défaite des faits, in: *Cause Commune*, Nr. 5, Februar 1973, S. 4.

Le devoir de dépeuplier, in: *Traverses*, Nr. 33, Januar 1985, S. 154-160.

Dromologie: Logik der Rennbahn – Der Raum, die Zeit, die Geschwindigkeit. Gespräch mit Giario Daghini, in: *Lettre International*, Heft 14, 1991, S. 28-33.

Die Dromoskopie oder Das Licht der Geschwindigkeit, in: *Konkursbuch* 5, 1980, S. 135-149.

Der echtwahre Augenblick, in: Martin Bergelt/Hortensia Völckers (Hg.), Zeit-Räume. Zeiträume – Raumzeiten – Zeitträume, München/Wien 1991, S. 91-101.

Echtzeit-Perspektiven, in: Christos Joachimedes (Hg.), *Metropolis. Katalog der internationalen Kunstausstellung im Martin Gropius-Bau Berlin*, Stuttgart 1991, S. 59-64.

Die Endlichkeit der Welt bricht an, in: Peter Weibel (Hg.), *Von der Bürokratie zur Telekratie. Rumänien im Fernsehen. Ein Symposium aus Budapest*, Berlin 1990, S. 150-161.

Die Ent-Täuschung. Logistik der Wahrnehmung: Vom Krieg der Bilder und Töne, in: *Lettre International*, Heft 12, 1991, S. 16-19.

Erfindungen während des Absturzes. Maja Wicki im Gespräch mit Paul Virilio, in: *Frankfurter Rundschau* vom 21. 12. 1995, S. 29.

L'Etat suicidaire, in: *Cause commune*, Nr. 3, Paris 1976, S. 10-18.
Exposer l'accident, in: *Traverses*, Nr. 26, Oktober 1982, S. 36-40.
Les Folles de la Place de Mai, in: *Traverses*, Nr. 21/22, Mai 1981, S. 8-18.
Image virtuelle, in: *Revue d'Esthétique*, Nr. 10, 1986, S. 33-36.
Un Jour, le Jour viendra ou le Jour ne viendra pas, in: *Traverses*, Nr. 35, September 1985, S. 5-10.
Der kritische Raum, in: *Tumult*, Heft 7, 1983, S. 16-27.
Langeweile am Steuer, in: *Kunstforum International*, Band 136, Februar-Mai 1997, S. 168 f..
Der Medienputsch, in: *Lettre International*, Heft 25, 1994, S. 30-32.
Das Museum der Sonne, in: Brigitte Felderer (Hg.), *Wunschmaschine Welterfindung. Eine Geschichte der Technikvisionen seit dem 18. Jahrhundert.* Ein Katalogbuch zur gleichnamigen Ausstellung in der Kunsthalle Wien, Wien / New York 1996, S. 185-191.
Les Paradoxes de la Vitesse. Gespräch mit Laurent Schwartz, in: *Sciences & Avenir*, Juni 1991, S. 51-58.
Von der Perversion zur sexuellen Diversion, in: *Kunstforum International*, Band 132, November-Januar 1995/1996, S. 194 f.
La Propaganda-Fiction. Guerre des Étoiles, in: *Les Cahiers du Cinéma*, Nr. 378, Dezember 1985, Le Journal des Cahiers, Nr. 57, S. XV.
Strategie der Spannung, in: *Konkursbuch 9*, 1982, S. 139-156.
Trans-Appearance, in: *Artforum*, New York, Sommer 1989, S. 1 f.
Der Unfall (Accidens originale), und Versuche, per Unfall zu denken. Gespräch mit Ulrich Raulff, in: *Tumult*, Heft 1, 1979, S. 77 f.
Utopia o teleutopia?, in: *Millepiani*, Nr. 1, 1994, S. 53-59.
Die Vernichtungs-Maschine, in: *Theatro Machinarum*, Wien, Heft 1, Mai 1980, S. 7-22.
The Work of Art in The Electronic Age, in: *Block*, Nr. 14, 1988, S. 4-7.
Im Würgegriff der Zeit, in: *Die Zeit* vom 11. 11. 1994, S. 63.

4. Literatur über Paul Virilio und die Dromologie (Auswahl)

Altwegg, Jürg, Paul Virilio. Die Geburt der Technik aus dem Geist des Krieges, in: *Frankfurter Allgemeine Magazin*, Heft 859 vom 16. 8. 1996, S. 8-14.
– und Aurel Schmidt, Paul Virilio oder Geschwindigkeit und Ästhetik des Verschwindens, in: dies., *Französische Denker der Gegenwart. Zwanzig Porträts*, München 1987, S. 178-182.

Beck, Klaus, *Medien und die soziale Konstruktion von Zeit. Über die Vermittlung von gesellschaftlicher Zeitordnung und sozialem Zeitbewußtsein*, Opladen 1994, vor allem S. 336-352.

Bellour, Raymond, La Machine Virilio, in: *Magazin littéraire*, Nr. 263, März 1989, S. 91-93.

Breuer, Stefan, *Die Gesellschaft des Verschwindens. Von der Selbstzerstörung der technischen Zivilisation*, Hamburg 1992.

Campana, Daniela, *Sparizione della realtà e naufragio del soggetto nella societa‹ dell'accelerazione: La teoria »dromologica« di Paul Virilio*, Mailand (Tesi de Laurea, vorgelegt an der Facoltà di Lettere e Filosofia der Universita‹ Cattolica del Sacro Cuore) 1994/1995.

Gendolla, Peter, Vom Ende der Beschleunigung oder Die Entdeckung der Langsamkeit, in: *Konkursbuch* 21: Reisen, Tübingen 1989, S. 25-41.

Herzinger, Richard, Freier Fall nach oben. Paul Virilio entdeckt die Bewegungslosigkeit in der Fluchtgeschwindigkeit, in: *Die Zeit* vom 8.11.96, S. 20.

Hickethier, Knut, Schneller sehen! Schneller sehen? Die Beschleunigung in der Medienwahrnehmung, in: *TheaterZeitSchrift*, Heft 20, 2.Quartal 1987, S. 97-108.

Kansteiner, Morten, Virtuelle Echtzeit. Paul Virilio, die Medien und der altmodische Golfkrieg, in: *Der Schnitt*, Heft 1/1996, S. 32-33.

Kirchmann, Kay, Die Rückkehr der Schildkröte? Überlegungen zur Wiederentdeckung der Langsamkeit im Bewegungstheater, in: *Tanzdrama Magazin*, Heft 19, 2. Quartal 1992, S. 19-29.

Koenig, Thilo, Wenn Blicke töten. Laden, zielen, schießen – über das kriegerische Vokabular der Photographie, in: *Die Zeit* vom 17. 4. 1992, S. 64.

Köster, Thomas, Wir werden Maschinen sein (Besprechung von *Die Eroberung des Körpers*), in: *Die Zeit* vom 18. 11. 1994, S. 85.

Kloock, Daniela, *Von der Schrift- zur Bild(schirm)kultur. Analyse aktueller Medientheorien*, Berlin 1995.

Koppes, Clayton R., War and Cinema: The Logistics of Perception, in: *Technology and Culture*, April 1991, S. 447 f.

Lischka, Gerhard J. (Hg.), Aktuelles Denken – Paul Virilio, in: *Kunstforum International*, Band 108, Juni/Juli 1990, S. 89-94.

–, Im Sog des Verschwindens. Nachwort zu: Paul Virilio, *Das öffentliche Bild*, Bern 1987, S. 45-52.

Marzocca, Ottavio, *Filosofia dell'incommensurabile. Temi e metafore oltreeuclidee in Bachelard, Serres, Foucault, Deleuze, Virilio*, Mailand 1989.

Nordhofen, Eckhard, Was ist die Zeit?, in: *Die Zeit* vom 20. 11. 1996, S. 75.

Paech, Joachim, Paul Virilio: Krieg und Kino, in: *epd Film*, Heft 5/1987, S. 14.

PS, Bunker-Archäologie (Rezension), in: *Zeit-Magazin*, Nr. 39/1992, S. 26-28.

Raddatz, Fritz J., Die Ästhetik des Verschwindens. Nach dem Hightech-Krieg am Golf: Geschwindigkeit ist doch Hexerei – Paul Virilios Aktualität, in: *Die Zeit* vom 8. 3. 1991, S. 65.

Seidl, Claudius, Erinnerungen an die Zukunft. Die Pariser Ausstellung »La Vitesse« belegt Paul Virilios apokalyptische Thesen über Tempo und Terror, in: *Der Spiegel*, Heft 32/1991, S. 186-188.

Sokal, Alan/Jean Bricmont, *Impostures intellectuelles*. Paris 1997, S. 153 bis 158.

Weibel, Peter, *Die Beschleunigung der Bilder. In der Chronokratie*, Bern 1987, vor allem S. 6-16.

Wetzel, Johannes, Krise in der Dromosphäre, in: *Die Zeit* vom 10. 10. 1997, S. 63.

5. Weitere Sekundärliteratur zum Verhältnis von Geschwindigkeit, Medien, Krieg und Kultur (Auswahl)

Canetti, Elias, *Masse und Macht*, Frankfurt am Main 1960.

Decker, Edith/Peter Weibel (Hg.), *Vom Verschinden der Ferne. Telekommunikation und Kunst*, Köln 1990.

Dux, Günter, *Die Zeit in der Geschichte. Ihre Entwicklungslogik vom Mythos zur Weltzeit*, Frankfurt am Main 1992.

Elias, Norbert, *Über den Prozeß der Zivilisation. Soziogenetische und psychogenetische Untersuchungen*, 2 Bde., Frankfurt am Main ²1976.

–, *Über die Zeit*, Frankfurt am Main 1988.

Felix, Jürgen/Peter Zimmermann (Hg.), Medien-Krieg. Zur Berichterstattung über die Golfkrise, in: *Augenblick. Marburger Hefte zur Medienwissenschaft*, Heft 11/1991.

Flichy, Patrice, *Tele. Geschichte der modernen Kommunikation*, Frankfurt/New York 1994.

Flusser, Vilém, *Ins Universum der technischen Bilder*, Göttingen 1985.

Gehlen, Arnold, Das gestörte Zeitbewußtsein, in: *Merkur. Deutsche Zeitschrift für europäisches Denken*, Heft 4/1963 S. 310-318.

Gendolla, Peter, *Zeit. Zur Geschichte der Zeiterfahrung*, Köln 1992.
Heuermann, Hartmut, *Medienkultur und Mythen. Regressive Tendenzen im Fortschritt der Moderne*, Reinbek bei Hamburg 1994.
Kamper, Dietmar/Christoph Wulf (Hg.), *Vom Schwinden der Sinne*, Frankfurt am Main 1984.
–, *Transfigurationen des Körpers. Spuren der Gewalt in der Geschichte*, Berlin 1989.
Kaufmann, Stefan, *Kommunikationstechnik und Kriegsführung 1815-1945. Stufen telemedialer Rüstung*, München 1996.
Kirchmann, Kay, *Verdichtung, Weltverlust und Zeitdruck. Grundzüge einer Theorie der Interdependenzen von Medien, Zeit und Geschwindigkeit im neuzeitlichen Zivilisationsprozeß*, Opladen 1998.
Kittler, Friedrich A., *Grammophon Film Typewriter*, Berlin 1985.
Kleinspehn, Thomas, *Der flüchtige Blick. Sehen und Kultur in der Neuzeit*, Reinbek bei Hamburg 1989.
Koselleck, Reinhart, *Vergangene Zukunft. Zur Semantik geschichtlicher Zeiten*, Frankfurt am Main 1989.
Luhmann, Niklas, Weltzeit und Systemgeschichte. Über Beziehungen zwischen Zeithorizonten und sozialen Strukturen gesellschaftlicher Systeme, in: ders., *Soziologische Aufklärung 2. Aufsätze zur Theorie der Gesellschaft*, Opladen 1975, S. 103-133.
MacArthur, John R., Operation Wüstenmaulkorb, in: *Die Zeit* vom 26. 2. 1993, S. 44.
McLuhan, Herbert Marshall, *Understanding Media. Die magischen Kanäle*, Düsseldorf/Wien 1968.
Meier, Hans, *Die christliche Zeitrechnung*, Freiburg/Basel/Wien 1991.
Mumford, Lewis, *Mythos der Maschine. Kultur, Technik und Macht*, Frankfurt am Main 1977.
Paech, Joachim, Bilder von Bewegung – bewegte Bilder. Film, Fotografie, Malerei, in: Monika Wagner (Hg.), *Moderne Kunst. Das Funkkolleg zum Verständnis der Gegenwartskunst*, 2 Bde., Reinbek bei Hamburg 1991, Bd. 1, S. 237-264.
Paflik, Hannelore (Hg.), *Das Phänomen Zeit in Kunst und Wissenschaft*, Weinheim 1987.
Piaget, Jean, *Die Bildung des Zeitbegriffes beim Kinde*, Zürich 1955.
Randow, Gero von, Der vercyberte Soldat. Die U.S. Army entwirft den Infanteristen des 21. Jahrhunderts, in: *Die Zeit* vom 26. 7. 1996, S. 33.
Rapp, Friedrich, *Die Dynamik der modernen Welt. Eine Einführung in die Technikphilosophie*, Hamburg 1994.

Rötzer, Florian (Hg.), *Digitaler Schein. Ästhetik der elektronischen Medien*, Frankfurt am Main 1991.

Scheurer, Hans J., *Zur Kultur- und Mediengeschichte der Fotografie. Die Industrialisierung des Blicks*, Köln 1987.

Schivelbusch, Wolfgang, *Geschichte der Eisenbahnreise. Zur Industrialisierung von Zeit und Raum im 19. Jahrhundert*, München 1977.

Sloterdijk, Peter, *Eurotaoismus. Zur Kritik der politischen Kinetik*, Frankfurt am Main 1989.

Stingelin, Martin/Wolfgang Scherer (Hg.), *Hard War/Soft War. Krieg und Munition 1914-1945*, München 1991.

Taylor, Philip M., *War and the Media. Propaganda and Persuasion in the Gulf War*, Manchester/New York 1992.

Wendorff, Rudolf, *Zeit und Kultur. Geschichte des Zeitbewußtseins in Europa*, Opladen [3]1985.

Zielinski, Siegfried, *Audiovisionen. Kino und Fernsehen als Zwischenspiele in der Geschichte*, Reinbek bei Hamburg 1989.

Abbildungsnachweis

Seite 23
Quelle: *Frankfurter Allgemeine Magazin*, Heft 859 vom 16. 8. 1996, S. 10–11. Foto: Lilian Birnbaum.

Seite 35
Quelle: *Brockhaus Enzyklopädie in 20 Bänden*, 17. Auflage, Wiesbaden 1972, Bd. 14, S. 145. Dortige Quellenangabe: H. Rost, *Sankt Wiborada*, 7. Jahrgang, 1940.

Seite 66
Quelle: *Propyläen Kunstgeschichte*, Band: Das Mittelalter 1, Frankfurt/Berlin: Ullstein 1990, Abb. 133. Dortige Quellenangabe: Jean Roubier, Paris.

Seite 75
Quelle: *Kunstforum International*, Bd. 136: Ästhetik des Reisens, hg. von Paolo Bianchi, Februar/Mai 1997, S. 186.

Seite 93
Quelle: Bernhard von Brentano, *Wo in Europa ist Berlin?* Frankfurt am Main: Suhrkamp 1987, Abb. 4. Dortiger Bildnachweis: Bildarchiv Preußischer Kulturbesitz.

Seite 141
Stern 18/1996, S. 64. Foto: Division LTD.

Seite 141
Quelle: Thomas Kleinspehn, *Der flüchtige Blick. Sehen und Identität in der Kultur der Neuzeit*, Reinbek bei Hamburg: Rowohlt 1989, S. 299. Dortiger Bildnachweis: National Archives and Record Services, Washington.

Seite 159
Quelle: Paul Virilio, *Bunker Archeology* (englische Fassung), Paris: Les Éditions du Demi-Cercle 1975/1994. Deutsche Rechte: Hanser Verlag, München/Wien.

Seite 182/183
Quelle: Paul Virilio, *Krieg und Kino. Logistik der Wahrnehmung*, München/Wien: Hanser 1986, Abbildungsteil.

Abbildungsnachweis

Für die freundliche Abdruckgenehmigung danken wir allen Rechteinhabern. In einigen Fällen konnten die Rechteinhaber leider nicht ermittelt werden. Berechtigte Ansprüche werden wir selbstverständlich gerne abgelten.

Manfred F. R. Kets de Vries:

Führer, Narren und Hochstapler

Essays über die Psychologie der Führung

Aus dem Amerikanischen von Elisabeth Vorspohl

216 Seiten, Leinen, ISBN 3-608-91902-3

Führungspersonen in Wirtschaft und Politik sind im Prinzip nicht anders als du und ich. Freilich treffen sie häufig Entscheidungen, die über das Alltagsübliche hinausgehen und weitreichende Konsequenzen für den einzelnen Betrieb wie für die ganze Gesellschaft haben können. Kets de Vries fühlt ihnen deshalb auf den Zahn und fragt, von welchen unbewußten Motiven diese Personen gesteuert werden. Wer sich für die Psychologie der Führung interessiert, kann sein Buch getrost als Vademecum im Irrgarten von Leidenschaften, Größenphantasien und Machtspielen nehmen.

Anna Ursula Dreher:

Empirie ohne Konzept?

Einführung in die psychoanalytische Konzeptforschung

215 Seiten, Leinen, ISBN 3-608-91953-8

Dem berühmten Wort Kants zufolge sind Gedanken ohne Inhalte leer, Anschauungen ohne Begriffe aber blind. Die zunehmend empirische Orientierung der neueren Psychoanalyse droht die Psychoanalyse als Wissenschaft buchstäblich begriffs- und konzeptlos zu machen. Um dieser Verarmung und Vereinseitigung zu entgehen, plädiert die Autorin dafür, die psychoanalytischen Konzepte, die den humanwissenschaftlichen Diskurs des 20. Jahrhunderts maßgeblich geprägt haben, einer systematischen Reflexion zu unterziehen, die den Zusammenhang von empirischer Forschung und Begriffsarbeit wiederherstellt.

VIP